本项研究得到国家社会科学基金重点项目
"中华民国新闻史研究"（13AXW003）资助

南京师范大学民国新闻史研究所丛书（第一辑）
新闻史人物研究系列 | 倪延年 主编

报人与专家：
新闻人胡道静研究

关 梅 著

南京师范大学出版社
NANJING NORMAL UNIVERSITY PRESS

图书在版编目(CIP)数据

报人与专家:新闻人胡道静研究 / 关梅著. --南京:南京师范大学出版社,2018.11
(南京师范大学民国新闻史研究所丛书. 第一辑,新闻史人物研究系列)
ISBN 978-7-5651-3572-9

Ⅰ.①报… Ⅱ.①关… Ⅲ.①胡道静(1913—2003)—人物研究 Ⅳ.①K825.42

中国版本图书馆 CIP 数据核字(2018)第 042532 号

丛 书 名	南京师范大学民国新闻史研究所丛书(第一辑)
主 编	倪延年
书 名	报人与专家:新闻人胡道静研究
作 者	关 梅
责任编辑	李思思 于丽丽
出版发行	南京师范大学出版社
地 址	江苏省南京市玄武区后宰门西村 9 号(邮编:210016)
电 话	(025)83598919(总编办) 83598412(营销部) 83598297(邮购部)
网 址	http://www.njnup.com
电子信箱	nspzbb@163.com
照 排	南京理工大学资产经营有限公司
印 刷	江苏中山印务有限公司
开 本	787 毫米×960 毫米 1/16
印 张	14.25
字 数	249 千
版 次	2018 年 11 月第 1 版 2018 年 11 月第 1 次印刷
书 号	ISBN 978-7-5651-3572-9
定 价	39.00 元

出 版 人 彭志斌

南京师大版图书若有印装问题请与销售商调换
版权所有 侵权必究

序 言

　　新闻史是新闻事业发生、发展和变化的历史。新闻史学是研究新闻事业发生、发展和变化的社会现象及其规律的科学,属于专门历史学的范畴。新闻事业主要由新闻信息、新闻人、新闻媒介及新闻活动等要素构成。对新闻事业要素发生、发展和变化历程的研究是新闻史研究的基本内容。《南京师范大学民国新闻史研究所丛书》(第一辑)就是由 4 种研究民国时期新闻史人物的专著组成的专题性学术丛书。

一

　　"十朝都会"南京是孙中山 1912 年元旦领导创建的中华民国临时政府的首都,从 1927 年 4 月 18 日起成为蒋介石国民党集团主导的"中华民国国民政府"(1946 年 11 月"国民大会"后改称"中华民国总统府")所在地。① 由于特殊的政治地理位置,南京成为民国时期的政治经济文化中心。1924 年 4 月 1 日开始发稿的国民党中央通讯社 1927 年 5 月移至南京,国民党中央广播电台 1928 年 8 月 1 日在南京开始播音;几经变迁的《中央日报》也于 1929 年 2 月 1 日正式在宁出报,其他新闻媒介也纷纷在南京创办或靠拢。自 1927 年至 1937 年的十年间及抗日战争胜利后的数年间,南京及周边地区的新闻事业得到较快的发展,成为民国时期中国新闻事业的中心地带,因而也成为民国时期新闻事业相关文献史料收藏和保存比较集中的地方,在研究民国时期新闻史方面具有不可多得的地理和文献优势。

　　南京师范大学在中国高等教育史尤其是高等师范教育史上是一所具有百余年历史和重要影响的学校,其历史可上溯至 1902 年由清末名臣张之洞奏请

---

① 日本侵略军 1937 年 11 月 12 日攻陷上海,民国南京政府国防最高会议 1937 年 11 月 16 日"议决迁都重庆"。1946 年 5 月 1 日,国民政府颁布凯旋令,"定于 5 月 5 日国民政府自陪都重庆凯旋南京"。

— 1 —

创办的"三江师范学堂"。南京师范大学的新闻专业教育起源于国家教育部于1964年批准的在当时的南京师范学院政教系设立的新闻专业。后因国家暂时经济困难停止招生。1977年恢复高考时在中文系招收新闻专业本科生。1995年成立了由新闻系、广播电视新闻系、广告学系、现代教育技术学系组成的新闻与传播学院,2012年增设网络与新媒体系。经过几代人数十年的努力,南京师范大学新闻与传播学院毕业的学子遍布大江南北、北上广深。2001年获准设立新闻学和传播学硕士学位授权点,2006年获准设立新闻学二级学科博士学位点,2018年获准设立新闻与传播学一级学科博士学位授权点,被学界同行专家誉为"进入全国新闻教育第一方阵"。

2012年5月新闻与传播学院成立民国新闻史研究所。在此基础上,学校于2014年4月成立民国新闻史研究所。南京师范大学民国新闻史研究所是国内第一个以民国时期新闻史为研究对象和主题的学术研究机构,拥有本校在职教师和中国人民大学、中国传媒大学、华中科技大学、中央民族大学、暨南大学、南京大学、上海大学、湖南师范大学、华南师范大学、南京政治学院、新华通讯社等单位的民国新闻史专家相结合的研究队伍;同时也是一个立足国内、面向世界的开放互动型专业研究机构,分别于2014年、2015年、2016年和2018年承办,由中国新闻史学会和南京师范大学联合主办的第一、二、三、四届"民国新闻史高层论坛",从第一届开始就有来自新加坡和我国台湾地区的学者主动撰文、踊跃参会进行学术交流,此后的数届则有来自法国、英国及我国台湾地区、香港特区的学者参加学术交流。国家社会科学基金重大项目"中华民国新闻史"秘书处设在民国新闻史研究所,并编印信息通报性内部刊物《民国新闻史研究动态》,同时在组织第一、二、三届"民国新闻史高层论坛"过程中,研究所编辑出版了以应征论文为主要内容的《民国新闻史研究:2014》《民国新闻史研究:2015》和《民国新闻史研究:2016》年度学术集刊。

南京师范大学百余年深厚的文化底蕴,新闻与传播学院几代人数十年的治学传统,以及海内外众多专家的鼎力支持和赐教,为南京师范大学民国新闻史研究所开展研究活动提供了重要支持和保障。

二

研究民国新闻史应该也必须把当时的新闻史人物、新闻媒介、新闻事件及新闻活动放到特定的社会环境里进行认识和分析,才能比较客观地认识和评价民国时期的新闻史人物、新闻媒介及新闻史人物在媒介上说过的话和在新

闻活动中做过的事。民国时期社会环境的主要特点是：

1. "两半"社会性质依旧。中国半殖民地半封建的社会及国家（政府）运作形态定型于清末。孙中山领导创建了民国南京临时政府，虽然标志着中国封建君主专制王朝的终结和资产阶级共和政体的诞生，但仍然没有能改变中国半殖民地半封建的社会性质。孙中山在《对外宣言书》中声明："凡革命前清廷与各国所订条约、所借外债、所认赔款及让与各国或个人之种种权利，民国均予以承认、保护。"抗战胜利后，美国在中国设有军事顾问团，派遣数万海军陆战队驻扎中国上海、青岛、天津、北平和秦皇岛等地。国民党政府与美国政府（含驻华美军）签订的《中美警宪联合勤务协定》《中美友好通商航海条约》和《中美空中运输协定》"友好互惠"协定，使美国人仍实质享有治外法权和各种特权：美国商品在中国享有与中国商品征税、销售同等的待遇；美国船舶可在中国"开放之一切口岸、地方及领水内"自由航行；美国军舰在"危难"时可开进中国任何不开放的"口岸、地方或领水"；美国飞机可在中国领空随意飞行，并在上海"及以后随时同意之地点"作"非交通性的停靠"。可见当时的中国政府虽然是存在的，但美国人是不能得罪的。

2. 国民党处于强势地位。由于在推翻清朝统治斗争中的历史贡献，中国同盟会主导了民国南京临时政府的成立和运作。中国同盟会在民国北京政府及其众议院、参议院乃至全国政坛中仍是重要政治力量。在"二次革命"、成立护法军政府和非常大总统府、在苏联支持下和共产党合作开展反帝反封建"大革命运动"等重大事件中，国民党都一直掌握着中国政治运动的主导权。国民党新军阀首领蒋介石成立民国南京政府后，以"孙中山继承者"自居占据政治道德优势，借助庞大的军警宪特建立了"一党为大"的政治体制和运行机制，在国际上成为"中国政府"和中华民族的代表，并由于中华民族在世界反法西斯战争中的重要贡献，在"二战"结束后成为联合国五个常任理事国之一。因拥有全国社会、行政和自然资源。无论是在抗战时期还是抗战后国共谈判中，国民党都长期处于强势和执政的地位。

3. 共产党处于弱势地位。"大革命"运动中，共产党员是以"个人身份"加入国民党的，"整体和个体"与"主导和参与"关系十分明显。"国共合作"抗日应是平等的，但蒋介石在"庐山谈话"中说，"对于国内任何派别，只要诚意救国，愿在国民革命抗敌御侮之旗帜下共同奋斗者，政府无不开诚接纳，咸使集中于本党领导之下而一致努力"。一是"政府开诚接纳"，二是"集中于本党领导之下"，完全是"政府对民众""领导党对被领导党"姿态。抗战胜利后，毛泽东应蒋介石三次邀请到重庆进行国共谈判签署的是《政府与中共代表会谈纪要》,国民党是"政府"方,中共是党派"代表"。直到解放军展开战略反攻后,这种情况才开始改变。

4. 外国势力影响中国政治。民国时期对中国政治局势影响最大的是资本主义的英美、军国主义的日本及社会主义的苏联。日本在民国时期对中国进行了长达十四年的武装侵略,扶植的汉奸政府为虎作伥。中华民族在付出巨大代价后,终于把"日本鬼子"赶回了老家。蒋介石国民党集团重要官员的主要教育和从政背景加之第一夫人家族的特殊影响,使国民党政府成为"二战"结束初期美国对外援助的主要接受者。作为报答,国民党政府成为美国对抗苏联的"铁杆随从",中华民国成为美国军队的最大驻外国及战后剩余商品的倾销市场。社会主义苏联是既复杂多变又直接影响中国政局的重要力量。列宁领导的苏联先后于1919年7月25日和1920年9月27日发表两次"对华宣言",宣布"俄国历届政府同中国订立的一切条约无效,放弃以前夺取中国的一切领土和中国境内的一切俄国租界"等权利,积极支持国共合作反帝反封建"大革命"。国共分裂蒋介石转向英美后,苏联因与共产党意识形态一致而支持共产党。抗战时期,苏联既和日本订有《苏日中立条约》,又和民国南京政府保持外交关系;对抗战胜利后中共军队在东北地区的军事行动又给予重要的帮助。

5. 舆论影响政治走向。民国时期的民心及舆论力量来源,第一是辛亥革命运动尤其是五四新文化运动后日益普及的知识分子群体及上层精英人士认可并追求的民主、自由、平等、法治等西方资产阶级观念;第二是存在于中国社会底层民众之中的社会应公平合理,人与人平等相待,没有政治压迫和经济剥削,民众享有人格尊严和安定生活,外敌入侵时一致对外以维护国家领土完整和民族生存的传统文化精神;第三是世界各国主持正义人士反对强国欺凌弱国、侵犯别国主权和损害领土完整,反对侵略战争和支持反侵略战争的立场和呼声。这些方面的民心和舆论力量都对当时的国家政治生态产生了重要的影响。

上述各方因素,无一不对民国时期活跃在新闻界的各色人物产生明显而直接的影响,既成为他们表演人生"活报剧"的舞台或背景,也是我们研究民国时期新闻史人物应该考虑的时代或社会因素。

三

在构成民国时期新闻事业的新闻人、新闻内容、新闻媒介、新闻活动等诸要素中，新闻人是具有主观能动性并制约其他因素的核心因素。评价民国时期新闻史人物或新闻媒介，既不能割断其与阶级阵营、政党意识和学术派别的关系，也不能回到"以阶级斗争为纲"的研究模式，更不能落入"历史虚无主义"的陷阱，应坚持历史唯物主义和辩证唯物主义基本立场和观点，从不同维度进行评价。

首先是"国家观念"的维度。"国家"除了具有"阶级的统治机关"的政治涵义外，还指"有疆域、人民、独立地位和主权的不同地区的政治实体"，而且在大多数人看来，"政府"和"国家"是两个不尽相同的概念，爱"国"不等于爱"政府"。只要新闻史人物或其掌握的新闻媒介的新闻活动有利于国家政治进步、经济发展及国防巩固，即对于"国家"有促进或补益作用，就应该肯定他们的历史性贡献。用"国家观念"衡量，多数民国新闻史人物的新闻活动都应该得到肯定——至少在客观上为"国家利益"尽了"书生报国""新闻救国"的责任。

其次是"民族利益"的维度。"民族利益"是指"一个民族在政治、经济、文化教育、语言、宗教、风俗习惯等各个方面利益的总和"。维护"民族尊严"是保护"民族利益"的重要内容。在外敌入侵、民族存亡的考验面前，大多数民国时期新闻人恪守"威武不能屈、富贵不能淫"的民族气节和坚持反对外敌侵略的新闻活动应得到充分肯定。

再则是"社会道德"的维度。新闻传播活动属于上层建筑领域的活动。新闻史人物只要在其新闻活动中宣传弘扬中华民族历史发展中形成的崇敬文明、注重秩序、尊重多元、平等待人、与人为善、乐于助人、尊老爱幼、崇尚节俭等主流传统社会优良道德，并以其实际行动和效果对社会良好道德风貌的形成发挥积极意义，利于正常社会秩序的形成和稳定，就应该予以积极的肯定。

最后是"行业贡献"的维度。"行业贡献"是指新闻史人物对新闻基础理论、专业实践及行业技术等社会性进步做出的贡献。用"行业贡献"的标准衡量，所有在民国时期对新闻行业的人才培养、技术进步、实践经验、新设备和技术的引进及应用等方面具有开拓意义和促进作用的言论行为都应得到肯定。

另外还有"阶段表现"的维度。"阶段表现"是指在对新闻史人物进行评价时，应对其不同历史阶段中的新闻活动的"是"或"非"进行阶段区别性的记载和评价。我们认为，即使对大革命失败后与党分道扬镳，后来成为"托派"领袖，并亲自创办"托派"报刊鼓吹"二次革命"且拒不认错的陈独秀，也应客观评价其在共产党创建前创办《安徽俗话报》和《新青年》所发挥的积极作用，客观评价他在参与创建共产党并在共产党成立后领导创办《向导》等中共机关报并初步形成中共党报体制等活动中的历史性贡献。

四

南京师范大学民国新闻史研究所是全国新闻史学界及其他领域民国新闻史研究专家学者的共同学术平台。其研究对象涵盖民国时期新闻事业的全部要素,包括新闻史人物研究、新闻媒介研究、新闻事件研究、地方新闻事业研究及其他专题性研究等多个方面。其研究成果将以《南京师范大学民国新闻史研究所丛书》的形式陆续出版。现在呈现给读者诸君的就是4种以民国时期新闻史人物为研究对象和主题的著作组成的《南京师范大学民国新闻史研究所丛书》(第一辑)。

首先,就研究对象而言,4种著作研究的对象即传主有一个"共性",即都与"民国时期"有关。无论是胡道静、黄天鹏,还是马星野和林语堂,他们的新闻活动主要是在民国时期。他们各人的经历和奋斗,从不同的侧面反映了在那个特定时代环境下不同经历和个性的新闻人所走过的人生道路及特定社会环境在每一个新闻人身上打下的"时代印记"。

其次,这些著作研究的4位传主的人生道路和思想轨迹都经历了不同的转变。胡道静的新闻活动从积极主张抗日转向追求政治民主。黄天鹏从汕头报馆福建特派记者起步,后官至"国大代表"兼任宪政督导委员会委员。马星野从新闻学教师到实际主持中央政治学校新闻系,又成为《中央日报》社长,其新闻思想经历了从"西方新闻专业主义"到"国家民族至上"的"三民主义",再到"蒋公语录"阐释下的现代大众传播思想的发展历程。林语堂则经历了先是"横眉怒对"北洋军阀刀枪的"语丝派",后转为提倡"幽默""闲适"但对现实进行明讽暗批的"论语派",又在抗战时期成为积极"抗日派"的转变过程。当然各位传主转变的轨迹又各具"个性"。

再则,这4位作者都是年轻的新闻史研究者,都在高等学校从事新闻传播教学研究,也都是南京师范大学新闻与传播学院培养的新闻史学方向博士。他们在攻读博士学位期间仍要完成规定的教学研究工作量;或在学习时担任学校管理部门负责人;或在学习时继续讲课当辅导员的同时还当了妈妈;或是因脱产读书而必须外出兼课以减轻经济压力;等等。但欣慰的是他们都克服了困难,如期完成了学位任务。他们能够专注特定新闻史人物"打深井",尽可能搜集相关史料并认真研读,探讨他们所处社会环境与人生道路的关系,解剖"这一个"人物的人生轨迹、新闻经历、思想变化、贡献和遗憾,力图考证展现一个比较客观、真实和完整的"他"。

最后,"人是各种社会关系的总和"。又因这些著作研究的是"民国时期"新闻史人物,而这些年轻的著者们却不可能有机会亲身经历和体会民国时期新闻史人物所处的"那个"时代,加之各人学术积累和对研究对象认识程度的差异、不同研究对象相关文献史料搜集和研读难度的不同,当然也受到导师学识水平的局限,所以收入《南京师范大学民国新闻史研究所丛书》(第一辑)中的这些著作难免有多方面的不足。好在他们是一群年轻人,且是一群有志于学术的年轻人,相信他们会通过不断努力达到不断完善的目标。

是为序。

倪　延　年
二○一八年九月三十日于师大随园
南京师范大学民国新闻史研究所

前　言

　　1956年，胡道静出版了《梦溪笔谈校正》一书，这部著作一举奠定了他在我国当代科技史学界的地位。然而，就是这位著名的科技史专家，在中华人民共和国成立前曾经从事新闻实践活动和新闻学研究达15年之久。在20世纪三四十年代，他不仅是一位在外敌入侵的战争环境下毅然投身抗日救亡新闻界、由"文化学者"转变为"新闻战士"的爱国、进步新闻人，也是一位在我国新闻学研究尤其是地方新闻史研究领域的代表人物。笔者认为，作为"民国新闻人"的胡道静所取得的成绩与作出的贡献在那个时代具有很强的代表性，完全不应该被他在科技史领域的研究成就所掩盖；同时，作为新闻学界的后人，我们也有责任对这位新闻学界的前辈在新闻领域的实践与著述进行探讨与研究，以期清晰地勾勒、评价"民国新闻人胡道静"的历史轨迹与学术贡献。

　　本书属于个案研究，主要以胡道静的新闻实践活动和新闻学研究活动为主线展开论述。首先是对胡氏家族文化背景、胡氏先辈报刊活动及胡道静求学之路的回顾与梳理，其目的是揭示胡道静走上抗日救亡新闻前线的外在和内在动因以及展现胡道静在上海通志馆开始新闻学研究的最初情况。第三章，是按照时间顺序研究胡道静从1938年4月主编《通报》至1948年10月《正言报》被查封这段时间里的新闻实践活动，具体又分为抗战时期的新闻活动和抗战胜利后的新闻活动两个阶段。通过对胡道静新闻实践活动的回顾与相关报纸的内容分析，还原其作为一个争取民族解放和追求民主自由的爱国、进步新闻人的新闻实践历程。第四章，是按照研究内容的不同具体呈现和分析胡道静的新闻学研究活动，其中胡道静的新闻史学研究是本章的核心内容。在对胡道静的新闻史学研究、新闻理论及实务研究的相关著述进行研读的基础上，重点探讨胡道静新闻学研究的内容、视角和观点，进而归纳出胡道静新闻学研究的主要特征。最后，笔者尝试对"民国新闻人胡道静"的历史贡献进行总结和评价。胡道静的历史贡献也是他新闻学研究中的独特之处，而这些及其所折射出的学术精神"隐喻"对当代新闻学研究者也颇具启发与影响。

  本书重视对原始资料的搜集和研读,并在此基础上形成观点和评价。因此,在出版过程中,本书对所引用的史料都尽可能保持其原貌。在本书写作期间,适逢《胡道静文集》(上海人民出版社,2011年)的出版,这一为纪念胡道静先生诞辰百年而出版的七卷本的学术文集,内容丰富翔实,时间跨度之大,几乎涵盖了胡道静一生在其所涉猎领域的所有研究成果,这也为当时笔者的撰写提供了史料上的参考和帮助。当然,即便如此,本书在修改、完成的过程中也难免会存在一些史料及观点上的不足,也希望能就此求教于新闻学界的前辈和同仁,以更好地完善对"民国新闻人胡道静"的研究。

关　梅
2017 年 12 月

目 录

第一章 绪 论 ·· 1
 第一节 研究缘起 ·· 1
  一、研究理由 ·· 1
  二、研究意义 ·· 4
 第二节 研究方法与创新 ·· 5
  一、研究方法 ·· 5
  二、创新之处 ·· 6
 第三节 文献述评 ·· 8
  一、文献综述 ·· 8
  二、文献评价 ··· 15

第二章 胡道静新闻学研究的家庭背景和开端 ··················· 17
 第一节 胡道静新闻学研究的家庭背景 ························· 17
  一、胡氏家族的文化传承与治学思想 ························· 17
  二、胡氏先辈的报刊活动 ···································· 20
  三、胡道静的求学生涯 ······································ 21
 第二节 胡道静新闻学研究的开端 ······························ 25
  一、胡道静新闻学研究的出发地——上海通志馆 ·············· 25
  二、胡道静第一篇新闻学论文:《一九三三年的上海杂志界》 ···· 28
  三、胡道静走上新闻学研究之路的原因 ······················ 31

第三章 胡道静的新闻实践活动研究 ···························· 34
 第一节 抗战时期的新闻实践活动(1938—1945 年) ············ 34
  一、"孤岛"时期的社会背景及新闻界概况 ···················· 34
  二、胡道静新闻实践活动的开始——主编《通报》 ············· 39
  三、从参与培养抗日新闻人才到在大中通讯社编译新闻稿件 ··· 47
  四、"孤岛"时期的最后奋斗:在《中美日报》和《大晚报》 ········ 49
  五、避难浙皖:在《东南日报》(金华版)和《中央日报》(屯溪版) ··· 54

第二节 抗战胜利后的新闻实践活动(1945—1948年) …………… 64
  一、抗战胜利与《正言报》的复刊 ……………………………… 65
  二、《正言报》的来龙去脉 ……………………………………… 66
  三、胡道静担任《正言报》总编辑及时间考证 ………………… 71
  四、"转向另一条道路的批评者"——《正言报》之言论分析 … 74
第三节 胡道静新闻实践活动的主要特征 ……………………… 97
  一、身为爱国新闻人,为实现民族独立而坚持奋斗 …………… 98
  二、身为进步新闻人,为追求民主自由而大声疾呼 …………… 99
  三、身为职业新闻人,注重新闻活动规律 ……………………… 101

第四章 胡道静的新闻学研究 …………………………………… 103
 第一节 胡道静的新闻史学研究 ………………………………… 103
  一、胡道静新闻史学研究的历史背景 …………………………… 103
  二、胡道静新闻史学研究的主要内容 …………………………… 108
 第二节 胡道静的新闻理论和新闻实务研究 …………………… 142
  一、对人类早期新闻传播活动起源的探索 ……………………… 142
  二、对"新闻"相关概念的理论辨析 …………………………… 145
  三、新闻采访与写作规律的深化研究 …………………………… 147
  四、关于科学技术与新闻事业发展之关系 ……………………… 150
 第三节 胡道静新闻学研究的主要特征 ………………………… 154
  一、以成就一部"良好的新闻史"为研究目标和动力 ………… 154
  二、重视对上海地方新闻史的系统研究 ………………………… 158
  三、精心设计并实施系列个案研究 ……………………………… 160
  四、注重科学技术对新闻事业发展的推动作用 ………………… 161

第五章 新闻人胡道静的历史贡献及现代隐喻 ………………… 164
 第一节 新闻人胡道静的历史贡献 ……………………………… 164
  一、初步构建了上海地方新闻史研究的框架体系 ……………… 164
  二、第一个预言"电视新闻"时代即将到来 …………………… 168
  三、为后人研究上海新闻史保存了珍贵的史料 ………………… 174
 第二节 新闻人胡道静的现代隐喻 ……………………………… 176
  一、新闻人必须具有忧国忧民、为民请命的社会责任心 ……… 176
  二、新闻史学研究必须注重开拓选题及理论体系的创新 ……… 179
  三、新闻史学者必须具有科学的研究观念 ……………………… 183
  四、新闻史学研究既需要踏实苦干又需要广开眼界 …………… 187

结　语 ………………………………………………………… 191
附录　胡道静新闻实践和新闻学研究大事记(1932—1949年) ………… 193
参考文献 ……………………………………………………… 201
　一、报刊资料 ……………………………………………… 201
　二、胡道静著述 …………………………………………… 201
　三、其他著作 ……………………………………………… 202
　四、期刊论文 ……………………………………………… 206
　五、学位论文 ……………………………………………… 210
后　记 ………………………………………………………… 211

第一章 绪 论

第一节 研究缘起

胡道静(1913—2003),安徽泾县人,因为出版《梦溪笔谈校正》被公认为我国当代著名的科技史和古典文献专家。然而在20世纪的三四十年代,他的主要活动和贡献却是在新闻领域。在这一方面,长期以来没有引起海内外学术界尤其是新闻学界的应有重视。

一、研究理由

胡道静从1938年在上海"孤岛"参加抗日新闻宣传活动直至1949年中华人民共和国成立前夕,先后在《通报》、《东南日报》(金华版)、《中央日报》(屯溪版)、《正言报》等多份报纸中担任编辑职务,同时还参与了"大中通讯社"、《中美日报》、《大晚报》等媒体机构的新闻采访和编译工作,在时局动荡、颠沛流离的环境中积累了丰富的新闻实践经验,并为争取中华民族解放和追求民主自由做出了自己的贡献。他在20世纪三四十年代先后出版了《上海的定期刊物》(上海通志馆,1935年)、《上海的日报》(上海通志馆,1935年)、《上海新闻事业之史的发展》(上海通志馆,1935年)和《新闻史上的新时代》(世界书局,1946年)等四部新闻学研究专著;另有近百篇新闻学研究论文发表在《中美日报·集纳版》《大美晚报·记者座谈》《大晚报·上海通》《战时记者》和《报学杂志》等刊物上。研究内容主要涉及世界及中国报纸的起源与发展、重要报纸的个案研究、在华外报情况、中国报纸副刊的起源与发展、通讯社的功能及中外通讯社的发展、中国广播事业的发展、新闻业务的发展与变化、上海地方新闻史研究等方面,胡道静也因此成为那个时代我国新闻学研究的代表人物之一。① 笔者认为,开展本研究有如下理由。

(一)胡道静是持续十多年研究我国地方新闻史的代表人物之一

地方新闻事业是中国新闻事业的重要组成部分,然而受到社会文化条件、经济环境、交通情况等诸多因素的影响,我国地方新闻事业在最初发展阶段就呈现出不均衡的态势。1917年,商务印书馆出版了姚公鹤的《上海报纸小史》,这是我国最早的新闻史专著,同时也是我国第一部地方新闻史著作。此后一直到1949年,先后出版的地方新闻史著作主要有项士元的《浙江新闻史》(1930年)、李抱一的《长沙报纸史略》(1931年)、胡道静的《上海新闻事业之史的发展》(1935年)、管雪斋的《武汉新闻事业》(1936年)、长白山人的《北京报纸小史》(1941年)、蔡寄鸥的《武汉新闻史》(1943年)等。不难看出,在中华人民共和国成立前,由于受到社会动荡环境的影响,再加上我国整体新闻学研究都正处于起步阶段,因此关于地方新闻史的研究成果数量较少,且研究的系统性与深入性也有待提高。相比较而言,胡道静的《上海新闻事业之史的发展》则更多地体现出研究者对上海新闻事业(当然主要是上海报业)纵向发展的审视与思考,时间跨度达80年之久(从1850年至20世纪30年代初期)。至20世纪40年代,胡道静围绕上海新闻事业发表了数十篇研究论文,形成了一个连续的上海新闻史研究脉络,这使得胡道静成为中华人民共和国成立前我国地方新闻史研究的代表人物之一。

(二)胡道静是上海新闻史研究体系的构建者

胡道静的《上海的定期刊物》《上海的日报》和《上海新闻事业之史的发展》等著作以及一些研究文章均以上海新闻事业的发展历史及现状为研究对象,在时间和空间的双向考察维度中初步构建了上海新闻史的研究框架与体系。

首先,胡道静的著作在内容上各有侧重,互为补充,形成了一个相对完整的上海新闻史研究内容体系。胡道静对上海新闻史的研究开始于20世纪30年代初期,他的相关著述在研究内容上既有对历史的梳理,也有对现实的关注,两个方面纵横结合、互为联系和补充,从而构建起了一个从历史到现实,包括上海报业、杂志业、新闻广播业、新闻通讯业以及新闻教育和研究团体等内

---

① 徐培汀.20世纪中国新闻学与传播学·新闻史学史卷[M].上海:复旦大学出版社,2001(111)提到现代著名的新闻史学家,仅列举两位即戈公振和胡道静。

容的上海地方新闻史研究体系,这使得上海新闻史的研究水平在30年代达到了一个新的高度,走在了全国新闻史学界地方新闻史研究的前列。

其次,胡道静的研究第一次把上海新闻事业的起源与发展进行了阶段划分,不仅为我们勾勒了上海新闻事业80余年的历史概貌,也为后来的研究奠定了框架基础。在《上海新闻事业之史的发展》一书中,胡道静第一次按照时间的顺序把上海报业自1850年至20世纪30年代初期的发展划分为九个阶段,每个阶段又以重要的新闻界事件作为叙述的主线,再联系当时新闻事业发展的外部环境,较为完整地展现了上海报业发展的基本情况,此外还论及了报律起源、报业团体、报业教育、报学研究组织等方面的内容。胡道静初步构建了以时间发展为序进行分阶段研究的框架结构,这对后来的上海新闻史研究产生了深远的影响。

(三) 胡道静是那个时代进步知识分子社会活动轨迹转变的代表人物之一

胡道静是20世纪30至40年代在战争环境下坚持进行新闻学研究的学者之一,他主动把自己的新闻实践活动融入争取民族解放和追求民主自由的洪流,代表了一代爱国知识分子社会活动轨迹的转变历程。

1931年胡道静从上海持志大学国学系毕业,第二年就跟随他的父亲一起进入柳亚子主持的上海市通志馆工作。"八一三"事变之后,上海沦于敌手,满腔爱国热忱促使胡道静走上了以新闻报效祖国的道路。在"孤岛"时期先是主编抗日爱国报纸《通报》,后来在"大中通讯社"、《中美日报》、《大晚报》等媒体任职,在极其恶劣的环境下坚持抗日新闻宣传工作。太平洋战争爆发后,胡道静离开上海辗转于浙江、安徽等地,先后在《东南日报》(金华版)、《中央日报》(屯溪版)任职,坚持进行抗日宣传活动直至抗战胜利。这期间,胡道静的新闻学研究也并未终止,据笔者统计,仅1938年至1939年,胡道静发表在《中美日报·集纳版》和《战时记者》上的新闻学研究论文就有49篇。1945年11月,胡道静重新回到上海,任《正言报》总编一职,这是抗战胜利后上海第一家复刊的报纸。在近三年的时间里,《正言报》敢于批评时政,多次揭露国民党日趋腐败的内部问题,最终被扣上"违反戡乱,为匪张目"的罪名,遭到了国民党当局的查封。这一时期胡道静不但在世界书局出版了《新闻史上的新时代》一书,还在《报学杂志》上发表了9篇研究论文。

面对国难和动荡的局势,胡道静由潜心做学问的知识分子转变为一名积极投身到抗战救国实践活动中去的爱国报人,他以手中的笔为武器,为国呼号,不畏牺牲,用自己的实际行动展现了一代爱国知识分子的民族气节和精神品格。这种社会活动轨迹的转变既是个体的,又具有时代的共性,凝聚着无数为追求民族独立而浴血奋战的爱国知识分子的国家大义,奏响了一曲个人与国家共荣辱、同生死的时代乐章。同时,胡道静在战争环境下坚持从事新闻学研究工作,也体现出新闻学研究者的学术责任感与"坚守"精神。

二、研究意义

本书探讨的是胡道静的新闻实践活动及其新闻学研究,其意义主要体现在以下两个方面。

(一)通过对胡道静新闻实践活动及其新闻学研究成果的梳理与分析,在展现一个"完整的胡道静"方面具有一定的史学价值和意义

长期以来,人们习惯把胡道静定位在科技史学界和古典文献学界,对其在新闻界的贡献则关注较少。直至目前,有关胡道静的研究在新闻学领域还并不充分,其新闻学研究成果及实践活动的历程、特征也未得到细致深入的梳理与总结。而胡道静从1932年在上海通志馆工作起直至1949年中华人民共和国成立,在动荡波折的时代环境中不仅积累了丰富的新闻活动经验,在新闻学研究领域也取得了诸多成果,他所做出的贡献完全有理由成为我们新闻史研究的一个重要内容而不应该被忽视。本书立足于目前的研究现状,在对相关史料进行搜集、整理与解读的基础上,重点探究胡道静的新闻实践及其新闻学研究,并力求把它们置于当时的时代背景及媒介环境之下,以期获得更加客观的分析结论,这在展现一个"完整的胡道静"方面具有一定的史学价值和意义。

(二)通过对胡道静新闻学研究的内容、特点及贡献进行剖析与界定,为客观认识和评价中华人民共和国成立前我国新闻学研究的整体水平提供参照和视角

作为20世纪三四十年代的新闻学研究者,胡道静不仅初步构建了上海地方新闻史研究的框架与体系,还第一次对"电视新闻"时代的到来做出了科学而准确的预测。此外他对成就一部"良好的新闻史"也有着明确而清晰的认识,并为我国的新闻学研究特别是新闻史学研究留下了珍贵的资料。而当代研究者对中华人民共和国成立前的新闻学研究,往往较为重视。徐宝璜、邵飘萍、戈公振等在我国新闻学科领域中具有开创性地位的学者,对20世纪三四

十年代的新闻学研究成果则大都以"整体水平不高""分量单薄"等给予简单评价。本书通过解读胡道静的新闻学研究著述,不仅可以探究他在我国新闻学研究领域所做出的贡献,同时也为客观认识与评价中华人民共和国成立前我国新闻学研究的总体水平提供参照和视角。

第二节 研究方法与创新

一、研究方法

本书为新闻史人物的专题研究,拟从胡道静十多年的新闻实践、新闻学研究活动以及他的学术成果中梳理、总结其新闻活动与新闻学研究的历程、特征和影响,进而揭示人物的本质特征,这是开展本研究的基本思路。本书研究的主要依据是与胡道静的新闻实践和新闻学研究著述相关的历史资料与文献,具有明显的史学特征。因此,本书注重对史料的搜集、掌握与运用,务必做到言之有据,无证不立,这也将是本书进行研究与论述的根本原则与态度。围绕这一思路和根本原则,本书主要采用的是文献史料的搜集、解读和分析的方法。

(一)文献史料的搜集

本书所参阅的文献史料主要有以下几种。

1. 与胡道静新闻实践活动有关的报刊资料

这方面的研究共涉及报刊六份,分别是《通报》、《中美日报》、《大晚报》、《东南日报》(金华版)、《中央日报》(屯溪版)和《正言报》。这其中除了《通报》由于存在时间较短缺少第一手资料和《中央日报》(屯溪版)由于历史原因而暂时无法找到原始报纸文本外,其余均在国家图书馆和上海图书馆可以找到报纸的影印件或缩微胶片。特别是《正言报》,作为抗战胜利后上海复刊的第一家报纸,在胡道静的新闻实践中占有重要的地位,以缩微胶片的形式比较完整地被保存于上海图书馆近代文献阅览室,可以满足本书的研究需要。

2. 胡道静的新闻学研究著述

胡道静的新闻学研究著述,包括他的4部新闻学研究著作及发表在报纸和新闻学期刊上的研究论文。4部新闻学著作均存有影印本,笔者主要对《中美日报》《大美晚报》《大晚报》《战时记者》和《报学杂志》等刊物进行了搜索与查询,找到了胡道静发表过的近百篇研究文章,其中的大部分已被收录在2011年底出版的《胡道静文集》中,这些史料为本书提供了重要的研究基础。

3. 与胡道静同时期的其他研究者的新闻学著作

这包括戈公振的《中国报学史》、赵君豪的《中国近代之报业》、黄天鹏的《中国新闻事业》、蒋国珍的《中国新闻发达史》和张静庐的《中国的新闻记者与新闻纸》等,这些为我们更好地了解20世纪三四十年代胡道静所处的学术发展环境提供了参考。

4. 关于20世纪三四十年代的社会背景性资料

笔者对上海"孤岛"时期的新闻界、抗战过程中的新闻宣传以及国共内战时期的重大政治事件等资料进行了搜集与整理,以作为人物研究中不可或缺的社会背景性资料。

(二)文献史料的解读和分析

在文献史料的解读和分析方面,本书将立足于第一手资料,在梳理、研读的基础上,尝试完整地展现胡道静新闻实践活动的历程和特征,归纳、提炼其新闻学研究的主要内容和观点。考虑到胡道静的新闻实践与研究活动并不是"孤立的个体",因此本书注意结合20世纪三四十年代的社会大背景以及新闻事业发展、新闻学研究的整体情况等方面的文献史料,不仅要较为客观地把握那个时期社会及新闻事业的发展情况,同时,还要对当时的新闻学研究特别是新闻史学研究状况有清晰的认识,并力求把胡道静的实践与研究活动置于其中进行综合考察,这样才能对胡道静在新闻领域的活动、影响及贡献做出准确、客观的评价。

二、创新之处

本书力求在观点与史料上体现出新意。

（一）形成新的观点

目前关于胡道静的新闻实践及其新闻学研究的成果较少，基本上还没有形成建立在综合研究基础上的明确结论。本书即从这一角度入手，以个案分析的形式尝试从以下两方面得出全面、公正、客观的观点与结论，以弥补胡道静研究在新闻领域的不足。

第一，勾勒出胡道静由文化学者转变为爱国新闻人的历史轨迹，还原其争取民族独立与追求民主自由的真实历程，探讨胡道静新闻实践活动的主要特征。

第二，通过对胡道静新闻学研究著述的梳理与分析，归纳、总结其内涵、特征和历史贡献。

（二）史料上有所突破

本书涉及的史料主要包括两个部分：一是胡道静的新闻学研究著述，二是与他的新闻实践有关的报纸。从既有文献看，关于这两部分内容的研究成果还比较少，许多史料还处于"原始状态"，有待于进一步的发掘与整理，而这也正是本书研究的重要基础。对于胡道静的新闻学研究著述，笔者主要通过上海图书馆近代文献阅览室中所保存的老报纸资料以及大成老旧刊全文数据库对《中美日报》《大美晚报》《大晚报》《战时记者》和《报学杂志》等刊物进行了搜索与查询，找到了近百篇胡道静发表过的新闻学研究文章，而其中有一部分内容是之前的研究者很少涉及的；笔者在上海图书馆近代文献阅览室还发现了胡道静担任总编辑的《正言报》的缩微胶片，保存较为完好，笔者认真查阅了从1945年8月在上海复刊至1948年10月停刊这一时期的报纸资料，以此作为分析《正言报》主要言论立场的史料基础。

同时，在史料的搜集、整理与研读的过程中，笔者也注意对它们进行梳理、组织与整合，以形成新的认识和研究成果，并希望能对以后的相关研究提供史料上的借鉴和帮助。

（三）纠正了一些不准确的已有结论

通过研究，本书在胡道静创办的第一份新闻报纸《通报》的创刊时间、胡道静担任《正言报》总编辑及其时间等方面，根据对史料的研读、考证和分析，提出了自己的观点。

第三节 文献述评

一、文献综述

据笔者调查,对于胡道静的研究与评价文献较多地集中在科技史和古典文献领域,而对于他在1949年之前的新闻实践及其新闻学研究的文献则相对较少,截至2016年12月,除了笔者本人的博士论文外,仅有一篇2014年的硕士论文《职业认同视角下胡道静新闻活动研究》。既有文献主要有以下几类。

(一)关于胡道静新闻实践活动的研究文献

从20世纪90年代至21世纪初,围绕胡道静的新闻实践活动主要有三篇介绍性文献,分别是:姚福申的《胡道静先生的报人生涯》(1991)①、以勤的《报人胡道静》(1992)②和孔正毅的《铁肩担道义 妙手著文章——皖籍学者胡道静的报人经历》(2001)③。这三篇文章都是以时间为序,把胡道静从1938年与上海通志馆同仁共同创办《通报》至1948年《正言报》被查封的这段经历划分为四个阶段:主编《通报》、"孤岛"中的抗日宣传、避难浙皖、重返上海,并对每一个时期胡道静主要的新闻实践活动及当时的社会背景进行介绍。这三篇文章都高度评价了胡道静作为爱国报人所体现出的气节和品格,姚福申和孔正毅的文章还对《正言报》追求民主自由、反对专制与腐败的立场与言论给予充分肯定。但这三篇文章在一些问题的陈述上也有分歧,例如,对胡道静在《正言报》的职务,姚福申和孔正毅认为是报纸总编辑,而以勤则认为胡道静是副刊《大众》的编辑。这三篇文章中,姚福申的文章由于得到胡道静本人的"补充和校订",更彰显出史料上的特殊意义与价值。

2014年,安徽大学李占领的硕士论文《职业认同视角下胡道静新闻活动

---

① 姚福申.胡道静先生的报人生涯[J].新闻研究资料,1991(3).
② 以勤.报人胡道静[J].上海滩,1992(9).
③ 孔正毅.铁肩担道义 妙手著文章——皖籍学者胡道静的报人经历[J].江淮文史,2001(2).

研究》①是近两年关于胡道静新闻实践活动的最新成果。该文主要在职业认同的视角下,从职业动机、职业认知、职业情感和忠诚度以及自我身份认同等几个方面考察了胡道静的新闻职业认同情况,并力图揭示其新闻活动中的心路历程。该文并不是以史料考察见长,而是运用了新的研究视角从而体现出新意。

(二)关于胡道静新闻学研究成果的评述性文献

目前,对胡道静新闻学研究的文献主要集中在对他新闻史研究成果和广播电视研究成果的介绍和评价方面。

1. 对胡道静新闻史研究成果的介绍、评价文献

(1)《图书季刊》新三卷第12期合刊本(国立北平图书馆出版,1941)

这是目前所看到的关于胡道静新闻史学研究成果最早的评介。1940年9月,胡道静的《报坛逸话》一书出版。《图书季刊》曾刊文推介称:"本书著者胡道静氏历任沪上各报编辑,对于沪上报界掌故,熟悉如数家珍,故本书内容颇丰富,叙述我国报业发达经过及近年一般状况,甚为真切;关于外国在华报纸及中外通讯社,叙述尤为祥赡。"②

(2)《上海新闻史》(1850—1949)(马光仁,1996)③

马光仁主编的《上海新闻史》(1850—1949)第8章第8节第二部分"新闻学研究领域的开拓"中称:"在中国新闻事业史研究方面,取得的突出成果是胡道静在1935年出版的《上海的日报》、《上海的定期刊物》和《上海新闻事业之史的发展》等,叙述了从上海最早的近代报刊产生,到1935年间新闻事业发展变化的历史,其史料之丰富翔实、全面、系统,超过以前一切上海新闻史的研究成果,特别是他搜集、整理了大量原始资料,为后人研究提供了珍贵史料。"④在第11章第7节第二部分"新闻学研究的开拓"中认为胡道静的《新闻史上的新时代》一书"以史料丰富,考订精详,受到新闻学界的重视和好评",对"新闻事业的发展和展望是很有见地的"。⑤

---

① 李占领.职业认同视角下胡道静新闻活动研究[D].安徽:安徽大学,2014.
② 胡道静.新闻史上的新时代[M].上海:世界书局,1946:2.
③ 马光仁.上海新闻史(1850—1949)[M].上海:复旦大学出版社,1996.
④ 马光仁.上海新闻史(1850—1949)[M].上海:复旦大学出版社,1996:803.
⑤ 马光仁.上海新闻史(1850—1949)[M].上海:复旦大学出版社,1996:1079.

(3)《20世纪中国新闻学与传播学·新闻史学史卷》(徐培汀,2001)①

徐培汀在该书绪论中认为"我国的新闻史学研究,硕果累累,人才辈出。著名的新闻史学家,现代有戈公振、胡道静,当代有方汉奇、宁树藩、李龙牧等"②。在第4章《中国现代新闻史学研究》中认为"从1919年至1949年9月期间,出现了两位中国新闻史学家与几本新闻史代表作。两位名家,一位是戈公振,一位是胡道静"③。徐培汀认为胡道静的《上海新闻事业之史的发展》《上海的日报》《上海的定期刊物》《报坛逸话》和《新闻史上新时代》等大部分著作属于"地方新闻志",其中《上海的日报》和《上海的定期刊物》"主要是报刊历史与现状的记载与描述",《上海新闻事业之史的发展》中对上海新闻史发展阶段的划分"分期标准前后不一""新分期法不甚理想"。④ 此外,他还认为体现胡道静新闻史研究新观点的著述有:第一,在《情报·新闻·历史》一文中,胡道静对三者关系的论述;第二,在《报纸之今昔观》一文中,胡道静对"封建社会的报纸""资本主义社会的报纸"和"社会主义的报纸"的特点、性质及发展趋向的论述;第三,在《新闻史上的新时代》中,胡道静基于无线电技术的进步对"广播新闻"与"电视新闻"的论述。⑤ "这几篇文章的新观点、新思想,主要表现在对20世纪出版的苏联社会主义报纸的看法,持赞许态度,这在旧中国新闻界来说,难能可贵;对广播、电视新媒介、新技术的重视,见解不凡。"⑥

(4)《胡道静与新闻史》(傅宁,2004)⑦

傅宁在文中先用"满门报人受熏陶"和"叱咤报坛写风云"两部分介绍胡道静的家庭环境影响和报刊活动轨迹,然后在"史家思想著力作"中分别评介了

---

① 徐培汀.20世纪中国新闻学与传播学·新闻史学史卷[M].上海:复旦大学出版社,2001.

② 徐培汀.20世纪中国新闻学与传播学·新闻史学史卷[M].上海:复旦大学出版社,2001:6.

③ 徐培汀.20世纪中国新闻学与传播学·新闻史学史卷[M].上海:复旦大学出版社,2001:111.

④ 徐培汀.20世纪中国新闻学与传播学·新闻史学史卷[M].上海:复旦大学出版社,2001:112.

⑤ 徐培汀.20世纪中国新闻学与传播学·新闻史学史卷[M].上海:复旦大学出版社,2001:112-114.

⑥ 徐培汀.20世纪中国新闻学与传播学·新闻史学史卷[M].上海:复旦大学出版社,2001:114.

⑦ 傅宁.胡道静与新闻史[J].新闻爱好者,2004(1).

胡道静的四部新闻学著作,认为它们在史料集存方面具有重要价值,还简述了胡道静的"史家眼光"和"史学理想",指出:"他所作的资料留存,不是为了写一两本小册子,而是为了堪称杰作、气势恢宏的新闻史著作。一切努力的终极目的就在于此。"①

(5)《20世纪中国学术大典·新闻学传播学》(丁淦林,2005)②

丁淦林在这部书中有《新闻史研究》一文,考察了20世纪中国新闻史的研究历程,认为有三次突破。其中1949年以前为第一个阶段,以戈公振及其《中国报学史》为代表。丁淦林、方厚枢在文中同时指出:"在20世纪三四十年代,我国处于连年战争的环境之中,学术研究的条件极为艰难,中国新闻史研究同许多学科一样,发展缓慢。其间,具有较高学术价值的中国新闻史专著,只有胡道静的《新闻史上的新时代》等数种,没有出现具有全局意义的突破性成果。胡道静的著作记叙了《上海新报》、《申报》等报纸的历史,为个案研究提供了丰富的材料。"③

2. 关于胡道静对广播、电视等新兴媒介研究的评介文献

(1)《简论旧中国对广播的研究》(哈艳秋,1993)④

哈艳秋对中华人民共和国成立前我国广播事业的研究著述进行了梳理。认为三十年代"在广播研究上较有成就的是科技史专家胡道静",⑤并指出胡道静在1937年发表的《上海与广播事业》和《上海广播无线电台的发展》两篇文章"从军事政治经济和社会对广播的需求等多方面的联系中,去体察广播事业发展的主客观因素,这比早期人们对广播的认识更高一等"。⑥

(2)《民国时期国人对电视的认知》(谢鼎新,2006)⑦

谢鼎新主要从科学技术、电影和新闻传播三个方面考察民国时期国人对电视的认知状况。在新闻传播方面,他比较了任白涛和胡道静对电视的观点

---

① 傅宁. 胡道静与新闻史[J]. 新闻爱好者,2004(1):43.
② 丁淦林,方厚枢. 20世纪中国学术大典·新闻学传播学 出版学[M]. 福州:福建教育出版社,2005.
③ 丁淦林,方厚枢. 20世纪中国学术大典·新闻学传播学 出版学[M]. 福州:福建教育出版社,2005:14.
④ 哈艳秋. 简论旧中国对广播的研究[J]. 现代传播,1993(3).
⑤ 哈艳秋. 简论旧中国对广播的研究[J]. 现代传播,1993(3):148.
⑥ 同上。
⑦ 谢鼎新. 民国时期国人对电视的认知[J]. 新闻研究资料,2006(2).

后认为,胡道静不仅"分析了电视新闻在形象化方面的优势",还"从信息传播的接收角度"分析了电视新闻的"唯一缺点"——"不能够保留下来",这反映出胡道静"对电视媒介传播方式与规律的认知把握有预见性,抓住了问题的核心"①。

(3)《〈新闻史上的新时代〉不是中国最早论述电视新闻的著作》(胡正强,2009)②

胡正强的文章是一篇争鸣文章。他认为《中国新闻学之最》一书中所称"中国最早论述电视新闻的著作是胡道静著《新闻史上的新时代》"③有待了商榷。他认为胡道静的《新闻史上的新时代》不是中国最早论述电视的著作。但同时认为:"在这个观点的表述上,胡道静要比杜绍文、任白涛和邵铂等,都更为明确、全面和系统。作为新闻史专家,他善于从历史的纵向维度去考察、审视电视媒介产生的时代意义。在当时电视还是新生事物,绝大多数民众还未睹电视的庐山真面的时候,胡氏的文章对于普及电视知识仍然具有很大的积极意义,值得治新闻学术史者予以珍视。"④

(4)《胡道静:"媒介是人体扩张"的最早提出者》(李红祥,2015)⑤

李红祥指出,胡道静在1946年提出的"一切发明跟进展是人体器官的扩张"的观点,是出于他对进化论的深刻理解,但这一"媒介扩张观"并没有引起学术界足够的重视。18年后麦克卢汉也提出了类似的论断,而他的"媒介延伸观"却被广泛传播,究其原因,"这与麦克卢汉的媒介理论在我国大量译介有关,更与学界对两者的媒介研究重视程度不一的状况紧密相连"⑥。该文不仅比较了胡道静和麦克卢汉"媒介延伸观"的异同,更明确指出了胡道静从传播科技角度考察媒介演进历史的学术意义和价值。

(三)胡道静本人和他人的回忆性或纪念性文献

在对既有研究成果的搜集与整理中,笔者还发现不少具有回忆性和纪念

---

① 谢鼎新.民国时期国人对电视的认知[J].新闻研究资料,2006(2):64.
② 胡正强.《新闻史上的新时代》不是中国最早论述电视新闻的著作[J].新闻知识,2009(10).
③ 方汉奇,李矗.中国新闻史之最[M].北京:新华出版社,2005:365.
④ 胡正强.《新闻史上的新时代》不是中国最早论述电视新闻的著作[J].新闻知识,2009(10):47.
⑤ 李红祥.胡道静:"媒介是人体扩张"的最早提出者[J].编辑之友,2015(9).
⑥ 李红祥.胡道静:"媒介是人体扩张"的最早提出者[J].编辑之友,2015(9):100.

性的资料与文献,其中包括胡道静本人的回忆文章和他人对胡道静的追忆、评价性文章。这些并不是纯粹学术意义上的研究成果,其范围也并不局限于胡道静在新闻领域的活动与贡献。

1. 胡道静本人的回忆性文章

胡道静回忆自己求学经历与在上海"孤岛"时期的工作、生活的文章主要有六篇:《回忆我的学生时代》①、《关于持志大学的情况》②、《关于上海通志馆的回忆》③、《上海通社纪事本末》④、《上海孤岛生活的回忆》⑤和《关于〈通报〉的一点说明》⑥。这些文章的内容主要涉及胡道静的家庭环境及从小学、中学到大学的求学之路;上海通志馆的成立、人员构成及活动(其中包括胡道静对报刊史料的搜集工作及创办《通报》的经过);胡道静在孤岛时期的抗日新闻宣传活动。此外,胡道静还有三篇回忆邵力子、柳亚子与上海通志馆的文章:《邵公和上海通志馆的建立》⑦、《柳亚子在上海通志馆》⑧和《柳亚子与上海通志馆》⑨,为我们进一步了解上海通志馆的组建背景、成立过程及其活动提供了佐证。

2. 他人有关胡道静的回忆、纪念和传记性文章

这类文章大多都不拘泥于胡道静在新闻领域的活动与成就,而是对他一生的学术贡献与影响进行回顾与总结,且比较多地突出胡道静在科技史领域的地位,但从中我们可以看到胡道静谦和、大度、坚韧、儒雅的知识分子形象。

最早回忆胡道静的文章是柳亚子所作的《怀念胡道静兄》(1942)⑩。起因是柳亚子在桂林看到《大公晚报》上关于胡道静"不幸消息"的报道,深感"惊

---

① 胡道静,袁燮铭. 回忆我的学生时代[J]. 史林,2004(增刊).
② 胡道静. 关于持志大学的情况[J]. 胡道静文集·序跋题记 学事杂忆,上海:上海人民出版社,2011.
③ 胡道静,袁燮铭. 关于上海通志馆的回忆[J]. 史林,2001(4).
④ 胡道静. 上海通社纪事本末[J]. 档案与历史,1989(3,4).
⑤ 胡道静,袁燮铭. 上海孤岛生活的回忆[J]. 史林,2002(4).
⑥ 胡道静. 关于《通报》的一点说明[N]. 文汇报,1983-09-12.
⑦ 胡道静. 邵公和上海通志馆的建立[M]//和平老人邵力子. 北京:文史资料出版社,1985.
⑧ 胡道静. 柳亚子在上海通志馆[J]. 中国老年,1984(2).
⑨ 胡道静. 柳亚子与上海通志馆[M]//中华文史资料文库·第16卷. 北京:中国文史出版社,1996.
⑩ 柳亚子. 怀念胡道静兄[M]//怀旧集. 上海:耕耘出版社,1981.

骇,恐怖,痛心",在久久得不到胡道静生还消息的情况下于 1942 年 11 月 4 日写下了这篇怀念文章。柳亚子笔下的胡道静"待人接物又是非常的诚挚,非常的和蔼",比他父亲更是"雏凤清于老凤声",且"聪明而又努力,工作效能,非常的高",在通志馆所出文集中,"在质在量,道静也都占据着很重要的地位"。①

从 20 世纪 80 年代开始,陆续出现的传记性和纪念性文章有:《钩沉辑轶历沧桑——记古籍整理、科技史专家胡道静先生》(范文通,1985)②、《胡道静与李约瑟》(小静,1989)③、《我所认识的胡道静教授》(陈文华,1992)④、《胡道静先生往事点滴》(江晓原,2003)⑤、《含悲送道老》(方健,2003)⑥、《胡道静先生传略》(虞信棠,2004)⑦、《"两脚书橱"胡道静》(施宣圆,2004)⑧、《迟到的纪念——怀念恩师道静先生》(陆敬严,2005)⑨、《胡道静:为新闻著史的传奇报人》(傅宁,2005)⑩、《援登科学第一峰——记当代著名科技史专家胡道静》(郭静洲,2007)⑪、《道静先生和小静先生》(李伟国,2007)⑫、《胡道静:报人、编辑、史家》(毛志辉,2012)⑬,等等。

3.《胡道静文集》的出版

2012 年 3 月 21 日,由中国出版协会、上海市新闻出版局、上海世纪出版集团主办,上海人民出版社、中国近现代新闻出版博物馆承办的"纪念胡道静先生百年诞辰暨《胡道静文集》⑭出版座谈会"在上海图书馆举行。在这次会

---

① 柳亚子.怀念胡道静兄[M]//怀旧集.上海:耕耘出版社,1981:6-8.
② 范文通.钩沉辑轶历沧桑——记古籍整理、科技史专家胡道静先生[J].社会科学战线,1985(1).
③ 小静.胡道静与李约瑟[J].时代与思潮,1989(1).
④ 陈文华.我所认识的胡道静教授[J].农业考古,1992(3).
⑤ 江晓原.胡道静先生往事点滴[N].文汇报,2003-12-09.
⑥ 方健.含悲送道老[N].文汇报,2003-12-23.
⑦ 虞信棠.胡道静先生传略[J].农业考古,2004(1).
⑧ 施宣圆."两脚书橱"胡道静[J].中国编辑,2004(3).
⑨ 陆敬严.迟到的纪念——怀念恩师道静先生[N].新民晚报,2005-01-26.
⑩ 傅宁.胡道静:为新闻著史的传奇报人[N].中华新闻报,2005-07-06.
⑪ 郭静洲.援登科学第一峰——记当代著名科技史专家胡道静[J].文史春秋,2007(1).
⑫ 李伟国.道静先生和小静先生[J].编辑学刊,2007(6).
⑬ 毛志辉.胡道静:报人、编辑、史家[J].出版史料,2012(3).
⑭ 胡道静.胡道静文集[M].上海:上海人民出版社,2011.

议上,大家饱含深情地回忆了胡道静先生的学术成就、出版业绩及品德风范,并一致认为:作为上海学术界的代表人物,胡道静先生勤恳敬业、不计名利的治学精神尤其值得我们学习,《胡道静文集》的出版不仅是对胡道静先生学术成就的总结,更是一位兢兢业业的知识分子勤奋严谨的治学态度的生动写照,具有特殊的意义与价值。《胡道静文集》共有7卷,分别是《上海历史研究》《农史论集·古农书辑录》《梦溪笔谈校正》《新校正梦溪笔谈·梦溪笔谈补正稿》《沈括研究·科技史论》《古籍整理研究》和《序跋题记·学事杂忆》,在卷一《上海历史研究》中,收录了胡道静于20世纪三四十年代发表的著述七十余篇(部),其中很大一部分是关于上海地方新闻史的研究成果,这与笔者在《中美日报》《大美晚报》《大晚报》《战时记者》以及《报学杂志》等刊物上所查询到的胡道静的研究文章相互印证,同时也为研究者提供了资料上的极大便利。

二、文献评价

(一) 从整体上看,已有研究成果数量偏少且内容较为单薄

由于胡道静在1949年之后专门从事科技史和古典文献研究(其中尤以《梦溪笔谈校正》成就巨大),所以学界对胡道静的研究成果大多集中在上述领域。但是在20世纪30至40年代,胡道静有十五年左右的时间从事新闻实践活动和研究,当过记者,做过主编,出版了四本新闻学著作,发表过近百篇新闻学方面的研究论文,积累了大量珍贵的史料,在新闻学研究特别是新闻史学研究方面形成了一些较为新颖的思想观点,是中华人民共和国成立前我国新闻史研究的代表人物之一。而学术界对胡道静在新闻学领域的研究则明显不够,已有研究成果文献数量偏少(仅十篇左右),且比较分散,不够深入,多数是对某一问题进行研究涉及胡道静时,才谈及这位曾在新闻学界做出过重要贡献的学者,对胡道静这一个新闻学界的重要学者缺少专门、系统性的研究,这是一个缺憾。

(二) 已有研究成果未能对胡道静的新闻实践活动进行深入研究

在已有的文献资料中,对胡道静新闻实践的研究还大多停留在对其新闻从业经历的笼统介绍上。2001年之前的三篇研究文章是按照时间顺序大致梳理了胡道静的报刊活动,它们同胡道静本人的回忆文章一起,从主客观两方面勾勒出一条历史的活动轨迹。而对于隐含在这条轨迹下的诸多因素,如胡

道静的报刊活动与当时社会环境间的相互关系、胡道静对新闻工笔者的职业素养与职业品格的诠释与体现,胡道静担任《正言报》总编辑期间如何在复杂的政治局势中把握报纸的言论使这份国民党报纸具有了更多批评的色彩,等等,涉及较少。李占领于2014年完成的硕士论文《职业认同视角下胡道静新闻活动研究》在一定程度上弥补了上述不足,通过职业认同视角相对细致地梳理、剖析了胡道静的新闻实践经历,但这篇文章在史料上并没有新的突破。从总体来看,目前对胡道静的新闻实践活动还未能进行建立在史料基础上的深入探讨,对胡道静主编过的重要报纸也缺少基础的内容分析,一些成果还处于描述性的研究层面上。

(三)已有研究成果未能对胡道静的新闻学研究著述进行系统、全面的研究

对于胡道静的新闻学研究著述,目前的研究还缺乏系统性和全面性。尽管有些学者对胡道静的新闻史学贡献给予了高度评价,但对其具体的研究内容、特点及影响仍然缺乏系统的梳理、分析与归纳。并且,大多数研究仅仅局限于对胡道静的四部新闻学著作做概括性的内容分析与评价,而对于胡道静发表在报纸与学术杂志上的近百篇文章则几乎没有涉及,无法全面体现胡道静新闻学研究的内涵与特点。此外,目前的研究没能把胡道静置于特定的历史环境中去考察,因而很难在我国新闻学研究特别是新闻史学研究的发展脉络中,对胡道静的贡献与影响做出客观、准确而公正的评价。

总之,已有的研究成果对"新闻领域的胡道静"的研究还很浅显,其新闻实践活动、新闻学研究著述还有待于深入探讨与分析,这与胡道静在20世纪30至40年代在中国新闻学界所取得的成果、做出的贡献和得到的认可评价是很不相称的。而这些也正是本书试图有所突破的地方。

第二章 胡道静新闻学研究的家庭背景和开端

"踏开世界不平路,援登科学第一峰"——这副悬挂于我国著名的科技史和古典文献专家胡道静寓所中的对联,是他在上海持志大学国学系读书期间的恩师姜亮夫教授在八十岁高龄时书赠的。这副对联给我们展示的是一位在学术道路上孜孜以求、坚韧攀登的知识分子形象,这也是胡道静一生虽历经坎坷与波折但治学之心始终不改的真实写照。

第一节 胡道静新闻学研究的家庭背景

1913年2月23日,胡道静出生于上海的西门妇孺医院,这是一家由美国基督教会所办的妇产科医院,因其用红色砖瓦建造而成,被称为"红房子医院"。胡道静是家中的长子,由于出生时是"难产幸生",祖母便为其取名"幸",后来被父亲改用了同韵母字"静",而"道"则是他这一辈人的排行。胡道静出生在书香门第之家,他的伯父胡朴安与父亲胡怀琛都是我国近代著名的学者,他们不仅在治学上引导与培养着胡道静,而且在长期的报刊活动中体现出的积极投身社会实践、宣传进步思想、追求民族解放的精神也对胡道静产生了重要而深刻的影响。

一、胡氏家族的文化传承与治学思想

胡道静的祖籍在安徽泾县榔桥溪头村。早在清代,泾县胡氏就有考订、校勘历史古籍的传统,这在学术史上有一个专门的名称,称为"汉学",也称"朴学"。胡道静的同族远祖胡承珙(1776—1832)是清嘉庆、道光年间的著名汉学家,曾撰有《仪礼古今文疏义》十七卷、《小尔雅义证》十三卷、《毛诗后笺》三十

卷、《尔雅古义》两卷等。胡道静的祖父是村里的塾师，家中生活虽然清贫，但却给五个子女提供了良好的家庭教育，次子胡朴安（胡道静伯父）和幼子胡怀琛（胡道静父亲）均成为我国近代著名学者。

胡朴安（1878—1947），本名有怀，又名韫玉，号朴安，是我国近代著名的文字、训诂学家。早在1909年，胡朴安就参加了柳亚子组织的南社，积极宣传资产阶级民主革命、反对清朝专制统治。同时还加入了孙中山领导的中国同盟会，积极在《民立报》等报纸上发表文章，并从事革命报纸编辑工作。1926年，他出任《民国日报》社社长。1930年应叶楚伧之请出任江苏省民政厅厅长，1932年辞职后在大学任教。抗战爆发时，任"正论社"社长。上海沦陷后，胡朴安闭门著述，拒绝与日伪合作。抗战胜利后，《民国日报》在上海复刊，他受任社长；上海通志馆复馆又受任馆长之职；通志馆改组为上海文献委员会，他继任主任委员，直至逝世为止。胡朴安一生著述丰富，主要有《中国文字学史》《中国训诂学史》《荀子学说》《诗经学》《庄子章义》《太极图新解》《墨子解诂》《包慎伯先生年谱》《泾县方言考证》等。① 胡朴安还在1929年发起、组织了专以研究国学、发扬民族精神为宗旨的学术团体——中国学会，并在《时事新报》上开设发表学术文章的阵地——《国学周刊》专栏，参加者达260多人，时在持志大学国学系读书的胡道静也成为其中一名小会员，在伯父的引领与帮助下，正式步入了汉学研究的殿堂。

如果说，伯父胡朴安是胡道静汉学研究的直接引导者与推动者，那么父亲胡怀琛给予胡道静的则是春风细雨般的家庭读书环境熏陶及治学方法的影响与指导，特别是其狷介的"士人风骨"和强烈的爱国情怀。胡怀琛（1886—1938），原名有怀，号寄尘，自幼学习诗词经史，有着深厚的国学功底。1898年，在新思潮的推动下，胡怀琛来到上海并机缘巧合地进入育才中学（后改名为南洋中学）这一新式学堂求学，受到了资产阶级教育制度的影响之后，他更加厌恶科举制度了。② 1909年，胡怀琛受聘于《神州日报》担任编辑职务，在投身反清宣传活动后，为表决心曾主动剪除自己的发辫。这一举动，柳亚子曾回忆道："寄尘新去其辫发，秃然类沙弥，出入哄市中，万人瞩目，弗顾也。"③1910

---

① 汪欣,汪渭,黄玉才.学者报人胡朴安[N/OL].皖南晨刊,2010-05-07. http://www.ahage.net/mingren/15449.html.

② 胡小静.《胡怀琛先生传略》. http://www.jxshequ.cn/read.php? tid-145510.html.

③ 柳亚子.辛亥革命外史[M]//怀旧集.上海:耕耘出版社,1981:49.

年,胡怀琛与胡朴安一起加入南社,之后又与柳亚子共同主持《警报》《太平洋报》的笔政工作。五四运动前他转入了出版界和教育界,先后任文明书局、商务印书馆编辑,上海通志馆成立后在编辑部任编纂一职,并曾在上海沪江大学、国民大学、持志大学等学校执教,一生著有《胡怀琛诗歌丛稿》《新诗概说》《中国八大诗人》《中国民歌研究》《中国文学辨证》《中国文学史概要》《国学概论》《简易字说》《诸子集解补正》等作品。①

同时,胡怀琛还是一位恪守"天下兴亡,匹夫有责"信念的爱国知识分子。1919年,当他在江苏省立第二师范学校任教时,就曾作《长江黄河》一诗:

> 长江长,黄河黄。滔滔汩汩,浩浩荡荡。来自昆仑山,流入太平洋。灌溉十余省,物产何丰穰。浸润四千载,文化吐光芒。长江长,黄河黄,我祖国,我故乡!②

这首蕴含了炽热爱国情感的诗歌在当时许多学校中流传。当"五四"学生爱国运动由北京传到上海时,胡怀琛还带领学生上街游行,以示支持和响应。1937年日军侵占上海,此时胡怀琛已重病缠身,卧床不起。当我抗战军被迫撤离时,他怀着抗日战争必然胜利的坚定信念,写下最后一首七绝:黑白分明不可欺,相持一角见权奇。全盘胜负终须有,此劫原非最后棋。③ 1938年1月18日,胡怀琛溘然去世,年仅53岁。

从幼年求学至初入社会,胡道静成长的每一步都受到了来自于家庭环境的熏陶与影响。两位父辈所具有的严谨的治学态度、深厚的学术功底以及谦和的文人之风影响了胡道静形成知识分子的"单纯内敛的书卷气质";而他们不囿于个人治学、积极投身进步事业的社会价值观和强烈的爱国精神也在胡道静身上留下了深刻的烙印,这种气质和情操在外敌入侵、民族危难的时刻发挥出了巨大的能量,展现出胡道静精神品格中"刚"的一面。

---

① 胡道静.我的父亲胡怀琛与商务印书馆[M]//胡道静文集·序跋题记 学事杂忆.上海:上海人民出版社,2011:179-183.
② 胡道静.我的父亲胡怀琛与商务印书馆[M]//胡道静文集·序跋题记 学事杂忆.上海:上海人民出版社,2011:180.
③ 胡道静.我的父亲胡怀琛与商务印书馆[M]//胡道静文集·序跋题记 学事杂忆.上海:上海人民出版社,2011:183.

二、胡氏先辈的报刊活动

我国近代新闻事业在19世纪中后期开始出现。西方列强在以枪炮打开中国大门的同时,也在文化上推行殖民侵略政策,而创办报纸就是其中一种重要的手段——创办外文报纸有利于西方人自己内部的信息交流与传播,而他们创办的中文报纸则旨在宣扬西方先进的文化、改变中国人的观念并从中牟取经济利益。例如1833年创办《东西洋考每月统记传》的普鲁士传教士郭士立,在谈及创办报纸的目的时曾不打自招地说:"这个月刊是为维护广州和澳门的外国公众的利益而开办的。它的出版意图,就是要使中国人认识我们的工艺、科学和道义,从而清除他们那种高傲和排外观念。刊物不必谈论政治,也不要在任何方面使用粗鲁的语言去激怒他们。这里有一个较为巧妙的表明我们并非'蛮夷'的途径,这就是编者采用摆事实的方法,让中国人确信:他们需要向我们学习的东西还是很多的。"①

至19世纪末期,外国人在中国共创办了近200种报刊,占当时我国报刊总数的80%以上。② 一些先进的知识分子也是在这个时候逐渐认识到报纸这一传播工具的功能与价值,他们或撰写文章阐述办报的重要性,或进入西方人报馆工作以积累办报的经验,特别是在"维新运动"中,康有为、梁启超等人不断上书朝廷以求放宽清廷此前对于国人办报的种种限制。随着维新报刊在各地的兴办,国人第一次办报迎来了高潮。

胡氏家族与新闻界有着不解之缘,这首先是从胡朴安、胡怀琛两兄弟开始的。1910年,胡朴安与胡怀琛两兄弟参加了以柳亚子为首的南社,以笔为武器从事反清反封建斗争,成为南社的中坚力量。胡朴安后参加了孙中山领导的中国同盟会,并与同盟会革命党人于右任等先后创办了《民呼报》《民吁报》《民立报》,高举反清旗帜,政治立场鲜明。1913年,"宋教仁案"发生时,胡朴安作为报社采访记者,在上海老北站目睹了这一血淋淋的事实。事发后,他在《中华民报》上先后发表了《论宋案延迟之危机》《告政党》《宋案与大借款》《论袁世凯之激变造祸》等几十篇文章,抨击和揭露袁世凯的罪恶行径。胡朴安除与宋教仁、于右任、王印川、景耀月、范鸿仙、谈善吾、钱病鹤等一起办《民立报》以外,还给瞿绍伊先生主办的《春申报》当过编辑,给《新闻报》担任过小品文编

---

① 方汉奇.中国新闻事业通史(第一卷)[M].北京:中国人民大学出版社,1992:265.
② 方汉奇.中国近代报刊史(上)[M].太原:山西人民出版社,1981:10.

辑,曾与邓秋枚合办《民国报》,又曾在《中华民报》《民权报》《民国新闻》等报主持笔政。先后出任《国民日报》报务委员与《民国日报》社长之职。至1947年逝世,他在报界工作长达37年。①

胡怀琛在1909年受《神州日报》之聘,担任编辑职务。1911年武昌起义后,和柳亚子、朱少屏等创办《警报》,报道革命军的战绩,激励民心,倡导民主。1912年《神州日报》发表文章,诋毁孙中山领导的国民党,胡怀琛愤然退出《神州日报》,加入《太平洋日报》,与柳亚子同编文艺两年,两年后,又去《中华民报》编辑文艺。在各报工作期间,他都用手中的笔和报纸的版面,痛斥袁世凯称帝,反对曹锟贿选,传播俄国"十月革命"思想,宣扬"五四"精神,直到20世纪30年代的抗日救亡,均立场坚定,爱憎分明。②

父辈们的反清报刊活动及其革命精神对胡道静产生了重要的影响。在20世纪30年代民族危亡、国难当头之际,胡道静投身新闻界从事实践活动既有他本人的因素,更与其父辈的影响密切相关。1938年,年仅25岁的胡道静强忍父亲去世的悲痛,在上海"孤岛"中与通志馆的同事们创办了一份爱国报纸——《通报》,积极宣传抗日救国,鼓舞民众意志。父辈们在报刊活动中所表现出的进步立场和爱国精神在胡道静身上得到了传承与发扬,他以自己的新闻实践对知识分子的时代责任做出了最好的注解与诠释。

三、胡道静的求学生涯

从1920年至1931年,胡道静先后就读于西区小学、精勤学社、止风中学和上海持志大学。这一阶段,在伯父胡朴安、父亲胡怀琛以及几位恩师的培养与引导之下,他已经初步走上了汉学研究的道路。而且,胡氏家族(主要是胡朴安和胡怀琛)所传承下来的治学态度与思想也在胡道静身上慢慢得到了体现。

(一) 无忧无虑的童年生活:西区小学(1920—1924年)

1920年,8岁的胡道静入读了上海西区小学,这是一所私立学校,学制为四年,每个班级有50多名学生,因为那时社会上还流行男女分校制度,所以在

---

① 胡传栻,汪欣.胡朴安家族与新闻界[J]//傅宁.胡道静与新闻史.新闻爱好者,2004(1):42.

② 傅宁.胡道静与新闻史[J].新闻爱好者,2004(1):42.

这所小学里不仅学生都是清一色的男生,就连学校的老师、事务人员和勤杂工也都是男的。西区小学开设的科目主要有国文、算术、图画、唱歌、常识、手工、体育等,出于那个年龄阶段孩子爱玩的天性,在所学课程中,胡道静对体育课情有独钟,那时学校的体育课程有体操、田径、球类等,其中足球是胡道静最为爱好的,虽然他的踢球水平还达不到比赛的要求,在运动场上也只能做一名观众,但这种丰富多彩、无拘无束的娱乐项目还是最大限度地满足了一个孩子自由发展的天性。

胡道静当时读的课外读物中有两种非常有名的儿童刊物,分别是商务印书馆所办的《儿童世界》和中华书局所办的《小朋友》,当他看到刊物上有鼓励小朋友投稿的稿约时,就萌生了写作的念头,从小学高年级开始给这两种刊物投稿。虽然当时父亲胡怀琛就在商务印书馆当编辑,但胡道静并没有利用父亲的关系去推荐自己的稿子,而是通过邮局直接寄过去,结果都被录用了,还收到了赠送的少儿读物,其中《儿童世界》上还刊登过一张胡道静穿着长袍马褂的照片。由于年代久远,当事人已很难回忆起这些作品的具体内容了,我们目前能够看到的是胡道静发表在《儿童世界》第 23 卷第 1 期(1929 年 1 月 5 日)上的一首诗歌《新年好》。①

(二)传统文化根基的初步奠定:精勤学社(1924—1927 年)

胡道静的中学阶段先是在精勤学社②学习,这所学校最与众不同的地方就是它还在继续教授四书五经,这在当时的上海已不多见。而胡道静之所以选择这样一所读古书的学校,确实有来自家族方面的考虑。精勤学社每个班级只有十几名学生,原因之一就是当时一般家庭已不再培养自己孩子专门读古书了,所以学校每年招生人数很少。该校同时吸收西方教育制以及中国私塾教授法的优点,规定每个教室的人数不超过 15 人。与西区小学一样,精勤学社从老师到学生也基本上都是男的,唯一的女教师是给学生上英文课的老师。

---

① 《新年好》:新! 新! 新! 思想新,事业新。如今世界,日异又月新。我们儿童,快乐活泼,迎新春。年! 年! 年! 过了一年,又是一年。我们儿童,一年年长大,倏忽就要成少年。努力! 努力! 莫辜负新年。好! 好! 好! 旧年已去,新年来到。我们儿童,一年年长大,今年更比去年好。努力! 努力! 前途快乐,与青春一般好。

② 精勤学社创办于 1922 年秋,是一所变通采用旧时私塾教法的补习学校,主要招收年龄在 10 至 17 岁之间具有初小文化程度以上的学生。

精勤学社所教授的科目除了四书五经外,还有算术与英文,通常每天上午安排三个小时读四书五经,下午安排两个小时学习算术,一个小时学习英文。平时的课业要求也比较严格,往往当天学习的东西第二天就要背诵出来,学校还经常定期举行考试。经过三年的学习,胡道静已经读了四书和五经中的《诗经》《书经》《春秋》以及《礼记》的一半,初步具备了一些中国传统文化的基础。而课业之外,胡道静从学校的图书馆借阅的最多的是林琴南翻译的小说,如《十字军英雄记》《撒克逊劫后英雄略》《巴黎茶花女遗事》《新天方夜谭》等,这些小说中的很多细节胡道静在多年以后仍然记忆犹新。

(三)学术启蒙之始:正风中学(1927—1928年)

从精勤学社毕业后,胡道静又在正风中学继续学习。正风中学的学制为两年,但后来学校因为经费不济而突然解散,所以实际上胡道静大约只读了一年左右。比起精勤学社,正风中学开设的课程多了许多,除了国文、算术、英语外,还有历史、地理、物理、化学、图画等。虽然胡道静在正风中学学习的时间不长,但却遇到了一位对他治学生涯产生重要影响的学术启蒙老师——顾实先生。

顾实当时在南京东南大学任教,是一位名牌教授,受正风中学校长之邀每周到正风中学讲一次课,时间为两个小时。顾实为中学生们讲授的是《汉书·艺文志》,以指导他们学习古典目录学,但这是一门大学课程,多数学生都"吃不消"。胡道静虽然也听不懂,但却没有放弃,他认真地做记录,把自己能听懂的内容和老师的板书差不多都记在笔记本上,利用假期时间好好温习,对照自己笔记把老师油印讲稿《〈汉书·艺文志〉讲疏》一遍遍地翻看,再结合讲课记录把笔记重新清写一遍。到第二学期听顾实老师的课时,胡道静已能把一些不清楚的问题向老师请教,由此引起了老师的注意。顾实老师此时也知道胡道静是胡朴安之侄、胡怀琛之子,于是对他格外帮助。即使后来顾实老师不再来正风中学讲课了,胡道静依然通过书信向老师求教,获益不断,为古典目录学打下了扎实的功底。

(四)汉学研究初有所成:上海持志大学国学系(1928—1931年)

当伯父胡朴安了解到胡道静已在顾实老师的课堂中通晓了很多汉学知识,便有心继续培养他。于是胡道静在伯父的极力支持下,于1928年考入上海持志大学国学系(当时上海只有这所大学设立汉学专业),而胡朴安此时正是在这所大学执教,并任国学系主任。入读持志大学不仅要有中学毕业文凭,还要参加校方统一组织的入学考试,科目有国文、英语和算术。由于胡道静已具备一定汉学基础,所以在报名时就要求入读国学系二年级,在通过了校方考试后,胡道静便从二年级开始入读持志大学国学系。在持志大学三年学习期间,胡道静聆听了许多著名教授如胡朴安(讲授文字学与训诂学)、胡怀琛(讲授中国文学史和中国诗学史)、姜亮夫(讲授音韵学与敦煌学)、陈守实(讲授因明学)、姚明辉(讲授地理学)、周予同(讲授经学史)、闻宥(讲授甲骨文)和王以中(讲授地理学史)的讲课,通过系统学习,胡道静广泛地涉猎了人文科学和自然科学领域的知识。

1929年元旦,胡朴安发起成立了一个以研究国学为宗旨的学术团体——中国学会,该会每隔一两个月有一次集会,主要探讨学术问题,同时在《时事新报》上开设《国学周刊》专栏,作为研究国学的园地。他还每年自筹资金,把在这个专栏上发表的文章编印成集,取名为《国学汇编》,一共出版过三集,每集四册,共12册。中国学会的会员后来发展到260多人,胡道静作为其中的一名小会员,深受这种浓厚学术氛围的浸染与熏陶。他拜著名版本目录学专家陈乃乾先生(时任中国学会会务部主任和出版部主任)为师,并在他指导下完成了自己的学术处女作——《公孙龙子考》。该书后由顾实老师作序,在胡朴安推荐下由商务印书馆在1932年出版。1930年胡道静在伯父胡朴安的指导下,又写成了第二部专著《校雠学》,主要内容是讲述古籍整理方法。该书于1931年4月由商务印书馆正式出版。在这之后,胡道静对汉学兴趣更浓了。胡怀琛见胡道静对古典科学感兴趣,便把《万有文库》选题中的《齐民要术》和《农政全书》的处理、发稿工作交由他做,这使胡道静"初步熟悉了我国传统农业的技术发展情况及有关的文献资料,对《梦溪笔谈》中涉及农业生物学、农业气象学、农田水利学及耕作制度的许多条文有了深一层的理解"[①]。

从1920年至1931年,胡道静的求学生活既安稳平静而又丰富多彩。但这艘只想一心做学问的"梦想之船"很快就因现实"搁浅"了。战争的爆发带来了生活上的动荡不安,知识分子无法寻求到一个安静的环境潜心做自己的学问,时代与环境的变化都使他不得不做出调整与改变。从1932年开始,在上海通志馆工作的胡道静从研究上海史入手在新闻学研究领域特别是上海地方新闻史研究方面进行了新的探索并且取得了引人瞩目的成就。他在颠沛流离中积极投身新闻界,以笔为戎,为民族独立而鼓,为民主自由而呼,在时代的召唤下完成了从"文化学者"到"新闻战士"的转变。

---

① 胡道静,袁燮铭.回忆我的学生时代[J].史林,2004(A1):26.

第二节 胡道静新闻学研究的开端

1932年,胡道静进入上海通志馆编辑部任职,主要负责关于上海新闻事业史方面的市志编撰工作,由此走上了新闻学研究的道路。1937年11月,上海通志馆被迫解散后,胡道静的新闻学研究仍未终止,一直持续到1949年上海解放后。

一、胡道静新闻学研究的出发地——上海通志馆

1931年,年仅18岁的胡道静从上海持志大学国学系毕业,于1932年跟随他的父亲进入上海通志馆工作,并由此迈出了新闻学研究的第一步。

(一)上海通志馆成立的历史背景

上海通志馆成立于1932年7月15日,柳亚子任馆长。它的成立有极为特殊的政治背景。1932年1月28日,日本军国主义在上海发动了"一·二八"侵略战争,遭到了国民革命军第十九路军的坚决抵抗,全国人民抗日呼声异常高涨。而国民党内部的派系斗争却仍在继续,这引起了民众的强烈不满。于是在3月初的洛阳会议上,国民党中央通过了《国难期间临时党务工作纲要案》,号召全体党员"精诚团结,互助互信"。原来久遭排挤的一些国民党左派人士利用这一口号提出要安排具体的职务,而蒋介石政府为了缓和局势只得采取一些措施以缓解矛盾,柳亚子就是在这种情况下出任上海通志馆馆长的。

虽然这是国民党为了"粉饰党内团结"所做的表面文章,但柳亚子却不这样想。"他认为,上海是个国际大都市,但多年来上海一直没有一个专门编撰自己历史的机构。现在上海面临日本军阀的侵略,长期来又遭受西方帝国主义的压迫,我们是应当把这些历史都记录下来,成为教育人民的工具。"[①]并且,上海通志馆虽是隶属于上海市政府的直属机构,但并不设在市政府内,而是位于法租界的萨坡赛路291号,馆内事务也不受外界干涉,从而最大限度地保证了通志馆的独立性。柳亚子提出志稿需用语体文撰写,纪年也要采用公

---

① 胡道静,袁燮铭.关于上海通志馆的回忆[J].史林,2001(4):19.

元纪年法,这在当时是大胆的创新。因为此前地方志没有一种是用语体文撰写的,就连国民党的官方公文都使用文言文,至于采用公元纪年更是被国民党当局视为"破坏法统"的行为。这些大胆革新由于得到了邵力子的支持而得以实施。这从一个侧面反映出柳亚子修撰上海市志的决心与勇气。这种精神也一直影响并鼓励着通志馆的成员,在最不适宜修史的"乱世时代"克服了种种困难,为后世留下了十分珍贵的资料。

(二) 胡道静在上海通志馆的工作

胡道静任职于通志馆编辑部,负责编写的志稿"包括文化事业编、交通事业编以及宗教编中的基督教部分和通志的大事记,它涉及上海的新闻史、图书馆史、博物馆史等各个方面"[①]。这其中包含了上海新闻事业特别是上海报业的内容,为胡道静接触到新闻事业发展历史方面的资料提供了契机,并为他以后的研究奠定了基础。为了编好有关文献,胡道静自己动手进行史料搜集工作。他回忆说:"没有资料,我就到有关的机构、报馆去找。当时上海的报馆一般都有这方面的资料。我去的时候就凭通志馆的介绍信。……我一般先到申报、新闻报、时报、时事新报、民国日报等一些大报去采访。有时,要了解的报纸早已停刊,只好去寻访原来的办报人、编辑,譬如太平洋报、中华新报就是这样。当时这些人已不再办报纸了,有的改行开书局,有的去搞工业。在采访中,有的人已不愿再提过去,也不知为什么,但有些人倒还蛮感兴趣,我只能采访到多少算多少。至于有些小报的历史资料,我主要去图书馆查阅它们当年的报纸。"[②]

经过几年不间断地资料搜索与编写,至 1937 年全面抗战爆发前,上海通志馆已完成志稿一千多万字,大大超过了最初拟定的二百五十万字。但由于战事原因市政府削减了通志馆的经费,加上不久之后日军就占领了上海(租界除外),因此,这些珍贵的资料并未来得及全部出版(主要在《上海市通志馆期刊》上刊出了部分志稿,共出版两卷八期),而是辗转保存于震旦大学图书馆中直至抗战胜利。在已出版的志稿中,有关于上海新闻事业方面就有胡道静的三部著作:《上海的定期刊物》《上海的日报》和《上海新闻事业之史的发展》。

---

① 胡道静,袁燮铭.关于上海通志馆的回忆[J].史林,2001(4):23.
② 同上。

（三）上海通社的成立与胡道静的上海新闻事业研究

1934年2月，在上海通志馆内部成立了一个由编辑部同仁组织的民间学术团体——上海通社。与通志馆隶属于市政府不同，上海通社完全是私人团体，并不受政府管制，也不享受政府津贴。它是通志馆编辑部成员出于长久研究上海历史的考虑而成立的。因为上海通志馆是官方机构，一旦经费不足或志稿完成后，都可能面临停办的困境。为了能使这项工作长久地进行下去，柳亚子提议在通志馆内部建立一个民间研究机构，其人员构成与上海通志馆编辑部几乎无异，主要任务仍是从事上海历史研究。但要维持这么一个没有经费来源的学术团体，并非易事，鉴于"居住在上海的人，外地来上海的人，都很需要了解这些与自己切身关系的历史疑题"，①而通志馆编辑部成员又是地方历史研究的专业工笔者，写出的内容丰富、准确，能够满足市民的阅读需求，于是就想出找份有声望、销路广的报纸，在上面开辟一个版面，办一个周刊来解决经费问题。

最早与上海通志馆合作的报纸是《大晚报》，该报总编辑是曾虚白。1934年2月5日，《大晚报》的第七版开设了《上海通》周刊。之所以取名"上海通"，既表明这个周刊是通晓上海各种事务的，也暗指了它与上海通志馆的关系。在《上海通》第一期上，就刊登了胡道静的文章——《晚报在上海之黄金时代》（署名静）。《上海通》周刊开办后受到读者的热烈欢迎，其他报纸也希望与上海通社合作。之后，《时事新报》开辟《老上海》版，《民报》开辟《上海研究》版，还有一些文章不定期地被发表在《时报》上。在1934年11至12月，由恽逸群、范长江、袁殊等人在《大美晚报》上主持的、《记者座谈》周刊也发表过、时为上海通社成员的胡道静关于上海新闻史的研究文章，分别是：《从"法文上海日报"回溯上海的法文报纸》、《晚报之成功者：开乐凯及其"水星"》、《上海新闻纸的变迁（上）》、《上海新闻纸的变迁（中）》②等。在1936年上海广播电台成立之初，上海通社成员也曾被邀请主持播音节目，分专题播讲上海发展史，胡道静也讲过《上海新闻通信事业的发展》和《上海广播无线电台的发展》。

从1934年2月5日至1938年5月上海通社创办的《通报》被迫停刊的4年多的时间里，胡道静在《大晚报》的《上海通》周刊上发表有关上海新闻事业

---

① 胡道静.上海通社纪事本末[J].档案与历史，1989(3):59.

② 这四篇文章分别刊登在《大美晚报·记者座谈》1934年11月30日，12月7日，12月21日，12月28日。

方面的文章共计17篇,在《大美晚报》的《记者座谈》周刊上发表文章4篇,上海通社编写的《上海研究资料》中还收录了他新闻学文章13篇(均在1937年以前写作)。由此可见,这一时期胡道静对上海新闻史的研究已日渐深入,涉及的内容包括上海的报纸、期刊、通讯社、广播事业以及新闻业务的发展、变化等。此外,胡道静还在1934年至1935年期间受邀参加恽逸群发起的"记者座谈"活动,结识了刘祖澄、袁殊、范长江等上海多家报纸的编辑和记者,后来恽逸群创办"上海法政学院新闻专修科"(1938年9月至1939年7月)还专门请胡道静去讲授新闻史课程。胡道静对新闻史的研究也由工作需要转化为内在兴趣。

二、胡道静第一篇新闻学论文:《一九三三年的上海杂志界》

胡道静从1932年在上海通志馆工作起,开始走上了新闻学研究的道路。那么,胡道静的第一篇新闻学研究论文是什么呢?经过资料搜集与积累,我们能否从中探究出胡道静在新闻学研究初期时的一些视角与方法呢?

(一)胡道静第一篇新闻学论文追溯

从1934年2月起,胡道静陆续在《大晚报》的《上海通》周刊上发表新闻史论文,目前所见最早一篇是1934年2月5日发表在《上海通》第一期上的《晚报在上海之黄金时代》,但这并不是他最早的研究论文。笔者查阅了上海通社编印出版的《上海研究资料》(正、续两集),这是上海通社成员"叙述、考证、分析上海发展历史以及介绍上海地方容貌和各种事物情况的文章的汇编"。[①]正集部分收录的是1935年之前的文章,其中胡道静的文章有39篇(与新闻事业相关的有12篇)。笔者发现《一九三三年的上海杂志界》这篇文章结尾处标明的写作时间是"一九三三年十月十日",经和有关原始文献及已有成果认真核对,笔者认为《一九三三年的上海杂志界》是胡道静发表的第一篇新闻学论文(其他文章标出的时间都晚于这个时间,有些文章没有标出时间,但它们在报纸上的发表时间均在1934年以后)。

(二)《一九三三年的上海杂志界》的内容简析

该文写作的背景是20世纪30年代初期,上海定期刊物渐趋兴盛,出现了

---

① 上海通社.上海研究资料[M].上海:上海书店,1984:1.

所谓"杂志年"的文化现象。"办刊的热潮先从文学刊物开始扩展到社会科学和自然科学的一些领域,最后进入大学。"①它的产生与国民党当局实施严苛的图书杂志检查制度有关,"与书籍相比,杂志要相对灵活一些,在审查中书籍遭禁,出版者、书店便满盘全亏,而杂志则可以用临时撤换一些文章篇目的办法,保住整个杂志。正是出于这种考虑,三十年代杂志便大盛起来"。② 当上海杂志的发展呈现出高涨之势时,胡道静就敏锐地捕捉到了这一文化现象,并作为他第一篇新闻学研究论文的选题。《一九三三年的上海杂志界》全文3 900余字,包括"杂志年""万花镜的展列""什么人在经营""客人的杂志""前途的瞻望"和"希望有一部'杂志汇典'"六个部分。

该文首先以图表形式列举了全国杂志的分布、上海杂志的数量、种类、刊期及在沪外文杂志的概况,以登载广告的版面面积为依据对书籍与杂志做了对比,印证了杂志在近期的迅猛发展态势;用数据说明上海杂志数量在全国占有绝对优势,并按其性质进行了分类,揭示杂志以"名目""版本""装帧""分量"等特色吸引读者的方法。文中还对这一时期上海的外文杂志进行了分类与统计,全面地展现了上海杂志界的现状。

胡道静在文中分析介绍了上海杂志的经营者。认为三十年代杂志的经营者主要有"书店""报馆""团体""学校"和"个人"几类,其中又以"书店""团体"和"个人"创办的杂志数量居多,原因是他们或占据着印刷工具和资本的优势,或享受政治关系、职业关系的津贴。

在进行了上述介绍后,胡道静指出上海杂志有两大特点:其一,"每册内包含许多的东西,使读者不觉单调;即使是专门性质的杂志,内中仍有许多人的文章;尤其是一册普通的杂志,自庄严的论文至谐谑的小品都有,自然比看一本整个系统的书有兴味"③;其二,"杂志是定期出版的,每期可载着最近发生的事情,论文中也便于利用最新的资料"④。但同时他也看到"有件极可虑的事,就是销路很窄,远不能与外国的杂志比拟"⑤,胡道静认为这与"普通民众

---

① 陈江,李治家.三十年代的"杂志年"——中国近现代期刊史札记之四[J].编辑之友,1991(3):77.

② 朱晓进.论三十年代文学杂志[J].南京师范大学学报(社会科学版),1999(3):103.

③ 胡道静.一九三三年的上海杂志界[M]//胡道静文集·上海历史研究.上海:上海人民出版社,2011:607.

④ 同上.

⑤ 同上.

的受教育程度""杂志中广告的数量"及"交通运输事业的发展"等有关,指出"中国杂志的前途是要伴随着社会的各部门同时进展的"①。文章最后呼吁能有一部完整细致的《杂志汇典》的出现,以满足记录、研究此种文化现象的需要。

(三)《一九三三年的上海杂志界》中蕴含的胡道静早期新闻学研究特点

1. 明确的"数据意识",使研究结论建立在扎实的基础上

胡道静的《一九三三年的上海杂志界》一文中体现出了非常明确的"数据意识"。全文中光数据统计表格就有 6 处,涉及的资料包括全国含上海的中文杂志数量、种类和销数,上海外文杂志的概况,中外文杂志中广告的比较,等等,许多资料都来源于他自己的实地调查。即便是转引自别人文章中的数据,胡道静也要做一番考证。例如,生活书店和现代书局提供的数据说上海杂志计 178 种,胡道静经过实地调查,得出的结论是上海有杂志 215 种,并根据杂志的内容属性进行了种类划分。在此基础上文章在"前途的瞻望"中对中国杂志发展的预测及其问题剖析是客观真实、令人信服的。

2. 强烈的"史料意识",持续几十年的资料积累从此开端

历史研究本身就是必须建立在史料基础上的分析,系统完整的"史料"是研究历史必不可少的基础。高度重视积累和利用史料被人们称之为"史料意识"。胡道静的《一九三三年的上海杂志界》研究和结论的基础就是丰富的史料,没有对大量史料的分析就不可能得出那么多的表格和科学结论。由此表现出来的重视史料搜集的特点对胡道静的研究之路产生了重要影响——搜集相关报刊史料以备研究之需成为他的工作习惯,即使在颠沛流离中,他也依然没有放弃,"无论是大报、小报、号外,还是铅印、石印、油印,他统统搜集,多多益善。在金华收集的报纸已被战火吞噬了,到了屯溪又重新收集,毫不气馁,乐此不疲"②。这展现出胡道静作为新闻史学者所具有的历史责任感及其严谨的治学态度,而这一点也恰恰是进行新闻史学研究的重要基石。正如胡道静自己所说:"我们的研究工作,主要是依赖于资料的矿藏。我们取得的成果,主要是史料之树所开的花。"③

---

① 胡道静.一九三三年的上海杂志界[M]//胡道静文集·上海历史研究.上海:上海人民出版社,2011:608.
② 姚福申.胡道静先生的报人生涯[J].新闻研究资料,1991(3):199.
③ 胡道静,袁燮铭.上海通社纪事本末(续完)[J].档案与历史,1989(4):65.

3. 科学的"比较方法",以更全面的视角审视上海新闻业的历史与现状

从19世纪中叶开始,上海新闻事业在全国就居于领先地位,基本代表了我国新闻事业的最高水平。但由于历史的原因,我国新闻事业现代化程度与西方国家相比有明显差距,更有必要借鉴西方新闻业发展的成功经验和模式。把两者置于同一叙事空间进行比较,可以更清楚地看到我国新闻事业在世界范围内所处的水平,从中发现一些规律性东西。胡道静在《一九三三年的上海杂志界》一文中没有孤立地探讨中国"杂志年"现象,而是在比较中发现问题、分析原因,使读者对这一文化现象有了更为深入的认识。如在肯定中国杂志前途"希望远大"的同时,使用比较研究方法对比了上海的《生活周刊》、美国的《星期六晚邮报》和《集评周刊》的销售数量,让我们看到了我国与美国杂志销量间的巨大差距,以数据说明中国杂志"销路很窄";在分析杂志广告时,又和日本杂志进行比较,指出"中国的杂志的广告太可怜了,以致一切的消费都要读者来担负;日本新闻纸的广告收入常占全部消费百分之四十五,故如 King 杂志普通道林纸印每期五百余页,插图二百余幅,只售五十分,如果在中国印出,不知要卖多少钱呢?"[①]他认为中国杂志要想提高销量、取得持久的发展,就需要学习日本杂志如何发挥广告作用的经验。当然,胡道静是从媒介经营、受众及交通条件角度去探究杂志发展之路,对于政治因素并未涉及。

比较方法在胡道静早期的新闻学研究中经常可见,而且不仅只是中西方的对比,也有中国新闻事业发展内部的横向比较(如《上海新闻纸的变迁》[②]),还有同 新闻媒介自身发展的纵向比较(如《时事新报家谱》[③]《上海广播无线电台的发展》[④])等。

三、胡道静走上新闻学研究之路的原因

从学生时代开始,胡道静就逐渐形成了对于汉学研究的兴趣,他的父辈也

---

① 胡道静.一九三三年的上海杂志界[M]//胡道静文集·上海历史研究.上海:上海人民出版社,2011:608.

② 这篇文章分三部分分别刊载于《大美晚报·记者座谈》1934年12月21日,12月28日和《大晚报·上海通》1936年3月16日,3月23日,3月30日。

③ 这篇文章刊载于《大晚报·上海通》1934年2月12日。

④ 这篇文章曾是上海市广播电台演讲稿,后被收入上海通社所编的《上海研究资料》(续集)中。

有意要把他培养为胡氏家族汉学研究的继承人。但事与愿违,胡道静在他的汉学研究之路上还未走多远,就转入新闻学研究的道路,并且一直持续到1949年中华人民共和国成立。回顾这段历史,笔者认为其转变原因主要有以下两点。

(一)外在生活环境的骤变打破了胡道静的"治学梦想",为了生计他跟随父亲投身到编撰市志的工作中去,致使原来的汉学研究被迫中断

胡道静生于、长于半封建半殖民地的旧中国,虽然辛亥革命后成立了中华民国,但未能改变国家的性质及长期遭受列强觊觎与压迫的命运。在20世纪20年代,上海处于相对稳定时期,胡道静有幸在学生时代度过了几年平静的时光,良师的提携、帮助加上自己的勤奋钻研使得他在汉学研究上崭露头角,先后完成了《公孙龙子考》和《校雠学》两部汉学专著。1932年的"一·二八"战争给胡道静及其家庭带来了剧痛重创。胡道静的家庭在战火中已是面目全非,只剩下断壁残垣,家中藏书连同文稿全被焚毁,包括他珍藏的那部《守白论》。由于忍受不住如此沉重的精神打击,胡道静大病了一场。

正当胡道静沉浸在这种悲痛情绪之中时,1932年7月上海通志馆成立了,为了生活他跟随父亲一起进入通志馆当编辑,参与编撰上海通志稿的工作,这也是胡道静大学毕业后的第一个职业。"由于精神上有了新的寄托,我对过去的痛念也就减轻了不少"[①]"为了工作的需要,我不得不改变自己,从一条专门钻线装古书的银鱼,变成了一条能啃洋书,翻阅洋文旧报纸、旧期刊的博恪蟫(Bookworm),整天摘抄外文资料、打字、搞翻译"[②],而"年青时候的美梦,支离破碎,剩下迷惘和惆怅"[③]。

(二)在上海通志馆编撰市志为胡道静新闻史学研究提供了重要平台和外在推动力,认真负责的工作态度则使他把"外力"转化为"内力"

虽然胡道静的汉学研究被迫中断,但上海通志馆却为他开启了新闻学的研究领域。他在通志馆的主要任务是编撰上海新闻事业方面的文稿,工作任务促使他去接触、查询上海已经停刊和正在出版的中外文报纸和期刊。胡道

---

① 胡道静,袁燮铭.回忆我的学生时代[J].史林,2004(增刊):29.
② 同上.
③ 胡道静.梦溪笔谈校证五十年[M]//胡道静文集·序跋题记 学事杂忆.上海:上海人民出版社,2011:200.

静除了直接到各家报馆采访以获得第一手资料外,对已经停刊的旧报纸则想方设法查找原件。当胡道静打听到当时上海徐家汇耶稣会修士院里的天主堂藏书楼里收藏了大量中外义报纸但不对外开放时,辗转找到藏书楼的负责人,费了不少功夫才成为这里的一名"特殊读者",主要摘抄有关报纸的史料,仅这项工作就持续了大约一年的时间。

胡道静在上海通志馆负责哪方面志稿不是他自己能够选择和决定的,他最初走上新闻学研究道路确实受到了来自通志馆工作任务的外力推动。但在胡道静完成志稿的过程中,外在动力逐渐催生出胡道静对新闻史研究的内在兴趣,最终成为他坚持从事新闻学研究的根本推动力。有个例子,1934年初商务印书馆把在"一·二八"战火中保存的《公孙龙子考》书稿重新印行,胡道静"对自己这本处女作的诞生却很冷漠"①,其原因之一就是"因为受命运的拨弄,我的兴趣这时已不在这上面了"②。

在通志馆工作期间,胡道静先是因工作需要涉猎新闻学研究,后来则在个人兴趣推动下把研究工作不断地拓展、深化。如没有内在兴趣作动力,在1937年11月上海通志馆解散后,胡道静可能就不会继续从事新闻学的研究了。但他不仅没有放弃新闻学研究,还积极投身到抗日救国的新闻实践活动中。如柳亚子所言,在淞沪沦陷后胡道静"本来对于新闻学,很感兴趣,以后便正式加入新闻界了"③。

---

① 胡道静,袁燮铭.回忆我的学生时代[J].史林,2004(增刊):29.
② 同上.
③ 柳亚子.怀念胡道静兄[M]//怀旧集.上海:耕耘出版社,1981:8.

第三章 胡道静的新闻实践活动研究

胡道静的新闻实践活动从1938年4月11日创办《通报》开始,至1948年10月12日《正言报》被迫停刊为止,历时10年之久。这一阶段的中华民族处于抵御外敌入侵、争取国家独立及反对独裁统治、追求民主自由的历史时期,宣传"抗日救国"和"民主自由"成为时代两大主题。在这种社会背景下,胡道静新闻实践活动体现出了鲜明的时代特征。

第一节 抗战时期的新闻实践活动(1938—1945年)

胡道静在抗战时期的新闻实践活动从1938年开始至1945年结束。上海"孤岛"时期,上海通志馆同仁共同创办了以外国商人为掩护的抗日报纸——《通报》,胡道静任主编。虽然《通报》存在的时间并不长,但在坚定人民抗日信念、鼓舞民众士气方面做出了自己的贡献。《通报》停刊后,胡道静又先后在"大中通讯社"、《中美日报》和《大晚报》等媒体任职,在极其危险的环境中坚持从事抗日爱国宣传活动。太平洋战争爆发后,胡道静离开上海,辗转于浙江安徽等地,又先后在金华《东南日报》和屯溪《中央日报》工作直至抗战胜利。这一阶段的胡道静,完成了由"文化学者"到"新闻战士"的转变,在国难当头、民族存亡的关键时刻,展现出一代爱国报人的精神品格。

一、"孤岛"时期的社会背景及新闻界概况

上海"孤岛"的形成和存在有着极其特殊的政治环境,英、美、法等西方国家与日本之间的军事、外交局势直接影响着租界当局的对华态度和政策,但就在这种各方力量犬牙交错、相互牵制的夹缝中,一个新的抗日宣传阵线悄然形

成,"洋旗报"①就是一个重要的组成部分。

(一)"孤岛"的形成及演变

1937年11月12日,国民党军队在历经三个月的"淞沪战役"之后,全部撤离,上海沦于敌手。此时日本帝国主义还未发动太平洋战争,英、美、法等国宣布对中日战争"保持中立"。"11月13日,工部局总裁费信惇代表租界当局宣称,工部局保持中立态度,在中日战争中不偏袒任何一方,对双方在租界内的权益一视同仁,租界的行政权没有变化。"②因此日军虽然占领了上海,但原来的公共租界、法租界却依然存在,其范围"东至黄浦江,西达法华路(今新华路)、大西路(今延安西路),南抵民国路(今人民路),北临苏州河"③,四面处于日本军队包围中,宛如汪洋大海中的一个"孤岛"。"孤岛"之说由此而来。1941年12月8日太平洋战争爆发,日军随即进占两处租界,"孤岛"不复存在。

虽然英、美、法等国对日本侵略者采取了妥协、退让的政策,并试图通过宣布"中立"来保持和维护他们在租界的权益,但日本帝国主义却把租界视为"囊中之物",从各个方面不断排挤列强在华势力、蚕食列强在华既得利益。在上海沦陷当日,日"华中方面军司令松井石根即发表谈话,声称日军已成为上海的主人,必要时可对租界采取任何行动。11月12日,松井派日总领冈本季正向租界当局提出五项条件:一、取缔一切反日机关,禁止一切反日性质的宣传品;二、驱逐中国政府机关及代表;三、禁止中国政府的邮电检查;四、禁止中国方面的新闻检查;五、禁止未经许可的中国无线电通讯机构"④。这些条件严重威胁租界的"独立"地位。但迫于日方军事压力,工部局只得表示"本局拟于可能范围内尽力满足日人的要求,将请界内的某些人物离境,日方不必单独行动"⑤。

此后,日军变本加厉地加强了对租界政治、经济、军事等方面的渗透与控制。1937年12月3日和4日,日军公然在公共租界和法租界举行武装游行和挑衅示威;1938年5月3日,英国在"被迫和日本签订协定,将日本占领区

---

① 即孤岛时期由中国人打着洋人旗号创办的新闻报纸。名义上由外国商人经营,实际上由中国人主持编务,打"洋旗"的目的是躲避日伪的新闻检查,进行抗日宣传。
② 刘惠吾.上海近代史(下)[M].上海:华东师范大学出版社,1987:348-349.
③ 刘惠吾.上海近代史(下)[M].上海:华东师范大学出版社,1987:348.
④ 刘惠吾.上海近代史(下)[M].上海:华东师范大学出版社,1987:349.
⑤ 同上。

内中国海关的收入全部存放横滨正金银行,不再存放汇丰银行"①"日本人侮辱甚至杀害英美等国侨民的事件也越来越多""到1939年10月,仅美国政府因为美侨受辱而向日本提出的抗议已达594次"②。日本通过武力不断削弱租界的警治权和行政权,"1939年3月,工部局与日军订立《上海公共租界维持治安详细协定》,规定日本宪兵可以常驻租界,与工部局协力维持租界治安。日本宪兵便据此协定在公共租界设立机关,随时捕捉抗日分子"③。

但中国人民的抗日火焰并没有就此被扑灭。整个"孤岛"时期,各界爱国人士团结在抗日的旗帜下,同日本帝国主义展开了不屈不挠的、艰苦卓绝的斗争。特别是在新闻界,抗日宣传活动自始至终没有中断过,爱国报人利用各种方式在报刊上或曲或直地揭露日军暴行、鼓舞民众斗志,"抗日报刊始终成为'孤岛'报业的中流砥柱,并在抗日斗争中发挥了巨大的宣传和组织作用"④。

(二)"孤岛"时期的上海新闻界

为了维持在上海的血腥统治,日本侵略者一方面凭借血淋淋的刺刀镇压中国人民的反抗,另一方面则勾结租界当局想方设法压制在孤岛利用"洋旗报"坚持抗日救亡宣传斗争的中国新闻人。

1. 日本帝国主义与租界当局对抗日新闻宣传活动的破坏与限制

日军占领上海后即向租界当局提出"禁止一切反日性质的宣传品"的条件。11月20日,日本驻华大使馆武官原田少将前往上海工部局会晤总裁费信惇等工部局官员,要求工部局采取禁止一切反日宣传活动的措施,并恐吓说如果租界当局措施不力,日本军事当局将在必要时有权采取行动。⑤

在日本侵略军的武力威胁下,工部局为维护自身利益采取了一系列限制或取缔租界内的抗日宣传活动的措施:一是警告各报不得采用过于激烈或引起日本人不满的字眼,如称日本人为"敌人";二是实行报刊登记制度,任何报纸、刊物或小册子未经登记不得在公共租界内刊行、印刷或分送;三是"劝告"租界内的抗日报刊停止出版或改变态度。⑥ 当然,租界当局在具体执行这些

---

① 刘惠吾.上海近代史(下)[M].上海:华东师范大学出版社,1987:350.
② 刘惠吾.上海近代史(下)[M].上海:华东师范大学出版社,1987:351.
③ 刘惠吾.上海近代史(下)[M].上海:华东师范大学出版社,1987:353.
④ 黄瑚.上海"孤岛"时期抗日报刊述评[J].新闻研究资料,1987(3):95.
⑤ 黄瑚.上海"孤岛"时期抗日报刊述评[J].新闻研究资料,1987(3):96.
⑥ 方汉奇.中国新闻事业编年史(中)[M].福州:福建人民出版社,2000:1371.

措施时还是有所保留与节制的,抗日报纸一般都能申请到登记执照,国民党中央通讯社上海分社在法租界内秘密发稿,租界当局也视而不见。

日本侵略者为彻底根除租界内的抗日宣传活动,除了逼迫租界当局打压抗日报纸外,还采取了直接管制的强硬措施。11月28日,日军强行占领国民党中宣部设立在租界内的上海新闻检查所,通知上海12家报社:"日本军事当局宣布,自1937年11月28日下午3时起,原中国当局行使的报刊监督、检查的权利由日本军事当局接管。"并恐吓各报说"日本军事当局在原则上愿尊重报纸和其他印刷物等文化事业。只要这些报刊不再损害日本利益,日本军事当局可以既往不咎""然而报纸和其他印刷物如果无视或反对日本军事当局行使上述权利,则一切后果将由自己负责"。12月13日晚,日本侵略者以上海新闻检查所名义向各报发出通知,迫令各报自翌日(即12月14日)晚上起,须将稿件小样送到该所检查,未经检查的新闻报道一概不得刊载。①

2. "孤岛"抗日报刊的转移与新的抗日宣传阵线的形成

"孤岛"初期,大批抗日报刊在日本帝国主义和上海租界当局的双重压迫下被迫停刊,租界内自"八·一三"淞沪战役后集结的抗日宣传力量损失惨重。"据1937年版《上海公共租界工部局年报》称:'自11月华军退出上海后,出版物之停刊者,共30种,通讯社之停闭者共4家,包括中国政府机关之中央通讯社在内。'它们是《救亡日报》、《立报》、《时事新报》、《神州日报》、《大公报》、《申报》、《民报》、《战时日报》、《抗报》三日刊、《战时联合旬报》、《救亡周刊》等。"虽然其中一些报刊迁往内地或香港继续出版,但对于"孤岛"时期的抗日宣传仍然是一个巨大的损失,如何继续进行抗日宣传活动就成为摆在新闻工笔者面前的现实问题。

上海租界内原有两家由外商发行的中文报纸即美商《大美晚报》和《华美晚报》,分别创刊于1933年1月16日和1936年8月18日。抗战爆发后,这两家报纸在中国爱国报人的影响与努力下,发表了许多宣传坚持抗战主张的文章,为中国人民提供了抗战信息。加之租界当局奉行保护外商企业的政策,日本方面无法干涉这两家报馆。有鉴于此,"孤岛"时期爱国新闻工笔者首先想到利用它们的特殊身份来当掩护,继续从事抗战宣传工作。1937年11月25日创刊的《华美晚报晨刊》和12月1日创刊的《大美晚报晨刊》,名义上虽由美商公司发行出版,但实际上主持报纸编务工作的是中国爱国报人,这可被

---

① 马光仁.上海新闻史(1850—1949)[M].上海:复旦大学出版社,1996:823-824.

视为抗日宣传阵线的新开拓。

12月中旬，日军要求租界内的华文报纸必须接受新闻检查，否则不能出版，《大美晚报》的发行人史带随即发表启事，声明《大美晚报》英文版和华文版同属一家，"服膺报纸言论自由之精义"，绝不接受"任何方面的检查"，[①]日本人也没有再坚持对《大美晚报》进行新闻检查。这件事启发了"孤岛"的爱国新闻工笔者。从1938年初开始，陆续出现了一大批挂着外商招牌的"洋旗报"，主要有《每日译报》（英商）、《文汇报》（英商）、《国际夜报》（英商）、《导报》（英商）、《通报》（英商）、《大英夜报》（英商）、《循环报》（英商）、《新闻报》（美商）、《申报》（美商）、《中美日报》（美商）、《大晚报》（英商）等。"洋旗报"系的产生推动了新的抗日宣传阵线的形成，虽然它们的政治背景各有不同，但在民族危亡的关键时刻都团结在抗战爱国的统一旗帜下，成为"孤岛"时期进行抗日宣传的"中坚力量"。

3. 日伪对"洋旗报"的破坏与收买

在"洋旗报"刚刚出现的同时，日本侵略者就开始了破坏活动。恐吓、投弹、寄送断手、悬首示众、武装袭击、秘密暗杀等等手段轮番使用，疯狂摧残、迫害抗日报刊和爱国报人，种种令人发指的恐怖事件经常发生，妄图以此削弱乃至根除抗日宣传力量。从1938年下半年起，因受欧洲局势的影响，英、美、法等国家开始将战略重点转移到欧洲，按照"先欧后亚"的原则尽量避免与日军交火，在外交上也采取了妥协退让的政策；日本帝国主义侵略者则由于战线过长、兵力不足，从1938年10月提出"以战养战"的侵略方针，加强了对日军占领区的控制。这种变化使得租界形势渐趋紧张，租界当局为迎合日本更是加大了对抗日宣传活动的打压力度，并由此引发了上海新闻界的"五月危机"[②]，这给抗日报刊带来了严峻的挑战。"五月危机"表面上看是由租界当局政治态度转变而引起的，但背后主谋仍是日本侵略者。此时汪伪汉奸团伙也来到上海，大肆推行所谓"和平运动"，成立"特工总部"（俗称"76号"）来镇压、迫害上海爱国进步人士。袭击报馆、绑架、暗杀爱国报人的事件层出不穷。他们所惯用的迫害手段可概括为"三弹"："金弹"（金钱）、"纸弹"（文字）和铅弹（暴力）。

---

① 马光仁.上海新闻史（1850—1949）[M].上海：复旦大学出版社，1996：828.

② "五月危机"指1939年5月起，租界当局在日本侵略者的授意下，采取了一系列打击抗日报刊的新举措，除了明令取缔一切政治团体及其宣传活动外，还增加了"勒令停刊"这一新的惩处手段，并试图实行新闻检查制度，抗日报刊因此受到极大影响，"洋旗报"阵营也较之前大为缩减。

"金弹"用于诱买,"纸弹"用于恐吓或欺骗,铅弹用于袭击和暗杀。① 1940 年 7 月 1 日,汪伪"国民政府"在《中华日报》等"汉奸"报纸上公布一份通缉 83 人的名单,其中就有 43 人是报界人士。②

在这几方面势力的重重压迫下,大批"洋旗报"被迫停刊,仅 1939 年 5 月至 7 月的 3 个月中,就有《每日译报》《文汇报》《华美晨报》《导报》《国际日报》《儿童日报》等六七家"洋旗报"馆相继被迫停刊。③ 坚持斗争的报纸也动辄面临停刊等处分。据文献记载,1939 年有 18 种报刊、1940 年有 13 种报刊,先后遭到停刊处分。《中美日报》《华美晚报》两家报馆分别三次被迫暂时停刊。④ 但这一切都没能彻底摧毁"孤岛"的抗日宣传阵地。上海租界内的爱国报人在"白色恐怖"中,冒着生命危险与敌伪展开了殊死搏斗,用鲜血与生命谱写了一曲可歌可泣的"正义之歌",同时也在中国新闻史上留下了壮烈的一笔。1941 年 12 月 8 日太平洋战争爆发,上海租界全部被日军占领,"孤岛"上的"洋旗报"坚持战斗到最后一刻。

二、胡道静新闻实践活动的开始——主编《通报》

(一)《通报》创办的原因与背景

早在上海通志馆成立之初,馆长柳亚子就思谋应对因政治或经济原因而致通志馆停办困境的出路。1934 年 2 月在通志馆编辑部内部成立了"上海通社"。上海通社完全是民间学术团体,不享受政府津贴亦不为政府所管理,该团体的成立是以便在通志馆被迫停办的情况下爱国报人能够坚持从事上海历史的纪录与研究工作。"八一三"淞沪战役后,上海通志馆的工作基本停顿,编撰完成的《上海通志》无法出版。11 月日军占领上海后(两租界除外),通志馆因是官方机构面临着被日寇接管的危险,因此宣布解散。一千多万字的《上海通志》原稿连同部分珍贵资料暂时存放于柳亚子寓所中。通志馆成员无法继续坚持从事研究工作,上海通社亦宣告解散。

但满腔爱国热忱的通志馆同仁仍在积极思考如何能在抗日大潮中为抵御

---

① 黄瑚. 上海"孤岛"时期抗日报刊述评[J]. 新闻研究资料,1987(3):116.
② 刘家林. 中国新闻通史(修订版)[M]. 武汉:武汉大学出版社,2005:524.
③ 马光仁. 上海新闻史(1850—1949)[M]. 上海:复旦大学出版社,1996:858.
④ 黄瑚. 上海"孤岛"时期抗日报刊述评[J]. 新闻研究资料,1987(3):118.

外敌入侵和争取国家独立尽一己之力。他们很快决定办一份以宣传爱国救亡为主旨的报纸。因为在1939年上海新闻界"五月危机"前,租界当局基本上还是可以保护外商报纸不受日本人的新闻检查,大量"洋旗报"在这一时期迅速崛起,形成了"孤岛"中爱国报人宣传抗日救亡的主要新闻阵地。通志馆同仁便利用这个有利时机创办了《通报》,成为众多"洋旗报"中的一员。

(二)《通报》创办过程与创刊时间考证

尽管有对"孤岛"相对有利的政治环境可以利用,但《通报》的创办过程还是经历了诸多的波折。

1.《通报》的创办过程

创办报纸的是上海通志馆编辑部。此时编辑部成员已有一些变动,"有一部分已离开上海辗转去抗日后方(如徐蔚南、蒋慎吾等),有的因久病兼忧国而溘然去世(如胡怀琛),有的长期患病困居家中(如柳亚子)"。① 所以,实际参加《通报》创办的只有吴静山、胡道静、蒯世勋、席涤尘和顾南农等人。②

《通报》创办的经费主要有两个来源:一是上海通社的公积金,约有一千元法币,这是上海通社成员在《大晚报》《时事新报》等报纸上发表文章留存的稿酬;二是柳亚子的帮助。当他在得知胡道静等人这一爱国举动后非常支持,把他经管的"南社纪念会"的基金四百五十元借予他们用于办报。虽然有了这两笔经费,但用于办报仍然较为拮据,大家约定暂时不领薪酬,等报纸经营状况好起来后再考虑。报纸取名为《通报》有两层含义:外一层是"国运亨通"、通向胜利大道之意。里一层是纪念上海市通志馆和上海通社,因为两个机构名内都有"通"字。③

为了避免日军的新闻检查,《通报》也打出洋商招牌。他们聘请了一位在上海开洋行的英国商人亨利·欧希担任报纸的发行人,每月支付100元报酬,由他以"通报"这个名称成立公司并在香港注册,这样《通报》在名义上就是一家外商新闻企业。《通报》按照租界当局报刊登记制度要求向租界当局提出申请,获得两租界的登记执照——公共租界登记证C字129号和法租界登记证A字873号,可以在租界内公开发行。《通报》的印刷是由汉口路上一家拥有轮转机能够排印报纸的印刷厂承担的,每月支付印刷费300元。为节约开支,

---

① 姚福申.胡道静先生的报人生涯[J].新闻研究资料,1991(3):191.
② 胡道静,袁燮铭.关于上海通志馆的回忆[J].史林,2001(4):25.
③ 胡道静,袁燮铭.上海通社纪事本末(续完)[J].档案与历史,1989(4):67.

胡道静他们没有专门的办公场所，就在印刷厂里进行编辑排版。报纸上的馆址上海九江路296弄6号就是那个英国商人写字间的地址。一切事务准备妥当之后，这份以宣传抗日救国为宗旨的爱国报纸《通报》于1938年4月11日正式创刊。

2. 关于《通报》创刊时间的考证

关于《通报》的创刊时间，由于年代久远，胡道静本人可能无法回忆起准确时间，在他的回忆性文章中一般表述为"1938年4月"。如"为了尽一个国民的天职，在持志附中教书期间，我白天在学校上课，晚上还从事孤岛上的抗日新闻工作。当时，我最初从事的一项工作，就是在1938年的四五月间与原来通志馆的几位同仁一起创办《通报》"①。又如"《通报》在一九三八年四月创刊，这时正值徐州会战的前夕……"②后来一些研究文章对《通报》创办时间虽然确定到了具体日期，但叙述的具体日子又是各有不同。

关于《通报》创刊时间，第一种观点是认为《通报》创刊于1938年4月11日。率先提出这一观点的是上海复旦大学新闻学院的黄瑚教授。他在《上海"孤岛"时期抗日报刊述评》中写道："4月11日《通报》创刊，上海市通志馆同人创办，聘请英国人威廉·韦特为发行人，欧孝为总编辑，实际主持编务工作的是胡道静等人。"③这一观点在后来由他执笔的《上海新闻史（1850—1949）》（马光仁主编）第九章第二节中也同样表述过："《通报》创刊于4月11日，由柳亚子主持的上海通志馆同人主办……实际主持编务的是胡道静。"④

另一种观点是认为《通报》创刊于1938年4月10日。持该观点的如姚福申，他在《胡道静先生的报人生涯》中写道："1938年4月10日《通报》创刊，每日出版一大张。"⑤持《通报》创刊于"1938年4月10日"观点的还有孔正毅、傅宁和毛志辉。孔正毅在文章中认为："1938年4月10日，《通报》正式创刊，每日一张。"⑥傅宁也在文章中认为："《通报》就创刊在这个时期（1938年4月10日），为保护自己，不得不和这一时期的其他报刊，如《国际夜报》《导报》《大英

---

① 胡道静，袁燮铭.上海孤岛生活的回忆[J].史林，2002(4):109.
② 胡道静，袁燮铭.上海通社纪事本末(续完)[J].档案与历史，1989(4):67.
③ 黄瑚.上海"孤岛"时期抗日报刊述评[J].新闻研究资料，1987(3):101.
④ 马光仁.上海新闻史(1850—1949)[M].上海:复旦大学出版社，1996:846.
⑤ 姚福申.胡道静先生的报人生涯[J].新闻研究资料，1991(3):192.
⑥ 孔正毅.铁肩担道义 妙手著文章——皖籍学者胡道静的报人经历[J].江淮文史，2001(2):69.

夜报》等一样,以英商名义开办。"①毛志辉在文章中也提到:"《通报》就创刊在这个时期(1938年4月10日),二十五岁的胡道静被公推为《通报》总编辑。"②

从上述引文得知,胡道静对《通报》创刊时间的表述较为笼统,只说"1938年4月"。后来研究者则有"1938年4月10日"与"4月11日"两种不同的观点。客观地看这一分歧是由于《通报》留存下来的原始史料较少造成的。但《通报》既是胡道静主编的第一份报纸,也是他新闻实践活动的起点,它的创办时间,实在应该考证清楚。

笔者尽己所力也没有查到《通报》报纸的原件。所幸的是在胡道静《上海通社纪事本末》③一文中查检到一张《通报》的照片。(如图1)

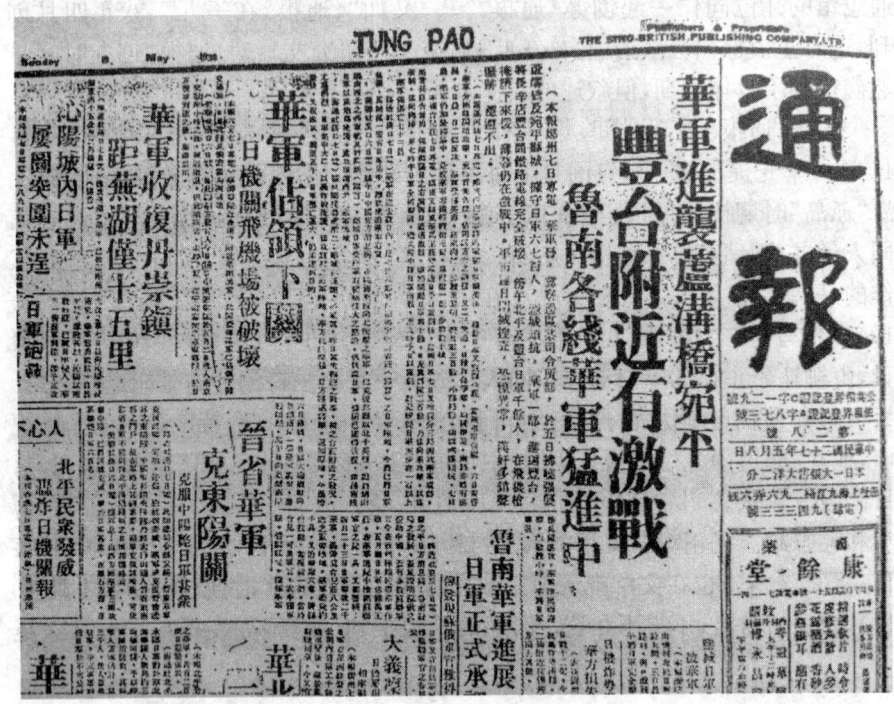

图1 《通报》(1938年5月8日)

---

① 傅宁.胡道静与新闻史[J].新闻爱好者,2004(1):43.
② 毛志辉,胡道静.报人、编辑、史家[J].出版史料,2012(3):110.
③ 原载于《档案与历史》,1989年第3、4期,后收入《胡道静文集·序跋题记 学事杂忆》中.

我们认为这张照片几可等同实物。通过认真阅读这张《通报》实物照片的有关信息，笔者认为，《通报》的正确、确切创刊时间应当是"1938年4月11日"。因为在报头下方的栏目内，我们除了可以看到该报的公共租界登记证号和法租界登记号外，还可以清楚地看到"第二八号"和"中华民国二十七年五月八日"的字样。由此可见，1938年5月8日出版的这份《通报》是该报连续出版的第28号报纸。以此类推，我们推算出《通报》准确的创刊时间应是1938年4月11日，而不是姚福申、孔正毅、傅宁、毛志辉等研究者所记载的"1938年4月10日"。

（三）《通报》的主要宣传内容

《通报》留存下来的原始资料非常少，究其原因，主要是出版时间过于短暂（胡道静在回忆文章中多次提到出版时间约为"一个月"），且处于战争的环境下。因为《通报》没有留下完整的报纸史料，所以我们无法看到其全部内容，下面仅就我们见到的《通报》照片中透露出来的信息和胡道静的有关回忆文章，力求还原《通报》主要宣传内容的概貌。根据分析，《通报》宣传内容主要包括以下几个方面。

1. 重视报道中日战况，特别是中国军队的抗战业绩

自日本发动全面侵华战争后，敌我双方的战争形势一直为广大民众所关注。《通报》创刊之际，正值我国军队取得"台儿庄大捷"的时候，这是抗战时期我军在正面战场上的第一次重大胜利，严重地打击了日军的气焰，坚定了中国人民的抗战信念。对这一胜利的消息，《通报》及时地予以了报道，胡道静在回忆文章中提到："《通报》在一九三八年四月创刊，这时正逢徐州会战的前夕，敌军被我李宗仁部阻击在临城至台儿庄之线，我军的仗打得很漂亮，敌军矶谷师团遭到了坚强的抵抗，被打得弃甲丢盔，伤亡了两万之众。胜利的捷报大大振奋了孤岛上同胞的心，《通报》连续刊载胜利的军训，大受读者欢迎。"[①]

从这张1938年5月8日出版的《通报》报纸的照片上，我们也能够看出其重视报道军事新闻的特点。仅仅半版的《通报》就刊载了诸如《华军进袭卢沟桥宛平　丰台附近有激战　鲁南各线华军猛进中》《华军占领下关　日机关飞机场被破坏》《华军收复丹崇镇　距芜湖仅十五里》《沁阳城内日军屡图突围未遂》等军事新闻，可见这张报纸的头版几乎全是有关中日战事的军事新闻。这

---

① 胡道静，袁燮铭.上海通社纪事本末（续完）[J].档案与历史，1989（4）：67.

一宣传内容极大地满足了"孤岛"民众关注我军抗战进程的心理。

2. 以宣传和促进团结抗日为己任,注意对国共两党合作的报道

抗战时期,建立最广泛的抗日民族统一战线是争取抗战胜利的最为基本而重要的条件。在这一时代共识下,众多"洋旗报"在办报过程中都很好地践行了抗日民族统一战线的精神,"这些报纸的政治背景虽然十分复杂,既有《每日译报》《导报》等中国共产党领导的报纸,又有《中美日报》《大英夜报》等国民党人主持的报纸,还有《文汇报》《通报》等各界人士出版的报纸,更有《申报》《新闻报》等老牌资产阶级商业性报纸,但它们在抗日救国这一点上是一致的"①。

《通报》虽然并不隶属于某一政党,但坚持"宣传抗日、一致对外"的宗旨,因此也特别注意对于国共两党合作的报道。例如,1938年3月29日至4月1日,国民政府在武汉举行了临时全国代表大会,并通过了《抗战建国纲领》;4月12日,《国民参政会组织条例》在汉口公布,规定国民参政会为咨询机关,有听取国民政府施政报告、询问、建议、调查之权。这一系列政治事件透露出号召全国人民共同抗战以及加强国共两党团结合作的信息,是民心所向往的。《通报》在创刊之初,首获了《国民参政会组织条例》公布的电讯后,立即作为报纸的重要新闻在头版上刊载,②以推动国共两党合作、巩固抗日民族统一战线。

3. 坚守新闻阵地,及时报道中国民众对日本宣传机器的抵抗和战斗

日本帝国主义在武力侵占中国的同时,也创办了一大批日伪报纸,妄图以此控制新闻舆论,粉饰和掩盖侵华战争的罪行。据1940年统计,日伪在我国19个省的大中城市里,大约有报刊139种,出版最多的时候达六七百种(东北地区未计算在内),其中较大的报纸有二百多种,较大的杂志有一百多种。③上海是华中地区的新闻重镇,也是日伪加强舆论控制的中心城市。在"孤岛"时期,日本帝国主义不仅逼迫租界当局取缔一切抗日宣传活动,还对租界内的中文报纸采取了严酷的新闻检查制度,同时,通过大力创办和扶植日伪报纸,如《新申报》《中华日报》《平报》《新中国报》等来为自己的侵略罪行制造舆论。这些新闻检查制度和宣传机器为中国民众所深恶痛绝,《通报》一方面在新闻

---

① 黄瑚. 上海"孤岛"时期抗日报刊述评[J]. 新闻研究资料,1987(3):104.
② 胡道静,袁燮铭. 上海通社纪事本末(续完)[J]. 档案与历史,1989(4):67.
③ 吴廷俊. 中国新闻史新修[M]. 上海:复旦大学出版社,2008:343.

阵地上打出"洋旗报"的招牌以抗争日伪的新闻检查,并坚持宣传抗战以打破日本帝国主义对舆论的控制,另一方面还注意及时报道中国民众对日伪宣传机器的抵抗和战斗,例如,在1938年5月8日的报纸上就有一则新闻——《北平民众发威　轰炸日机关报》,这些报道中国民众投身抗日爱国运动的新闻对打击敌人的气焰、鼓舞民众的斗志起到了积极的作用。

(四)《通报》新闻报道的特点分析

在宣传的手法上,《通报》既要积极宣传抗日救国的主张,鼓舞中国人民的抗战斗志,又要尽量地避免受到在日寇高压下的租界当局的干预,所以就采取了一些特殊的手段进行新闻报道。

1. 内容上进行有意识的选择性报道

尽管当时是中日两国的战争,但《通报》报道的几乎全部是关于中国军队的作战信息和胜利新闻。借助"洋人外衣"的掩护,《通报》在新闻内容上尽量选择对我国抗战有利的信息,更侧重于宣传中国军队的抗战成绩,以起到鼓舞民众士气、坚定抗战信念的宣传作用。

2. 以"中立"的面貌进行新闻报道

这是"洋旗报"进行抗日宣传的重要手段。《通报》在报道军事新闻时,往往以"中性"和"客观"的词语报道新闻,以体现其保持"中立"的舆论立场。在报道"中国"及"中国军队"新闻时,不像中国报纸那样以"我们"和"我军"自称,而是以中立国新闻报纸的口吻称之为"中华""华军""顺水行舟,里红外灰"①正是"洋旗报"进行抗日爱国宣传的主要特点。

(五)《通报》停刊的原因

《通报》存在的时间并不长,胡道静在回忆文章中多次提到"约为一个月"。至于停刊原因,我们认为主要有以下三点。

1. 亏本办报

《通报》创办的经费,一部分是上海通社成员留存的稿酬,另一部分是柳亚子馆长资助的"南社纪念会"的基金,共约1 500元。报纸开办以后每月须支付给英商发行人和印刷厂的费用是400元,余下的钱款仅能够维持报纸的出版,各成员之间只好相约不拿工资,无偿办报。《通报》创办者们原来都是在上

---

① 黄瑚.上海"孤岛"时期抗日报刊述评[J].新闻研究资料,1987(3):103.

海通志馆编辑部从事史志编撰工作,包括主编胡道静在内都没有过实际的办报经验。因此,在报纸的经营管理上,特别是如何与广告商合作以扩大报纸的资金来源方面,确实存在一些问题。最后造成报纸发行量愈大,经费上就愈加困顿的局面,以致最后难以为继。胡道静回忆起当时的情况,说道:"由于我们报纸发表的内容是抗日爱国的,一开始就受到中国人的欢迎,销路很大,每天可印一万多份,最多时有两万份。但一面高兴,一面又暗暗叫苦。因为我们办报是亏的。一份报纸只卖两枚铜板,一半还要分给卖报的报头、报童。对于争取广告,特别是一些大商家的广告,我们这些书生是一筹莫展。所以,报纸的销路越大,亏得也就越厉害。"①

2. 英商涨价

《通报》所聘请的英国商人亨利·欧希是报纸名义上的发行人,也是《通报》在租界内出版发行的"保护伞"。他看到报纸销路很好,便趁机涨价,要求增加一倍的报酬。这对于经费本就紧张的《通报》来说,无疑是"雪上加霜",根本无法承担。而如果不同意增加报酬,英国商人就不再担任报纸的发行人,失去"洋旗报"招牌的保护,《通报》的抗日宣传便会面临着极大危险,最终还是难逃停刊或被摧毁的厄运。由于报社经费难以满足英国商人的涨价要求,无奈之下只好选择自行停刊。

3. 日伪压迫

"孤岛"中的抗日新闻宣传活动一直受到日伪的威胁与破坏,即便是"洋旗报"也不例外。负责排印《通报》的印刷厂是中国人办的,老板表示,印刷这样的爱国报纸是要冒很大风险的,而且日本人和汉奸已经放风要来炸印刷厂。所以除非增加印刷费,否则不愿意再继续排印《通报》了。"这时,我们真是里无粮草,外无救兵。虽然我们都不拿工资、不要稿酬,甚至连车费也一概自理,但最后支撑了一个月,还是不得不自动停刊。记得我曾因此痛哭了一场。"②这种"内外交困"的窘境最终迫使《通报》停刊,上海通志馆在国家民族危难时刻的"最后一战"就此画上了句号。

(六)胡道静与《通报》

《通报》是胡道静新闻实践活动的起点,他不仅实际参加了报纸的创办工

---

① 胡道静,袁燮铭.关于上海通志馆的回忆[J].史林,2001(4):25.
② 同上.

作,还出任了《通报》的主编一职。虽然当时的几位创办人都没有办报的经验,但由于胡道静此前写过上海新闻史方面的文章,还参加过恽逸群、范长江等人组织的"记者座谈"活动,结识一些新闻界人士,此外他伯父和父亲都有报刊活动的经历,因此被大家推举负责《通报》的编务工作。就这样,年仅25岁的胡道静担起了《通报》主编的重任,并由此正式开始了他的新闻实践活动。

在担任报纸的主编期间,胡道静利用"洋旗报"的掩护积极编发抗战新闻,在《通报》的抗日爱国宣传活动中发挥了重要的作用,"尽到了抗日宣传、传播胜利捷报、鼓舞团结意志的责任"[①],尽管《通报》存在时间较短,"但是这段短暂的光荣历史,作为上海通社(也是上海市通志馆的)结束可以说是,无愧于在国家民族危难之秋的一群赤胆忠忧的书生们的文化活动的表现"[②]。

三、从参与培养抗日新闻人才到在大中通讯社编译新闻稿件

《通报》停刊了,但胡道静在"孤岛"的新闻实践活动并没有因此而结束。对国家民族的忠诚与责任使他继续在上海新闻界的抗日宣传阵营中活动,用自己的实际行动书写着爱国知识分子的报人之路。

(一) 在上海法政学院讲授新闻史课程

《通报》停刊后不久,胡道静先是应恽逸群、陈宪章之请,去为他们办的一所夜校——上海法政学院新闻专修科讲授新闻史课程。这所夜校开办于1938年9月,名义上由上海法政学院与《导报》《每日译报》和《大英夜报》(这三份报纸均为"孤岛"时期的抗日洋旗报,前两份是中国共产党领导的报纸,后一份由国民党左派人士主持)共同创办,而实际上的负责人是共产党员恽逸群,创办这所学校主要是为抗日宣传培养新闻干部,所开的课程包括国文、日语、新闻编辑、采访、评论写作、报纸经营管理、速记、电讯等方面,柯灵、陈望道、金学成、郭步陶、赵君豪等人都应邀在这里讲课。而之所以请胡道静讲授新闻史课程,主要是因为他曾在1934年至1935年间参加过恽逸群发起的"记者座谈"活动,并在《大美晚报》的《记者座谈》周刊上发表过有关新闻史的研究文章。

胡道静当时并不知道恽逸群、陈宪章共产党员的身份,但他心里知道这所

---

① 胡道静,袁燮铭.上海通社纪事本末(续完)[J].档案与历史,1989(4):68.
② 同上。

夜校是抗日的,学生们"有的本来是上海报馆里工作的,也有的本来就是江南抗日游击队在游击区里办报的工作人员,他们都是打算进修以后再回去办报的"①。因此,胡道静"每次给他们讲课,事先都作了认真的准备"②。这段时间大约有一年,后来由于"孤岛"形势的恶化,夜校被迫于1939年7月停办。

(二)在大中通讯社编译抗日新闻

在上海法政学院新闻专修科讲授新闻史课程期间,胡道静又参加了大中通讯社的编译工作。大中通讯社是上海"孤岛"时期以抗日宣传为己任的通讯社之一,③其社长是国民党的新闻工笔者吴中一,共产党员恽逸群参与了通讯社的筹建与指导工作,因此这是个具有统一战线性质的新闻机构。"该社以消息灵通、新闻线索多而著称,所发布的有关抗战的新闻稿在'孤岛'通讯社中占首位,主题是揭露日伪在沦陷区的暴行和中国军民抗击日寇的英勇业绩。"④正因如此,大中通讯社从一开始就遭到敌伪的注意与破坏,需要经常变换工作地点,但仍有工作人员被绑架和杀害的事件发生。在残酷的斗争环境中,大中通讯社丝毫不退缩,一直坚持战斗到1941年底太平洋战争的爆发。

受恽逸群与陈宪章的邀请,胡道静参加了大中通讯社的工作,他的主要任务是"把第二天将要出版的英文《大陆报》的新闻底稿翻译成中文,然后由大中通讯社把它作为自己的新闻稿发送出去"⑤。当时"孤岛"的抗日新闻机构,为了共同目标都站在同一条战线上,彼此间也愿尽力合作,因此,"《大陆报》不仅没有向大中通讯社索要稿费,相反还每天派人把新闻底稿送到大中来"⑥。胡道静在大中通讯社仅仅工作了3个月左右,大中通讯社就因为敌伪的破坏而暂时停办了,他便去了《中美日报》。太平洋战争爆发后,胡道静辗转在安徽屯溪时,他还与大中通讯社的工作人员一起采访从敌伪沦陷区来的人们,并把

---

① 胡道静,袁燮铭.上海孤岛生活的回忆[J].史林,2002(4):111.
② 同上.
③ 在上海"孤岛"时期,持有租界登记执照并公开发稿、宣传抗日的通讯社有:大中通讯社、新声通讯社、平明通讯社、大光通讯社等. 马光仁. 上海新闻史(1850—1949)[M]. 上海:复旦大学出版社,1996:892-893.
④ 马光仁. 上海新闻史(1850—1949)[M]. 上海:复旦大学出版社,1996:893.
⑤ 胡道静,袁燮铭.上海孤岛生活的回忆[J].史林,2002(4):112.
⑥ 同上.

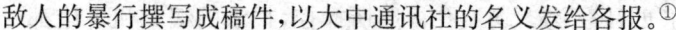

敌人的暴行撰写成稿件,以大中通讯社的名义发给各报。①

四、"孤岛"时期的最后奋斗:在《中美日报》和《大晚报》

从 1939 年上半年开始直至"孤岛"结束,胡道静一直在《中美日报》和《大晚报》工作。《中美日报》在性质上是隶属于国民党的"洋旗报",而《大晚报》在几经起伏之后也挂起了"洋旗"招牌,两份报纸同属于抗日宣传阵营。上海新闻界"五月危机"后,"洋旗报"的生存环境日益严酷,胡道静不得不采取了极为"特殊"的工作方式,成为一名"足不出户"的新闻采编人员,为民族国家坚持战斗到最后一刻。

(一)《中美日报》的创刊与《大晚报》的转变

胡道静在离开大中通讯社后,又分别通过詹文浒与汪倜然的介绍来到《中美日报》和《大晚报》这两家"洋旗"报馆,继续从事抗日救国的新闻宣传工作。他每天晚上八九点钟去《中美日报》上班,担任采访部主任一职,一直工作到第二天凌晨的三四点钟;而白天则到《大晚报》上班,职务是本埠新闻编辑,工作时间是从上午的十点钟到下午两点钟。

《中美日报》创刊于 1938 年 11 月 1 日,是国民党系统 CC 派(陈果夫、陈立夫)所创办的抗日报纸,由国民党人吴任沧(时任中国农业银行上海分行经理)担任社长,聘请了美商施德高为董事长,并以"罗斯福出版公司"的名义发行,而具体负责报纸事务的则是原上海世界书局的总编辑詹文浒。从创刊之始,《中美日报》就致力于抗日宣传活动,依靠外商招牌的保护,与日伪及租界当局展开了顽强的、机智的斗争,成为"孤岛"时期国民党抗日报纸的重要代表。为此,《中美日报》曾多次受到租界当局的警告、处罚以及日伪组织的威胁与破坏。

《大晚报》创刊于 1932 年 2 月 12 日,由张竹平创办并任社长,汪倜然和曾虚白分别任总编辑和总主笔。初创刊的《大晚报》是一份私营性的报纸,在"一·二八"淞沪抗战时期,因为能够及时报道前线战况且语言通俗易懂、生动活泼而受到了读者的欢迎,成为上海较为成功的晚报之一。1935 年 5 月以

---

① 徐载平.上海孤岛时期的大中通讯社[J].新闻记者,1984(10):8.

后,《大晚报》所在的"四社"系统①均被孔祥熙所操控,报纸的编辑和言论都受到束缚,生气大减,销量下降。1937年"八一三"淞沪会战之后,"四社"管理处和《时事新报》随国民政府西撤,迁至重庆,而《大晚报》留在了"孤岛",一度接受日伪的新闻检查。1938年11月21日,《大晚报》加入了"洋旗报"阵营,改由"英国人弗利特主持的英商独立出版公司发行,不再接受日伪新闻检查,与抗日报刊为伍"②。

(二) 严酷的工作环境及应对之策

在1939年5月的"五月危机"之后,上海租界当局对宣传抗日的新闻机构采取了更为严苛的控制,而日伪也加大了对抗日"洋旗报"以及爱国报人的破坏与迫害。胡道静所在的两家报馆因为都是抗日新闻机构均受到了日伪与租界当局的双重压制与冲击,其中尤以《中美日报》为甚。

1. 租界当局的停刊处罚

1939年5月16日和17日,《中美日报》因为登载蒋介石在全国生产会议上的演讲文字而被租界当局吊销了执照,迫令从5月18日起停刊两周。因同一原因受到停刊处罚的还有《文汇报》《大美报》和《每日译报》,这四家影响最大的"洋旗报"同时被勒令停刊,引起了社会的巨大反响,也成为"五月危机"中的重要新闻事件。1939年8月至9月,《中美日报》刊登了一篇题为《上海教育界总清算》的文章,将附逆的学校及其负责人姓名全部登于报端,又被上海工部局勒令停刊一周。最后一次停刊事件发生在1940年1月至2月,"当时,日、汪正在签订密约,《中美日报》按照中央通讯社电讯内容,以本报香港特派员名义报道了这一阴谋活动,后又将密约影印本图影制成锌版在报上逐日连载"③,《中美日报》因此被勒令停刊三周。

2. 日伪的袭击与破坏

1939年7月22日晚,汪伪"七十六号特工总部"派遣暴徒三十余人,携带手枪、盒子炮等武器袭击了位于爱多亚路长耕里的《中美日报》编辑部。当时编辑部在三楼,楼梯口装有铁门以防止闲人进入,并有一名勤务人员把守,暴

---

① "四社"是指张竹平主持经营的《时事新报》《大陆报》《大晚报》和申时电讯社这四家新闻机构的总称。
② 黄瑚.上海"孤岛"时期抗日报刊述评[J].新闻研究资料,1987(3):102.
③ 马光仁.上海新闻史(1850—1949)[M].上海:复旦大学出版社,1996:855.

徒到达三楼时,勤务人员见那些人形迹可疑急忙将铁门紧闭,这才使得编辑部幸免于难。而暴徒并不善罢甘休,随即闯至二楼《大晚报》的印刷工厂开枪打死了两名工人,后又到楼下朝着三楼窗口连发数枪示威。一时间马路上枪声大作,流弹横飞,造成两名无辜人员中弹身亡,多人受伤。几天之后,编辑部的人员又收到来自"特工总部"的恐吓信,警告他们如果愿意离开报社,那么在报社的薪金特工总部可以如数送给,并不需要承担工作;如若仍然"执迷不悟",即将判处"死刑",并把编辑部人员的姓名和准确的家庭住址一并附上。① 此外,日伪特务还通过安放定时炸弹、销毁报纸或拦路抢劫报纸等卑劣手段阻止《中美日报》的发行。

3.《中美日报》的应对之策

面对如此险恶的环境,《中美日报》也采取了多种方法予以应对。例如,对于上海工部局动辄勒令停刊的处罚,"中美日报馆在 1939 年 9 月第二次停刊期间办起了《中美周刊》,继续从事宣传斗争;1940 年 1 月第三次被迫停刊时,该报馆在《中美周刊》出版的前一天,将当天的重要新闻编成小型报纸,随周刊一起发行。后来,中美日报馆又用美商罗斯福出版公司的名义,向上海工部局领得《中美晚报》的执照,准备万一日报被迫停刊,立即发行晚报,以免中断"②。对于上海工部局从 1940 年 8 月 8 日起实行的新闻检查制度,《中美日报》则通过在报纸版面上"开天窗"的方式进行无声的抗争。

为尽量减少或避免日伪的暴力袭击带来的物资损失和人员伤亡,《中美日报》馆和《大美晚报》《申报》《新闻报》等报馆一样,在大门上都安装了铁板或铁丝网,楼梯口也装上了铁门,还给守卫人员配备了必要的武器。在 1940 年 7 月 1 日汪伪政府发布了"通缉令"之后,《中美日报》的许多工作人员干脆住在了报馆内,胡道静回忆起那时的工作和生活,说道:"对于我来讲,在孤岛的恶劣环境下搞抗日新闻工作是早已习惯了。因为在此之前,我办过《通报》,参加过大中通讯社,现在再去《中美日报》工作,当然就不会感到有什么特别可怕了。但是,为了安全起见,我还是和其他一些工作人员一起住在报馆里,基本上不回家。而报馆方面为了防备汪伪再来袭击,也在四周架起了铁丝网、钢板,一副戒备森严的样子。不过,当时报馆里的住宿条件是比较简单的。一间房间就放 3 张双人床,睡五六个人,除了床铺之外,基本上就没有其他什么东

---

① 胡传厚.抗战期间之中美日报[M]//李瞻.中国新闻史.台北:台湾学生书局,1979:452-453.

② 黄瑚.上海"孤岛"时期抗日报刊述评[J].新闻研究资料,1987(3):120.

西了。由于住在报馆里不能随意外出，一日三餐的饭都是由报馆免费供应的。"①这种如同"囚禁"的生活，胡道静他们并不觉得苦，反而戏称自己宿舍是"民主集中营"，继续坚持从事抗日爱国的宣传报道。但是不能外出进行采访，消息从何而来呢？身为采访部主任的胡道静不得不另辟蹊径，采取了特殊的工作方式。

（三）特殊的新闻"采编"工作

不论是在《中美日报》做采访部主任，还是在《大晚报》编辑本埠新闻，如何获得及时的抗战讯息，一直是摆在胡道静面前的一大难题。

当时中国记者外出采访，其人身安全会受到极大威胁，日寇对沦陷区的抗战消息也加以严密封锁。而外国记者的采访活动就会相对容易和安全，因此，一些富有正义感、同情和支持中国人民抗战的外国新闻记者"利用他们的特殊身份，深入中国内地采访，除通过重庆、香港等新闻机构把中国抗战消息向世界传播外，上海'孤岛'的中外报刊也成为他们传播消息的重要途径"②。正是因为这个原因，身处"民主集中营"的胡道静就考虑从"孤岛"的外文报纸中获取重要的抗战讯息，并通过"翻译"的方式为自己所用，以此达到传播抗战消息、鼓舞人民斗志的宣传目的。

胡道静在《中美日报》的主要工作有两个：一是"负责浏览报馆里订阅的各种外文报纸，并随时将其中的重要新闻翻译成中文，供《中美日报》使用"③；二是继续他在"大中通讯社"时与《大陆报》的合作。总编詹文浒得知胡道静曾在"大中通讯社"翻译过《大陆报》的新闻底稿，于是就亲自与《大陆报》的总编张国勋商谈此事，后来这项工作就由《中美日报》继续下去，而新闻稿仍由胡道静翻译。当时两家报馆离得非常近（《中美日报》在爱多亚路江西路东面的长耕里，而《大陆报》就在它隔壁李氏大楼的二楼），两座楼房之间还有天桥相通，但平时天桥两侧的门都是锁闭的，并不互相往来。只有到了每天晚上12点以后，胡道静拿着报馆给他的钥匙，秘密地打开天桥两侧的门，到《大陆报》报馆拿取了新闻稿件后再原路返回，并以最快的速度翻译出来，以保证第二天这些新闻在《中美日报》上能够与《大陆报》同时刊登。

《大陆报》提供给《中美日报》的新闻稿一般仅是外国新闻记者采访的本埠

---

① 胡道静，袁燮铭.上海孤岛生活的回忆[J].史林，2002(4):113.
② 马光仁.上海新闻史(1850—1949)[M].上海:复旦大学出版社，1996:907.
③ 胡道静，袁燮铭.上海孤岛生活的回忆[J].史林，2002(4):113.

新闻稿件,而对于国际电讯稿则是不提供的。当时《中美日报》和《大陆报》虽然都订有路透社的国际电讯稿,但同一稿件路透社发给《中美日报》要比发给《大陆报》晚了2个小时,原因就是路透社发给《大陆报》的是英文电讯稿,而发给《中美日报》的是中文电讯稿,中间需要翻译的时间。胡道静留意到了这个问题,为了争取更多的时间他利用每天晚上去《大陆报》取稿件的机会,事先就看到了路透社发来的英文电讯稿,也就是在《中美日报》接收到中文电讯稿之前,有些消息就已经被提前获知了,这对于《中美日报》来说无疑提高了自身的竞争力,因为它"不但可以在第二天发表已经获得的消息,而且还可以同时配发一篇社论,而别的中文报纸则要到第三天才来得及发社论"①。

胡道静在《大晚报》工作时,非常重视提升报纸的影响力与竞争力。作为本埠新闻编辑的他经常思考如何才能获取独家新闻,或者较之其他中文报纸如何才能更早地获取重要新闻。一方面,胡道静仍然采取"翻译、转载"《大陆报》英文稿件的方法,因为是晚报,新闻刊登虽不能与《大陆报》同步,但鉴于《大陆报》与英国路透社和美国国际新闻社的合作关系,有些新闻消息在上海的中文报纸中仍然具有较强的新闻价值,例如,"《大陆报》发表了一则国际社华盛顿电讯,其中披露了美国国务院获得的关于日本金准备消耗的情况",胡道静"将它翻译、转载在《大晚报》上以后,曾在上海引起一时的轰动"②。

另一方面,胡道静有着强烈的争取独家新闻的意识。就在《大陆报》与国际社的合作关系还在持续期间,胡道静便向总编辑汪倜然建议"直接向国际社订购该社电讯稿的上海中文晚报专用权,因为这样的话,《大晚报》在当天就可以拿到国际社发出的午稿,而不需要等到第二天早晨《大陆报》出版以后再从该报上转译了"③,胡道静的建议得到了汪倜然的赞同与支持,"几经交涉,最后《大晚报》终于以相当高的代价从国际社那里获得了这项权利"④。几个月后,《大陆报》与国际社的合作关系因故结束,而《大晚报》因为"未雨绸缪"却能够从该社直接获取新闻电讯,这也证明了胡道静独家新闻意识的正确性与必要性。

纵观胡道静在整个"孤岛"时期的新闻实践,无论是自己办报,还是在其他新闻机构任职,他自始至终从事的都是抗日爱国的宣传活动。身处在这样一

---

① 胡道静,袁燮铭.上海孤岛生活的回忆[J].史林,2002(4):114.
② 胡道静,袁燮铭.上海孤岛生活的回忆[J].史林,2002(4):115.
③ 同上.
④ 同上.

个不畏牺牲、心系民族国家的爱国知识分子群体中,胡道静也用自己的新闻活动展现了他内心激荡着的爱国情怀。

五、避难浙皖:在《东南日报》(金华版)和《中央日报》(屯溪版)

1941年12月8日,太平洋战争爆发,"孤岛"已不复存在,上海成了日本帝国主义独占的殖民地。那些在"孤岛"中依靠洋商招牌作掩护进行抗日宣传的新闻机构立刻成了日军查封和接收的对象。"1941年12月8日上午10时,日军报道部组织四班人马,分赴各所谓'敌对性'新闻机构,实施接收任务","对《密勒氏评论报》《中美日报》《大晚报》均予以查封"①。大批新闻机构和爱国报人被迫撤离上海,转移到后方阵地。就这样,胡道静带着小脚的母亲,匆匆撤离上海,踏上了前往后方的坎坷征途。

胡道静所在的《中美日报》由于资金短缺,"只能提供到浙江金华的路费,到了金华之后,再领取到江西上饶的路费,随后再发给去湖南衡阳的盘缠,到衡阳后再领路费去重庆"②。胡道静带着母亲一路艰辛可想而知,到达金华后,《东南日报》的同事们都称赞他是"天下第一孝子",但同时也为他要再带着母亲长途跋涉几千里而担忧,于是就劝他留下来参加《东南日报》的工作,胡道静接受了大家的建议,开始在《东南日报》从事编辑工作。

《东南日报》的前身是《杭州民国日报》,创办于1927年3月,是国民党浙江省党部的机关报,由胡健中先后担任主编、社长一职,主持该报事务。在他的带领下,《杭州民国日报》在业务上不断革新,逐渐成为一份在浙江以至东南地区都颇有影响的报纸。1934年6月16日,《杭州民国日报》更名为《东南日报》(党报性质不变),同时成立"东南日报股份有限公司",开始由地方性报纸向全国性报纸发展。至1937年时《东南日报》发行量已超过四万份,在东南地区(上海除外)各报纸中位居首位,仅次于上海《申报》和《新闻报》。正因如此,《东南日报》社长胡健中与天津《大公报》胡政之被新闻界称为"南北二胡"。

1937年11月,日军在杭州湾北岸登陆,整个杭州城危在旦夕,《东南日报》遂迁往金华继续出版。浙江省的一些军事、政治和文化机构也陆续迁到金华及邻县永康,于是这一地区暂时成为全省军事、文化中心,聚集了不少文化界人士。在撤离杭州时,《东南日报》社物资、器材损耗较为严重,但仍在极其

---

① 马光仁.上海新闻史(1850—1949)[M].上海:复旦大学出版社,1996:907.
② 姚福申.胡道静先生的报人生涯[J].新闻研究资料,1991(3):198.

艰难的条件下坚持在金华出版报纸,直至1942年5月。随着战争局势的变化,《东南日报》几经迁移,先后发行过丽水版、南平版以及云和版,"在8年抗战中自始至终在抗战前线出版发行,也是抗战8年中唯一一份在抗战前线出版发行的大报"[①]。在抗战时期,《东南日报》及时报道抗战消息,宣传"全面抗战"和"持久抗战",以坚定的意志和信念鼓舞更多的民众参与到全民族抗战活动中来,其立场与态度对抗日宣传工作起到了积极的作用。

胡道静来到金华的时间是1941年底。《东南日报》迁入金华后,充分利用当时有利形势,多方招聘人才,延揽进步文化人士。[②] 中山大学教授王季思、古典文学研究专家陈友琴、《新民晚报》张慧剑、复旦大学教授严北溟等人都被聘请到《东南日报》工作。胡道静到达金华后,也受到胡健中的邀请。他考虑背着母亲继续前行困难重重、难以预测,就选择留在金华,在《东南日报》做编辑工作,时间至1942年5月金华沦陷为止。"正因为有了这样一批进步文化人的加盟,给《东南日报》输入了一股新鲜的血液,各种抗战文化活动得以蓬勃地开展。"[③]

笔者利用上海图书馆的缩微胶卷查检1941年12月至1942年5月的《东南日报》时,发现了一篇署名为"上海中美日报记者胡道静"的新闻特写《到达自由地》,文章发表时间是1942年1月23日。在文中,胡道静详细回顾了在"孤岛"这座"笔的堡垒"中的战斗生活以及初到自由区的激动心情,并表达了要继续坚持战斗、勉力报国的决心。这篇文章反映了胡道静在"孤岛"时期的新闻实践活动,具有较高的史料价值,而此前还没有研究者提及,故笔者辑录全文如下:

> 困守在孤岛上,已经有了四年多。当孤岛陆沉以后,我经过迂回的长程,穿出了敌人控制下的区域,回到自由中国的怀抱中。
>
> 当我们在孤岛上的时候,是驻守在一座笔的堡垒里。我们发出无数颗纸弹,在寇氛弥漫的境域中,向同胞们,以及向国际的正义人士们,提供我们抗建的真实消息,阐述国际局势应走的路线,打击敌伪的谎话歪论。敌人禁止上海的报纸刊载我们最高领袖的训词和言

---

① 何扬鸣. 试述抗战时期的《东南日报》[J]. 抗日战争研究,2003(2):150.
② 张根福. 抗战时期《东南日报》的南迁及其出版活动[J]. 浙江师范大学学报(社会科学版),2005(5):60.
③ 同上。

论，企图掩蔽孤岛上同胞的耳目，然后以他们的毒素的言论，来加以麻醉。但是我们的报纸，用尽种种方法，把蒋总裁昭示民众的伟论，公开地发表出来。因此，敌人和汉奸不断地运用残暴的手段，企图来摧残我们的报馆——抛掷炸弹，绑架和计划暗杀我们的工作同志，拦截报纸，威吓广告登户等等，各种恶劣手段，无所不用其极。但是我们以坚定的信念，沈毅的精神，接受敌伪一切的挑战，屹立不动地守住我们的岗位，进行我们的战斗工作。而我们工作的同志，都只能日夜厮守在报馆里，过着艰苦的生活，而不敢轻易出报馆的大门。这因为是：我们的报馆是在美国注册的，馆舍有着一重法律的保障，敌人不能够冲进来加害于我们；但我们一离开馆舍，想到外面去逍遥一刻时，危险就会跟着我们而来的。

上海的四百多万同胞们，在敌伪的榨压之下，怒于心而不敢形于色，可是因为有中美日报这一座笔的堡垒，联合了其他的友军，做了他们的喉舌和指导，给予他们精神上的振奋力非常之大。他们认中美日报为孤岛上的一座灯塔。但我们所凭籍的一重法律的保障，终因敌人疯狂地掀动了太平洋上的战争，同时乘机加以摧毁了。我们工作到最后的一刻，乃不能不含泪离去了这孤岛上最后的一座堡垒，忍痛看孤岛上同胞们所切盼着的一线光明熄灭了。可是我们知道这是天明以前的最后一刻的黑暗，白日遍照大地红，自由与独立，不久即将来临，孤岛上的同胞们，忍耐这最后的一刻吧？

去年十一月下旬，美倭关系已趋于十分紧张。我们窥度国际时事的来龙去脉，知道太平洋上的战事已不能免。因为敌国的政策是以侵略为本质的，它所勾结的德意二国，又皆属破坏世界和平与道义的蟊贼，故东西两半球的战事，势不能永成为分割的局面；美国的国际政策，既立在反侵略的立场上，则迟早不免被轴心国所攻击。一旦太平洋上战争发生，反而能够澄清了国际的阵线，划分了友敌的界限，能使民主国的兵工厂杜绝了军需品输入敌国的一切罅漏，这是于我国的抗战有重大利益的。基于这些观点，我们发表的许多篇社论与专稿上，透辟地加以阐述，一面努力鼓吹中英美荷阵线之正式订盟，一面揭示太平洋危机之已临最后关头。迨十一月末，驻防于上海公共租界的美国海军陆战队奉华盛顿之命，扫数撤退，我们知道我们平日所鼓吹的，所预言的，已踏进实现界域的第一步了。我们异常的兴奋，是忘了小我的兴奋，因为我国同胞所一致期望的国际反侵略阵线实现以后,处在孤岛上笔垒中的我们,即将绝无凭依,听任敌人摧残了。然而这算得什么呢?有这一天到来,即是我们这一枝孤单任务完成之日,也不枉我们困守在孤岛上数年的艰困工作了。我记得,那一天我把最后一批美军撤退的访稿写完后,默坐着□想自身的将来的行动,同事维翰君走过来问我有什么感想,我答道:我们所主张的,都将实现了,我们的任务也快将完成了,大约我们也要跟着美军撤退了吧。维翰素喜和我说反话,他笑我悲观。其实我并不悲观,他实际上也是和我一样的看法,是积极而又乐观的。

　　这时候我知道报馆当局也已经在准备应付紧急的对策。同时由詹总编辑授意世南君,写社论一篇,提醒上海的同胞们,在美军撤退以后及美倭战争发生之前,应以怎样决断的毅力和敏捷的姿态,作有益于国家民族的准备,如将物资人力财力尽量内搬之类。又隔了数天,美总统罗斯福向倭使来栖及野村提出敌国增兵越南一事的质问,美国务卿赫尔□□向倭使提出两国谈判的先决条件四项。由此判明了美国对我之友谊,对倭之严峻,态度是非常肯定的。由于美倭之不断地进行着谈判,我们对于美国的态度起先还有一些怀疑的,至此疑云一扫而空。同时敏感到南海上的波涛,已经是在汹涌沸腾了。

　　十二月六日上午,是倭使向美政府提出越南增兵问题复文的时候。上海时间为六日午夜十二时,届时电讯到来,说美政府对于倭方复文,认为答非所问,不能满意。虽则该一电讯中尚有"谈判乐观"的口气,但是:(一)事前罗斯福曾表示此一问题为谈判□续与否的基本问题;(二)当晚又有美国合众社自墨尔本城发来的急电,谓澳洲权威方面已证实倭国舰队南进云云。同时,星加坡电讯称□岛已入戒严状态,荷印总司令亦宣称已完成□寇的最后准备。因此詹总编辑即于凌晨写一社论,题为《美日谈判破裂以后》,与电讯同于七日晨发表。倘使说孤岛上的同胞们还有沉湎于逸乐之中的,那末这是向他们打的最响的一记警钟了。

　　七日下午,华府电讯谓:罗斯福致倭皇一电,大约系图在最紧张的一刻消弭战祸。是晚,传厚君执笔写社论,断言敌国军阀,必进犯美国,而不予所传的和平空气以任何估价。理由是敌军的一贯伎俩,专事突击;而美国的态度,既极鲜明,敌国闪避无从,倘非美国出以主动的军事行动,则将先遭敌军的攻击。这一个代表的意见,原在于箴劝美国的,竟不幸而言中了,而且中的是那么快。

那天晚上，空气异常的宁静，但在宁静之中，带有不安的成分。因为是星期日的缘故，外国电讯较少，但是消息很恶劣。香港的情形，仿佛是"一二八"或"八一三"的前夕了。深晚，詹总编辑得一秘密情报，谓敌国军事首脑在这天下午曾齐集于东京，举行重要会议。不久，又自电话中得到报告，谓上海敌军将于明晨强占我国国家银行的上海分行。我们即判断将有一重大危机来临，但因时值星期日深晚，对上述消息不能有更详确的证实，所以不能够预言危机发生的时刻。

到八日上午四时半，稿件编完，大家已分别入睡或准备就寝之际，突然有炮声自附近传来，继之有紧密的机关枪声发出。听见了这种声音，没有睡的不睡了，已睡的也惊起了。知道这枪炮声必有重大的事故，但还得详细查究。经詹总编辑由电话中向租界警务处探寻，证实太平洋上战事已经爆发，上海倭军刻方在黄浦江上示威。此时，我们藉为保障的法律地位，已遭敌军破坏，如再鹄候于这阵地，势将被一网打尽无疑。于是遵照詹总编辑的指示，迅速分散，离去报馆，别谋联络的方法。

中美日报的隔邻，就是英文大陆报馆，这也是一家正义感的报纸，平日积极地向国际人士□扬我国的抗建事业和揭露敌人的凶恶面相，我们以邻谊，且志同道合，在新闻报道方面，向来是合作着的。我们两家报馆的大厦之间，有一座天桥，互通往来。那时我奉命离馆，即走过天桥，用钥匙启开了天桥的门，又再把天桥门碰上（这是我末了一次启闭这天桥的门），就到大陆报去看看。这时大陆已无负责人在内，但当天的报纸已出版，有数十份搁在柜台上。那时有一位胖胖身材的法国人从大门赶了进来，满头是珍珠似的大汗，要买报纸看。我知道他是要想看关于方才枪炮声的消息，但报纸出版既较早，并没有载这消息，因用英语向他说明。他定了一定神，告诉我刚才他的遭遇。他说他刚走在黄埔滩路上，看到倭军强占汇丰银行的情形。当时倭军持枪上刀，凶横不堪，他目睹有我国同胞二人及英人二名，被击死在路上。倭军又欲以刺刀刺该法人，该法人以华语高呼"我是法国人"，始免于难。无怪他奔到大陆报馆时，形色大变了。我听后，知道处境之危，就离去大陆报，回到家中。别了，别了我们苦守多年的堡垒中美日报馆，别了我们的盟友大陆报馆。以后我们就不能再进去，因为我们离开不久，中美大陆两报就都遭暴敌封锁了。其他的忠贞的报纸，如正言报，神州日报，也都遭了同样的命运。

孤岛陆沉以后，同胞们所受敌伪之虐待，更甚于以往。敌人虽以"大东亚共存共荣，驱逐英美人势力"等语诓骗我同胞，意□缓和沦陷区中我同胞抗敌的情绪，但是它们残暴的行为，深印在我同胞的脑海中，再也不是虚谎的温言所能欺骗的。这里我可以举出几个实例：（一）有两位小学生在路上走，互谈着英美海空军力量之雄厚，旁边有一老者，拍着一个小学生的肩头说："小弟弟，这年头是多吃饭少说话的好。"讵知旁边又闪出一恶棍，拖住老者说："多吃饭少说话好么？那就请你多吃饭！"随即将老者强拖至一饭馆中，迫老者吃饭多碗，最后老者因无法下咽，遭该走狗痛殴不已。因此路人几若噤若寒蝉，不敢偶语。（二）敌军侵入租界后，即将电话公司强占，并派倭人之通华语者，以及汉奸等，在总机上偷听电话，以寻线索，因此被捕者有多人，驯至居民不敢轻易通电话，装电话机者，都在机旁贴上"不借打电话"的纸条；公用电话则悉遭敌人封锁。并且有因通电话几遭不测之祸的。有三人相聚，其一以电话邀友雀战：三缺一，你来即开战。此语为敌人在总线上聆得，误以为中英美三吃一，即派兵驰赴打电话者之所。那三个嗜赌的醉生梦死之徒，候其赌友未至，叩门而来者却为敌军。敌军看室内摊着牌，知有误会，余怒未息，就问方才是谁打的电话？一人挺身承认，被敌军批颊数十下，面目红肿，敌乃退去。这事情一方面却也予孤岛上逸乐之□以一深刻的教训，使他们知道怀念着祖国的艰苦作战与失去祖国保护的□痛。（三）敌军控制租界以后，我特务队的工作，仍照常进行。距美英与倭宣战之后不多日，曹家渡即有一敌兵遭枪杀。敌竟封锁曹家渡四周、致□上无数居民断粮绝食，封锁线外有一同胞，心有不忍，制大批馒头，乘夜间偷运入封锁区救济饥民，为敌军发觉，捕而绞杀之。同时，敌军在公共租界中张贴布告，谓如有政治性之枪杀案件发生，即拘捕出事地点附近的著名华籍人士为质，并将该一广大区域加以封锁。在法租界，则由法领事屈服了敌方的要求，以领事的名义出了一张同样的布告，（其他敌军在公共租界的每一行动，法租界也无不屈从照办的）。因此孤岛上同胞们的生命时时都在危险之中。

其实，敌人对于我新闻界的迫害，也逐渐加紧了起来，寓所遭搜索而幸得脱险者已有其人。同时，我们得到当局的指示，撤至自由区域工作，乃各取道内来。当我穿过了沦陷区域，初与睽隔四年余的我忠勇卫国之士兵晤面，我是多么的兴奋啊！深入自由区后，目睹军民抗建情绪的振奋,深受报界同志的热烈招待,使我又感动,又惭愧,想我应如何勉力报国,并协力完成解救上海同胞们的倒□(悬)之苦呵!①

从这篇文章中,我们可以清楚地了解胡道静等一批抗日报人是如何以坚定的必胜信念在"孤岛"坚持抗日救国的新闻宣传,真切地感受到日军进占租界后的残暴统治,也体会到胡道静在逃离沦陷的"孤岛"进入我们中国人管理的地区以后的兴奋心情和迫切为国效劳的热情。

1942年5月,日军大举南犯,浙赣战事爆发,金华、永康形势危急,《东南日报》被迫在5月20日停刊,全部工作人员再度撤离。报社"全套人马分两副配备,分两路后撤,一路由社长胡健中率领,翻仙霞岭撤福建南平;另一路由副社长刘湘女率领,就近撤丽水"。②胡道静带着母亲跟随社长胡健中先撤赴江山,再往南平转移。"胡先生母子所搭是最后一列撤离金华的火车,驶至离龙游30里地的湖镇处,列车遭日寇飞机跟踪轰炸,胡先生所乘的列车9节完全被炸烧毁,他母子二人都幸未伤亡,从血尸堆中爬出。"③在遭到敌机轰炸后,胡道静母子与报社其他人员走散了。大家迟迟得不到胡道静的音讯,都以为他们母子已经殉难。8月6日,柳亚子在桂林偶然看到《大公晚报》上登载"东南日报由金华西迁江山衢州之时,中途全车被炸,损失惨重,该报编辑胡道静氏且有不幸消息"的新闻。他虽不愿相信胡道静会遭逢不幸,但内心又异常恐惧和痛心,到11月份仍然没有胡道静的消息,于是就写下《怀念胡道静兄》的悼念文章,刊登在1942年12月号的《野草》杂志上。全文如下。

我在桂林,是不看晚报的。在八月六日那一天,偶然一个朋友来看我,带了一张大公晚报来,却有如下的记载:

"东南日报由金华西迁江山衢州之时,中途全车被炸,损失惨重,该报编辑胡道静氏且有不幸消息"。

这段记载,看了使我非常惊骇,恐怖,痛心。所谓"不幸消息",到底正确与否,直到现在还是无法打听。不过,在我的情感方面,实在

---

① 本文录自上海图书馆《东南日报》缩微胶卷,凡报纸上难辨之字,均以"□"标识。
② 蔡德邻.抗战时期《东南日报》、《浙江日报》南迁片段[J].浙江方志,1990(4):48.
③ 姚福申.胡道静先生的报人生涯[J].新闻研究资料,1991(3):198.

非常牵挂,不能忘怀的。现在,且把我和道静的关系,写一些出来吧。

我和道静,可说是两代的交情。要讲关系,得从我和他老太爷寄尘先生的来往讲起。我认识寄尘,是在南社成立的下一年,也就是民国纪元的前二年吧。寄尘是安徽泾县人,他是朴安先生的弟弟,此时朴安在上海国粹学报写文章,而寄尘则还在南洋中学念书呢。他们兄弟俩,都是南社的社员。寄尘年龄,实际上比我大一岁。但他从小考秀才,就少报了两岁或三岁,后来进学校,也是如此,直到加入南社,填写"入社书"时,他还没有把他的真实年龄披露出来。所以,我和他认识了二十多年,一直当他是我的小弟弟,直到在上海通志馆同事时,他刚刚是五十岁的一年,才揭穿了这个黑幕。这事情,是很有趣味的。

在南社中间,寄尘是一个非常忠实的社员。他身体很弱,作事则绝不贪懒,非常负责。对待朋友,也是好极了。我和他订交将近三十年,来往间不为翕翕然。两人个性虽然不同,我狂他狷,但交情是始终一致的。对学问也非常努力,成就颇多,这些,在他身后我替他所做的《胡寄尘家传》中,讲得非常清楚,这家传,印入朴安所辑印的《朴学斋丛书》中间。而寄尘的遗著,也正占据着《朴学斋丛书》中的一大部分。

寄尘出学校以后,整个的工作,是教书,当编辑。他在商务印书馆编辑所中,是住了十年内外的。"一二八"以后,好像他离开了商务了。此时,我正担任了上海市通志馆的工作,请寄尘当编辑,寄尘便把他的世兄道静也带了进来。

此时,道静年龄很轻,新从持志大学毕业出来。但他聪明而又努力,工作效能,非常的高,在馆中的同事,是没有一个不敬佩他和爱慕他的。因为他待人接物,又是非常的恳挚,非常的和蔼。在几个老朋友中每谈到道静时,大家总说,真到"雏凤清于老凤声"呀!

上海市通志馆创办在"一二八"以后,却停顿在"八一三"抗战之役。淞沪沦陷以后,自然大家都星散了。通志还没有办成功,积稿累累,道静的成就最多。出版了三本"上海市年鉴",四本"上海市通志馆期刊",两本"上海研究资料";中间执笔的,在质在量,道静也都占据着很重要的地位。

淞沪沦陷以后,不到几个月,寄尘就因忧愤而逝世了。道静上奉孀慈,下抚弱弟,过着他很艰苦的生活。他本来对于新闻学,很感兴趣，以后便正式加入新闻界了。可是那时候租界虽还存在，敌伪已非常猖獗，在手枪炸弹的威胁之下，道静还是很安定地做他的工作。他先在中美日报，后来又兼任了大晚报的编辑，在百忙中和我保持着通讯的关系。直到我离开上海以前，他还替市通志馆做了一件很重要的事情。就是把一部分的藏书，由道静经手，运到了一个比较安全的地方去。

我是三十年十二月中旬离开上海而去香港的。临走的晚上，市通志馆同人来替我饯行，大家都很兴奋。道静好像很少开口讲话，但临别时殷勤的一握，我却在他冰冷的手掌上，窥见了他激动了底温暖的友情。

我在香港，差不多待了将近一年，道静常常有信来，不以盛衰易节。太平洋战争爆发以后，自然交通是断绝了。我在流亡的途中，也很挂念着道静，和其他市通志馆同人的行止。记不清是在老隆还是在兴宁吧，报上有了关于道静的消息，说他到了金华，担任东南日报的编辑，我心中非常欣慰。谁知行抵桂林以后两个月，却于无意中看到了大公晚报上这一段惊心动魄的记载。

不过，我是不相信道静真个会遭逢不幸的。而一方面，内心又很恐怖。所以连在上海养病的朴安先生，我也不敢去惊动他而向他打听道静的消息。还有，从我到桂林以来，往往有许多意想不到的朋友，会突然来找我，或是和我通讯。对于道静，我也是这样的期待着。但是，从八月六日到今天，差不多又将近三个月了，而道静的消息却还是杳然。为了闷在心中太难过，所以把它写了出来。希望道静还在人间，或者见了我这篇文章而给我来信吧，那就是非常的幸事了。

一九四二，一一，四，桂林①

实际上，胡道静母子侥幸逃过日军轰炸后，还是按照报社原计划先奔赴江山，再翻越仙霞岭赶往南平。无奈山路崎岖，胡道静带着母亲举步维艰、行动迟缓。没想到巧遇时任国民党中宣部东南区战地宣传专员的冯有真，太平洋战争爆发前，他曾是国民党中宣部驻上海负责人，此时正赶往安徽屯溪创办

---

① 柳亚子.怀念胡道静兄[M]//怀旧集.上海:耕耘出版社,1981:6-9.

《中央日报》，以安顿从上海撤退的部分国民党驻沪宣传机构的工作人员。冯有真看到胡道静处境艰难，于是便劝说他一起去屯溪参加《中央日报》工作，而不要再长途跋涉去福建。就这样，胡道静听从冯有真的劝告随他来到屯溪，任《中央日报》社编辑兼资料室主任一职，时间从1942年7月18日报纸创刊至1945年10月30日《中央日报》屯溪版正式结束，历时3年多。

《中央日报》屯溪版创刊于1942年7月18日，社长是冯有真，它是直属于国民党中宣部的一份抗日报纸，也是抗战期间继南京《中央日报》1937年12月13日停刊后，在全国各地相继设立的众多《中央日报》分版中的一个，①1945年10月30日，屯溪版宣告正式结束，全部人员迁回上海，继续《中央日报》上海版的工作。

由于历史的原因，笔者并未能查找到这份报纸的原始资料，因此无法直观地透过报纸考察胡道静的编辑工作，目前只能通过一些间接材料大致还原当时的情况。以勤在《上海〈中央日报〉始末》一文中记载："该报于1942年7月18日创刊。报社实行社长制，下设编辑和经理两部。经理部设于屯溪栗里，编辑部先设于隆阜戴东原故居，后迁回栗里。总主笔李秋生，主笔刑琬，总编辑胡传厚，副总编辑兼采访主任程玉西。编辑有胡道静（兼资料室主任）、胡道和、梁酉廷等人。采访有赵之诚、汪士任。经理部总经理为王晋琦，副经理为沈公谦，总务组主任苏顽夫，工务组主任徐锡高，广告组主任沈经一，秘书张三中。在篇幅方面，1944年11月以前为四开，后来新造对开机制成，改出对开一大张。副刊有综合的文艺性副刊《青锋》，有经济、教育、文综（综合性）、文学、儿童、医药、图画等周刊。"②在另一篇文章署名"以勤"所作的《报人胡道静》文章中，这方面的材料记载得更为详细一些："限于当时条件，资料室设备异常简陋，图书很少。但是由于胡道静满腹史料，即使书架上空空如也，他也能释疑解难，对答如流。来查资料者，往往也能满载而归。不过，平时胡道静则谦虚寡言，跟他同台共砚、在编辑部对坐三年多的人，一直不知道他在抗战前已经出版过好几本著作。他只是有问则答，'小叩则小鸣，大叩则大鸣'而已。他主编国内新闻，也写社论，译专栏。并且兼为《前线日报》与《东南日报》撰写通讯，是公认的'编辑部的全才'。屯

---

① 抗战期间，《中央日报》分版主要有：长沙版、重庆版、邵阳版、贵阳版、昆明版、成都版、永安版、屯溪版、梧州版和漳州版。蔡铭泽.中国国民党党报发展述略[J].新闻研究资料，1992(1)：194.

② 以勤.上海《中央日报》始末[J].新闻研究资料，1985(1)：141-142.

溪邻近沦陷的沪、宁、杭,地处要冲,既有沦陷地区流亡的机关,又有重庆中央派驻的前哨机构,因而也是新闻荟萃之地。胡道静在后来出版的《新闻史上的新时代》一书中,还载有他在屯溪时为《前线日报》所写的通讯:《战时东南报业遭遇的实际困难问题》。"①

　　上述史料表明,胡道静在辗转浙皖的生活中,无论是在金华版《东南日报》,还是在屯溪版《中央日报》,一直都在从事着抗日新闻宣传工作。这两份报纸虽然在性质上都是国民党党报,其总体言论立场是维护国民党统治的,对中国共产党都有过不实报道和错误批评。但如果从国家民族的角度去评价,它们在抗日战争时期又确实为宣传抗战做出了一定的贡献,这种贡献不应也不能被后人忽略和甚至抹煞。无数像胡道静一样没有政党背景的爱国学者和文化界人士,在国家存亡的危急关头,冒着生命的危险投身抗战活动,立场坚定,毫不退缩,他们的爱国精神与品格值得我们永远尊敬和铭记。

第二节　抗战胜利后的新闻实践活动
（1945—1948年）

　　1945年11月,胡道静由屯溪返回上海,任《正言报》总编辑。《正言报》创刊于1940年9月20日,是上海"孤岛"时期宣传抗日的"洋旗报",由时任国民党上海市党部主任委员的吴绍澍负责,太平洋战争爆发后停刊。1945年8月23日,《正言报》在上海复刊,这也是抗战胜利后上海第一家复刊的报纸。在胡道静主编《正言报》近三年的时间里,国共两党矛盾逐渐上升为国内主要矛盾,战争形势、政治局势的紧张变化都在很大程度上影响着新闻事业的发展。1945年底至1946年初,《正言报》社长吴绍澍在国民党内部派系斗争中失利后被免职,"在野"的他便利用《正言报》予以"反击"——敢于批评时政就成为《正言报》的一大特色。这份性质上属于国民党党报的报纸最终因多次揭露国民党内部的腐败问题且言辞激烈被查封。而正是在这种复杂的政治环境中,胡道静以"反对独裁、追求民主"为己任,在自己报人生涯中书写下了浓重的一笔。

---

① 以勤.报人胡道静[Z]//中国人民政治协商会议上海市虹口委员会文史资料委员会.文史苑第9辑.1992:100-101.

一、抗战胜利与《正言报》的复刊

1944年下半年,世界反法西斯战争开始出现根本性转折。欧洲战场上,苏联红军对德作战取得重大胜利,在成功地把德军赶出国境后,继续西进直逼德国法西斯老巢;英美盟军在诺曼底登陆,开辟了欧洲第二战场,对德军形成了东西夹击之势,德国法西斯已是强弩之末,灭亡在即。在太平洋战场,美军的进攻已逼近日本本土;中国战场上,抗日军队开始转入反攻,对日军占领下的城市和交通要道形成战略性包围,日本帝国主义的彻底失败已指日可待。1945年5月8日,德国宣布无条件投降;7月26日,英、美、中三国联合发布《波茨坦公告》,促令日本无条件投降;8月9日,随着日本关东军在中国东北被苏联军队击溃,日本政府最终决定接受《波茨坦公告》;8月15日,日本天皇宣布无条件投降。至此,由日本帝国主义发动的历时14年之久的侵华战争以日军的彻底失败而结束。

日本刚刚宣布投降,国民党统治集团就抢先在收复区接收日伪留下的企业和资产,国民党中宣部则派专员到上海、南京等大城市迅速抢占新闻阵地,扩展国民党新闻事业。1945年9月,国民党政府行政院颁布了《管理收复区报纸通讯社杂志电影广播事业暂行办法》,规定"敌伪机关或私人经营之报纸、通讯社、杂志及电影制片、广播事业一律查封,其财产由宣传部会同当地政府接收管理"①。根据这个规定,原沦陷区的报馆、电台、通讯社等新闻机构全部被国民党政府接管。因战争迁至后方的新闻机构也纷纷向"收复区"转移,一个较战前更为庞大的国民党新闻事业网络得以重建。

上海作为我国新闻事业发展的中心城市,也是抗战胜利后国民党恢复、扩展新闻事业的重要阵地。国民党在上海最先恢复的新闻机构是中央通讯社上海分社。1945年8月21日,冯有真以国民党东南战区战地宣传专员兼中央通讯社上海分社主任身份接管汪伪中央电讯社上海分社,改组后的中央通讯社上海分社在当晚就发了稿,成为战后国民党在上海的第一个官方新闻机构。继中央通讯社上海分社重建后,国民党系统的报纸也迅速建立起来,并有了很大的发展。②

1945年8月23日,《正言报》在上海复刊,它是由国民党上海执委会主

---

① 丁淦林.中国新闻事业史[M].北京:高等教育出版社,2008:233.
② 马光仁.上海新闻史(1850—1949)[M].上海:复旦大学出版社,1996:994.

任、三青团负责人吴绍澍在接收汪伪报纸《平报》基础上复刊的,也是抗战胜利后上海第一家复刊的报纸。之后,《中美日报》《中央日报》《大晚报》《民国日报》《时事新报》《前线日报》《东南日报》等一批国民党报纸也先后在上海复刊或迁往上海出版,成为战后国民党在上海的主要舆论力量。

二、《正言报》的来龙去脉

胡道静服务的《正言报》是一份在抗日战争烽火中诞生的、在上海租界打着"洋旗报"的招牌坚持进行抗日宣传的报纸,它在胡道静的新闻实践活动中具有十分重要的地位。

(一)"孤岛"时期从事抗日宣传的"洋旗报"(1940年9月20日—1941年12月8日)

《正言报》创刊于 1940 年 9 月 20 日,是"孤岛"时期隶属国民党的一家抗日报纸。它的创刊是国民党为应对上海新闻界在"五月危机"后"洋旗报"阵营大为缩减的困境采取的措施,其目的是增强"孤岛"的抗日宣传力量。1939 年底,吴绍澍奉命以国民党上海市党部主任以及三青团上海支团主任的身份由重庆来到上海,负责筹办《正言报》事宜。1940 年的上海,正值汪伪集团粉墨登场之际,他们与日本侵略者一起加紧迫害抗日爱国组织及人员,导致许多"洋旗报"被迫停刊,而租界当局受国际战争局势的影响也屈服于日本的淫威,一再退让。《正言报》就是在这一背景下创刊的。馆址设在上海九江路 289 号。

为寻求保护,《正言报》也挂出了"洋旗报"的招牌,名义上由美商联邦出版公司出版发行,取得公共租界登记证为 C 字第 836 号,并通过关系聘请了刚卸任的上海工部局总董樊克令担任董事长,以便在遭到日伪的刁难与威胁时,由樊克令出面与租界当局进行交涉与周旋。《正言报》的实际负责人是吴绍澍,国民党上海市党部委员叶风虎担任社长(后由吴绍澍兼代),冯梦云、冯志方先后任经理,袁业裕任副社长兼总编辑。[①]《正言报》每日出版报纸对开一大张,有时也会增出半张。一版为社论和国内外要闻,二版为国内新闻,三版是国际新闻,四版为副刊,设有《教育与体育》及《草原》等专栏,增出的报纸中多包括上海本市新闻及商业金融新闻等内容。虽同属于国民党党报,《正言报》在具体宣传内容上还是与《中美日报》略有不同,它以大中小学师生和工商

---

① 马光仁.上海新闻史(1850—1949)[M].上海:复旦大学出版社,1996:859-860.

业各个领域内的青年职工为主要读者对象,对教育、体育新闻十分重视。①1941年上半年,在汪伪报纸《中华日报》上的广告中,出现了"打倒汪精卫卖国贼"的字样,字迹虽然很小,但仍被《正言报》发现,并借此进行了一次颇有声势的反对汪伪汉奸卖国集团的宣传活动。当天《正言报》就用锌版复制、放大,并刊登在第二天的报纸上,轰动了整个上海,民众无不拍手称快,这也是《正言报》影响较大的一次爱国宣传报道。②

《正言报》的抗日宣传遭到敌伪的严重迫害。由于环境险恶,为防止日伪的袭击,报馆大门口及每层楼梯口都设有铁栅门,并堆放了沙袋,在顶层平台四周还装有铁丝网。平时,报馆工作人员一律住宿在馆内,编辑部人员也都使用化名。即便戒备如此森严,经理冯梦云、总务科职员张春波仍惨遭敌人绑架(其中冯梦云被捕不久后牺牲),在报馆底层也发现过炸弹,幸未引爆。③1941年12月8日,太平洋战争爆发,《正言报》在这一天报纸上刊登了《最后消息》后随即停刊,报馆人员相继撤退至后方。

(二)复杂政治中渐趋偏"左"的国民党报纸(1945年8月23日—1948年10月12日)

1945年8月15日,日本宣布无条件投降。1945年8月23日,吴绍澍在上海率先复刊了《正言报》,馆址设在福州路436号。这不仅早于其他国民党报纸如《中央日报》《中美日报》《民国日报》《东南日报》等在上海复刊或出版的时间,也赶在了《大公报》《申报》《新闻报》等一批私营报纸的前面。而《正言报》之所以能够行动迅速并成为国民党在上海复刊的第一家报纸,这与社长吴绍澍有很大关系。原来,《正言报》在自动停刊后,报馆主要工作人员大都撤至皖南屯溪,后来便与其他从上海撤离的国民党宣传机构的人员一起被安排在《中央日报》(屯溪版)工作。作为"孤岛"时期国民党上海地下活动的主要负责人,吴绍澍在屯溪时仍手握大权。于是在日本宣布无条件投降时,多数国民党政府要员仍远在重庆的时候,因身在距离上海最近的安徽吴绍澍被委以重任,以东南特区政治特派员、军事特派员、国民党上海市党部主任委员、三青团上

---

① 马光仁.上海新闻史(1850—1949)[M].上海:复旦大学出版社,1996:860.
② 梁西廷,潘湛钧.上海《正言报》始末[M]//上海文史资料选辑(第五十二辑).上海:上海人民出版社,1986:205.
③ 梁西廷,潘湛钧.上海《正言报》始末[M]//上海文史资料选辑(第五十二辑).上海:上海人民出版社,1986:203-204.

海支团部主任、上海市副市长、上海市社会局局长等"显赫身份"从屯溪迅速回到上海"接管",《正言报》也顺理成章地在上海抢先复刊了。

在《复刊辞》中,《正言报》一方面表达胜利喜悦与振奋之情,"百年来的耻辱,一朝湔洗;五千年的古国,重复光辉。欢欣鼓舞,人同此心,庆贺兴奋,自不能已",① 同时希望"凡我国民均应在文化、经济、政治等方面,力谋改造,重新建设,作继续不断之努力,以期日进于光明!"② 这种胜利者的姿态与催人奋进的激昂话语在当时非常能够打动人心,引起民众的情感共鸣,以致《正言报》在复刊之初销量曾一度达到17万份。③ 此时,社长吴绍澍的政治生涯也达到了顶峰,六大要职在身使他成为红极一时的人物。1945年8月24日,即《正言报》复刊第二天,在一版显著位置登载吴绍澍返沪的新闻,标题为"吴副市长昨莅沪 要员三十余人同来",副标题是"万民欢迎盛况空前";同时,还配发社论《迎我们的领导者》,称"在艰苦抗战的大时代,在动荡不安的大上海,八年以来,最活跃,最努力,最有功劳的一位主要人物,就是本市新任副市长吴绍澍先生了!……今当吴氏旌旆莅沪的时期!我们特代表全市市民,表示竭忱的欢迎,并致最诚挚的敬意!"④ 吴绍澍当时在上海的地位可见一斑。

吴绍澍身上的光环并没有维持太长时间。由于他身居要职、锋芒毕现,抢先接收上海这块肥肉遭到国民党内许多人嫉恨。在初返上海时又利用手中权力在多个部门安置自己亲信以扩大其势力,不仅得罪了国民党内部的实力派人物,还与上海地方势力产生了矛盾。1945年10月就发生了吴绍澍乘坐汽车遭暴徒开枪袭击的事件,而这件事最终也不了了之——这隐约预示着在国民党内部的派系斗争中,吴绍澍已经处于不利的位置。而更让他头疼的是,他的政治对手多方面搜集他在接收敌伪产业时过度敛财、中饱私囊的证据并接二连三地向重庆汇报,这引起了蒋介石的不满与怀疑。从1945年底至1946年初,吴绍澍接连被国民党政府免去上海市副市长、社会局局长的职务,还受到蒋介石的当面训斥。不久,他担任的上海市党部主任委员一职也由国民党"CC派"的人物方治接任。至此,吴绍澍从仕途的顶峰跌落,身上剩下的只有三青团上海支团部主任及《正言报》社长的职位,已处于被边缘化的地位。短短几个月,吴绍澍便在国民党内部政治斗争中经历了"冰火两重天",在官场上

---

① 复刊辞[N]. 正言报,1945-08-23.
② 同上.
③ 姚福申. 胡道静先生的报人生涯[J]. 新闻研究资料,1991(3):201.
④ 迎我们的领导者[N]. 正言报,1945-08-24.

基本失去了话语权。身处于如此尴尬的境地，他自然想到利用手中的力量进行反击，而《正言报》就是他可以借助的舆论工具。

从1946年上半年开始，在《正言报》上经常可以看到批评时政的文章，如：《为灾民请命》(1946年3月31日)、《我们可以做些什么？——对于市临参议会感言》(1946年4月2日)、《反对破坏国计民生的贷款》(1946年4月23日)、《急待救济的粮食恐慌》(1946年5月2日)、《严厉究办粮贷舞弊案》(1946年6月13日)、《怎样走上民主政治的道路》(1946年7月21日)、《平定物价的上中下三策》(1946年8月31日)、《从速抑平纱布售价》(1946年10月5日)、《怎样来挽救上海工商业的危机》(1946年10月20日)、《危机四伏的上海社会问题》(1946年12月8日)等，内容多涉及与普通百姓密切相关的物价问题、社会矛盾问题及一些国民党政治问题等。这时的《正言报》虽然性质上是国民党报纸，并且其在根本政治立场上与国民党保持一致，但与《中央日报》等国民党报纸相比，我们还是能够清楚地看出它在报道社会问题方面的不同倾向——尽量站在民众的立场，把矛头对准某些国民党官员，对政府的一些不当举措也多有批评之词。而抗战胜利后国内时局的发展也确实险象丛生——1946年6月内战已全面爆发，国民党为筹集军费拼命搜刮百姓，物价飞涨，达官显贵趁乱投机、捞取钱财，人民生活苦不堪言，社会人心浮动不安。这些都是不争的社会现实，《正言报》以此来做文章，既在一定程度上顺应了民意，又达到了批评时政、攻击政治对手的目的。1946年12月1日，《正言报》新增设了两个副刊——《七日画刊》和《大众》。前者每逢周日出版，以刊登时事漫画、新闻照片为主；后者每日出版，每期必有一篇时评，语言犀利泼辣。两者配合报纸的社论，更突显出了《正言报》"批评者"的立场和姿态。但仅出版两个多月，《七日画刊》就因内容倾向进步而被迫停刊，《大众》则坚持出版到最后。

1947年6月至9月，国民党政府为缓解日益严重的党内派系矛盾，决定推行"党团合并"，即撤销三民主义青年团，并入国民党。这样，吴绍澍失去了他在国民党内的最后一个职务——三青团上海支团部主任。从此以后，《正言报》的言论更趋大胆激烈，特别是1948年7月至10月间，在对"南京《新民报》停刊事件""蒋经国上海打虎行动""扬子公司囤积案"等事件的报道和相关评论上，均触动了国民党政府及高层权贵的政治及利益神经。1948年10月1日，《正言报》因为发表社论《不要再制造王孝和了！》，最终惹怒了蒋介石，以"违反戡乱，为匪张目"的罪名下令查封。10月12日，《正言报》在正式接到市政府的命令后停刊。

(三)《正言报》社长吴绍澍之人

关于《正言报》"渐趋偏左"的言论立场,不得不提及社长吴绍澍本人政治思想上的转变。据有关文献记载,吴绍澍从高位上跌落前后,与共产党方面已有秘密联系,但笔者目前所见的一些资料对他与共产党最早接触的时间及方式还存在说法不一的情况。

薛璇在《吴绍澍主持〈正言报〉反蒋内幕》一文中指出,吴绍澍在1946年底就与周恩来有过会面,即开始与国民党离心离德:"这是一个多雾的冬夜①,在重庆周恩来的小书房内,吴氏②先说了他深恨黑社会以及他被刺、被软禁的经过。周恩来含蓄地莞尔一笑,很诚恳地说:'黑社会根深蒂固,蒋介石正要利用,岂是你轻易动摇得了的。'接着就分析了国民党已尽失人心,而共产党已得人民的拥护,未来的形势是很明显的。吴氏当即表示愿弃暗投明。……吴绍澍问起今后的联系。周恩来说你返沪后,如有决心进步,自然有人会来找你的。这样,吴就秘密地走上弃暗投明的路。"③

曾任《文汇报》主笔的徐铸成在回忆文章《吴绍澍与〈正言报〉》中谈及1948年春天曾与吴绍澍同赴台湾游历并彻夜长谈的情形,在分析了时局之后,吴绍澍还在为自己的"国民党"身份而有所顾虑——"他认真地想了一阵,苦笑地说:'我是额角上刻着国民党三个字的,而且被人称为五子登科的大员,像我这样的人,人家还会要我吗?'"在徐铸成"只要真心靠拢人民,是不究既往的"劝导下,吴绍澍"似乎有些心动"。返回大陆之后,吴绍澍还帮助徐铸成买了去香港的机票,并把他护送上了飞机,而徐铸成则对共产党的相关同志详细谈了吴绍澍的情况。1949年5月,上海解放后,当吴绍澍再次见到徐铸成时,还"简单地谈了党如何派同志和他联系,他如何在解放时立功自效"。④ 显然,徐铸成在文中认为吴绍澍是在1948年开始思想转变的。

上述两篇文章对于吴绍澍思想转变的时间有着不同的阐述,但这并不影响我们对于他"思想转变"这一事实的总体判断。并且,思想转变是一个过程,而不只是某一个时间点。如果说,《正言报》一开始批评时政还多少带有某种"政治工具"色彩的话,那么,随着吴绍澍思想上发生转变,《正言报》"渐趋偏

---

① 这里指的是1946年冬,笔者注。
② 指吴绍澍,笔者注。
③ 薛璇.吴绍澍主持《正言报》反蒋内幕[J].上海滩,1994(8):24.
④ 徐铸成.报海旧闻[M].上海:上海人民出版社,1981:211-214.

左"的言论立场特征则更加明显,批评的矛头也直指国民党高层,这在1948年以后的《正言报》中可以清楚地看到。1949年上海解放时,吴绍澍策反了国民党驻南市和驻沪西的两个旅的军队,为人民解放军顺利进入该地区扫清了障碍,中华人民共和国成立之后,他被任命为中央交通部参事。

三、胡道静担任《正言报》总编辑及时间考证

胡道静于1945年11月返回上海,正式出任《正言报》总编辑一职。在此之前,虽然他已接受吴绍澍的聘请,但因屯溪《中央日报》的工作无人接替而一直未能到职。直到10月30日,屯溪《中央日报》经国民党中宣部同意其迁至上海出版,才宣告结束。其实早在8月30日,冯有真已开始在上海出版《中央日报》。但在等待中宣部批复的这段时间,屯溪版《中央日报》没有停刊,一直由胡道静负责维持报纸出版。

关于胡道静出任《正言报》总编一职,姚福申在《胡道静先生的报人生涯》一文中记载得很清楚,胡道静任《正言报》总编辑的时间是从1945年11月至1948年10月报纸被查封。但在一些文章中对"胡道静在《正言报》中的职务以及任职时间"等问题上还存在不同说法,因而有进行适当考证的必要。为了更清楚地探讨这个问题,笔者先将不同的表述列举如下。

(一)有一种观点:"胡道静由总编《正言报》转为主持副刊《大众》"

以勤在《报人胡道静》一文中认为:"由于仕途失意,吴绍澍逐渐倾向进步。因而《正言报》虽是国民党报纸,言论、新闻却时有'越轨'表现,遭到国民党有关方面的斥责。胡道静作为总编辑,便处于复杂环境之中。从报纸倾向进步来看,有利于胡接近民主力量。但是从总编辑的工作来看,却有很多难以应付之处。……另一方面,由于《正言报》内部人事关系复杂,也非如胡道静这样恂恂学者所易应付。因而不久,胡便坚辞总编职务,宁愿主持副刊《大众》。"[①]

(二)有些文章对《正言报》的总编一事语焉不详

有两篇文章《吴绍澍主持〈正言报〉反蒋内幕》(薛璇)和《上海〈正言报〉始

---

① 以勤.报人胡道静[Z]//中国人民政治协商会议上海市虹口委员会文史资料委员会文史苑第9辑.1992:102.

末》(梁酉廷,潘湛钧),都侧重于阐述《正言报》因为大胆激烈的言论而最终遭到查封的历程,并涉及了社长吴绍澍思想转变的问题。两篇文章都没有明确说明《正言报》的总编辑是何人。如薛璇的文章写道:"1948年9月30日,上海《正言报》编辑部内的电话铃响了:'请钱总编辑听电话。'《正言报》的总编辑已多时不来,此时由钱今昔副总编辑暂主报务。"①此处提到的总编辑到底是何人、为何多时不来,薛璇在文中并没有给出答案。

关于《正言报》对"王孝和事件"的报道,薛璇与姚福申的文章也有较大出入,姚福申在文中说:"10月1日刊出社论《不要再制造王孝和案了!》。社评指出:王孝和这样的工人是黑暗的社会现状造成的,王孝和正越来越多。这篇社评被吴开先作为把柄向蒋介石告状,说吴绍澍被共产党收买了,……胡先生在回顾这段往事时,不无欣慰地说:'这些文章都是经过我手发稿的。'"②而薛璇在文中除了提到这篇文章是由采访部主任范锡品执笔的,并没有再关涉其他人。

至于梁酉廷、潘湛钧的文章则是梳理了《正言报》前后两个发展阶段,指出"孤岛"时期《正言报》的总编辑是袁业裕,而对抗战胜利后《正言报》的总编辑则没有提及。且在阐述《正言报》的言论立场时,出版时间并不长的《七日画刊》都有列举,而一直坚持出版的《大众》却没有提到。

(三) 关于胡道静任《正言报》总编辑的分析

在"胡道静是否为《正言报》总编辑及其任职时间"上各方表述还有些差异,笔者查阅了包括《正言报》在内的部分原始史料,现简要分析如下。

1. 关于"胡道静先为总编,后又主编副刊《大众》"之说

这种说法报纸本身无法体现出来,在其他史料中也没有相关记载。但《正言报》副刊《大众》创办于1946年12月1日,距胡道静返沪出任总编一职已经过去一年多,所以并不是像以勤文中所说,"因而不久,胡便坚辞总编职务,宁愿主持副刊《大众》"。

2. 关于薛璇和梁酉廷、潘湛钧文中对胡道静提及较少之原因

笔者分析,这两篇文章更侧重于勾勒出《正言报》及吴绍澍政治立场逐渐进步的转变过程,"政党色彩"非常明显,与之有关联的人和事就被突出出来。

---

① 薛璇.吴绍澍主持《正言报》反蒋内幕[J].上海滩,1994(8):23.
② 姚福申.胡道静先生的报人生涯[J].新闻研究资料,1991(3):202.

而当时的胡道静恰恰是没有任何政党背景的知识分子,就连社长吴绍澍与共产党方面的接触以致报纸言论愈加激烈的事实,胡道静也是多年以后回忆时才说道:"当时能发表这些文章,现在想来,大概吴绍澍那时候已和共产党方面有所联系了。"①这可能是两篇文章中较少提及胡道静的主要原因。同时两篇文章中也没有明确说明报纸总编是谁,因而不能认为该两文否认胡道静任《正言报》总编辑。

3. 应该充分尊重可信度较高的研究成果结论

在所有研究胡道静的论文中,发表于 1991 年的姚福申的文章,是目前唯一得到过胡道静补充和校订的文章,也就是说,对于文中的史料和观点胡道静本人是认可的,也是他亲身经历的。那么,笔者以为,在没有出现新的史料证据之前,这篇文章所叙述的"胡道静是《正言报》总编辑"史实应具有较高的可信度和参考价值。

4. 新的史料可以旁证胡道静的这一经历

姚福申的文章发表时胡道静已近 80 岁高龄,如果说对于 40 多年前的事情个人主观回忆可能会有偏差,那么笔者又查阅到一份史料可以作为证明胡道静曾担任《正言报》总编辑的客观证据。在 1948 年 6 月创刊的《大众新闻》杂志(大众新闻社所办,南京,半月刊)第一卷第 7 期上,因恰逢 9 月 1 日记者节,所以开辟了一个专栏,名为《记者节记者谈心》,篇首写道:"很凑巧,这一期本刊出版时,正赶上了记者节。为了'不甘寂寞',特约请几位伙计阶级的同业,写点文章,互诉衷曲。新闻记者天天忙来忙去,都是为人作嫁,今天谈谈自况,固然忙里偷闲,给读者看看,也可了解无冕皇帝的一份心酸。"②《大众新闻》按照来稿先后顺序,把文章刊登出来,并附有每位作者的姓名与职务,为使一目了然,笔者制成表格如下。

表 1 《大众新闻》之《记者节记者谈心》所登载文章及作者一览表③

作 者	职 务	文章题目
沈宗琳	中央社编辑部副主任	《如何自求解放 如何悬崖勒马》
彭河清	中央社采访部副主任	《出污泥而不染》

---

① 姚福申.胡道静先生的报人生涯[J].新闻研究资料,1991(3):202-203.
② 记者节记者谈心[N].大众新闻,1948(7):8.
③ 记者节记者谈心[N].大众新闻,1948(7):8-13.

(续表)

作 者	职 务	文章题目
杜绍文	《东南日报》总编辑	《先知易知多知　记者得天独厚》
李荆荪	南京《中央日报》总编辑	《保持新闻道德　倡导轮休制度》
茅锦泉	南京《中央日报》编辑	《不知是甘是苦》
胡道静	上海《正言报》总编辑	《巴克指称新闻记者此议会之第四势力》
李秋生	上海《中央日报》总主笔	《我的一点信念》
郑时学	南京《人报》总编辑	《无冕帝王应予抗议》
杜草甬	南京《大刚报》副刊主编	《无冕王这顶帽子是用荆棘编织的》
许君远	上海《大公报》编辑主任	《我想起了化龙桥》
赵效沂	《华北日报》驻京特派员	《闭门静思　自我检讨》
胡博明	中央社上海分社编辑主任	《那股苦干蛮干的傻劲是记者们唯一的特长》
周起凤	《前线日报》编辑主任	《有一股奇怪的兴趣　有一种可贵的自由》
程玉西	上海《中央日报》总编辑	《一点希望》
黄　明	南京《和平日报》副刊主编	《合理的休息制度并不是闲置下来》
艾　方	天津《民国日报》编辑	《自由！自由！》
朱沛人	北平《世界日报》总编辑	《凭着鼓励与兴趣才留恋这个职业》

　　《大众新闻》是半月刊，1948年第7期出版时间应为1948年9月，正值《正言报》停刊前一个月，而此时胡道静的文章所署职务仍是"上海《正言报》总编辑"，一方面可以确认胡道静当时仍然是《正言报》的总编辑，否则他不会这么署名；另一方面也旁证了胡道静这时担任的《正言报》总编辑职务在同行中是得到认同的，反证了此言不谬，同时也与姚福申文章中"胡道静的回忆"相互印证。由此我们基本可以判断，胡道静是《正言报》的总编辑，其任职时间为1945年11月至1948年10月。

四、"转向另一条道路的批评者"——《正言报》之言论分析

　　1945年11月，胡道静接任《正言报》总编辑一职，此时这份国民党报纸正经历着一场由政治派系矛盾与斗争所带来的波动。作为第一家在上海复刊的报纸，吴绍澍本打算借助自己的政治势力与影响使这份报纸成为"官办党报"，

并与冯有真所办的上海《中央日报》相互竞争，进而争夺党报待遇。但仅仅几个月时间，吴绍澍就从上海红极一时的接收大员、党政要人被排挤到权力的边缘位置。为保存仅余的一点实力，吴绍澍改组了报社，并成立了"正言股份公司"，《正言报》就转型成了一份手续完备、证件齐全的民营报纸，避免了在国民党内因派系斗争失利而造成的报纸被他人接收的命运。但《正言报》仍然一直被视为是国民党党报。据胡道静回忆，召开宣传会议时，国民党上海市党部对党报总编辑称"召见"，对民办报纸总编辑称"约见"，而他收到的通知一直称"召见"，①这一性质也决定了《正言报》在涉及国共两党等敏感问题时，其言论出发点必然是站在国民党立场。

同时我们也必须指出，从1945年至1948年的《正言报》，尽管它是国民党党报的性质，也处在国民党政府对新闻界的严格操控下，但其言论总体上仍然呈现出"批评时政日趋激烈"的特点。这其中既有作为舆论工具被用来进行政治斗争的因素，也折射出社长吴绍澍思想逐步发生转变后对报纸言论倾向的影响，同时，这也与当时担任该报总编辑的胡道静密切相关。如果说前两个因素还融入了较多的政治色彩，那么，后一个因素则体现出《正言报》在报道新闻、反映事实上的客观态度，这是与胡道静作为一个正直的、进步的新闻人的品质有密切关系的——尽管他没有任何政党背景，也没有达到以推翻国民党反动黑暗统治为目的的政治境界，但不可否认的是，作为具体负责新闻和时论稿件审阅、选择与编发的《正言报》总编辑，胡道静在很大程度上把握着报纸言论的发展方向，特别是在后期报纸言论趋于进步的过程中，胡道静起到了积极的作用。可以说，面对国民党政权分崩瓦解前经济崩溃、民不聊生、人心尽失的黑暗社会真实图景，胡道静在追求民主、反对专制与腐败的道路上，在复杂的政治形势中使《正言报》逐步以"批评者"的姿态转向了"另一条道路"。

（一）对日益严重的通货膨胀、物价暴涨问题的密切关注

抗战胜利后，全国人民都沉浸在兴奋与喜悦之中，因为这是中华民族近百年以来在备受列强欺侮后第一次取得全面胜利的民族解放战争。但这种胜利的喜悦很快就被眼前的现实掺杂了苦涩与愤慨，人们和平安定生活愿望并没有如约实现，而是被随即而来的内战阴影彻底击碎了。特别是在国统区，正常的经济秩序没有得到恢复，工业、农业、商业的发展也几乎停顿，"生存问题"无

---

① 姚福申.胡道静先生的报人生涯[J].新闻研究资料，1991(3)：202.

时无刻不在困扰着普通民众,把他们推到了悬崖边上。而造成这种经济危机的原因主要有两个。

一是国民党在战后接收中的严重腐败,不择手段大肆搜刮民脂民膏不仅破坏了生产事业的完整性,也带来了社会的极度混乱。日本刚刚宣布投降,国民党政府的各级官员们就纷纷涌向沦陷区,抢先接收日伪留下的物资,并疯狂地占为己有,上演了一出出"五子登科"(指对"金子、车子、房子、女子、票子"的洗劫式接收)的闹剧。时在上海担任记者的陶菊隐记载道:"饥鹰满天飞,饿虎就地滚,前者是指由重庆乘飞机前来的接收大员,后者是指原来潜伏上海的此时公开出面趁火打劫的'地下工作人员'。一批紧接一批,一幕紧接一幕。上海市民不禁痛心疾首地问道:'难道这就是天亮了吗?'"[1]不仅仅是上海,这种情形在全国都普遍存在,它所带来的直接恶果便是原有的经济运行体系迅速瓦解。由于接收大员们只顾着你争我夺、瓜分财物,根本不考虑如何有计划地接收敌伪产业并在现有基础上恢复和发展生产,这致使短时间内大量工厂停工,机器与物资受损,大批工人失业。在这种情况下,不仅经济发展无从谈起,人民对国民党政府的失望与不满情绪更是大范围地迅速弥漫开来。

二是蒋介石政府挑起的内战把国家拖入战乱深渊,军费开支激增,战争消耗的大量人力、物力使得原本就岌岌可危的财政更加不堪重负,人民群众生活到了无法保障的地步。1946年6月,内战全面爆发。庞大的军费开支使得政府财政入不敷出,只得大量发行纸币、增加税收,而这种做法又加速了财政经济状况的进一步恶化,带来了通货膨胀、物价上涨的严重后果。虽然国民党政府也采取了一些诸如抛售黄金和外汇来抑制物价的补救措施,但这与不断增加的军费开支相比也只是杯水车薪,远远不及通货膨胀的速度,其结果注定失败。曾经担任国民党政府经济部次长的经济学家何廉用数据阐述了当时的情况:"抗日战争胜利后受内战再起的影响,政府支出,按现行价值计算,1946年与上一年相比增加了4倍之多,如与1944年比较,增长则达44倍。1946年政府财政亏损(支出超出收入),与1945年相比增长4倍。政府的钞票发行量,1946年与1945年相较也增长4倍。1945年的平均物价指数为163 160(以1937年1—6月份为基期的平均物价指数为100),而到1946年12月份,物价指数(用同上基期)为627 210。换言之,1946年与1945年相比较,物价指数的增长也是4倍,物价增长的基本因素

---

[1] 陶菊隐.孤岛见闻——抗战时期的上海[M].上海:上海人民出版社,1979:323.

在于财政。"①经济上的崩溃伴随着国民党政府在政治、军事上的不断失败,一直持续到其统治的结束。这便是1945年至1949年国民党政府财政经济的总体状况。

面对如此关乎百姓生存的大问题,《正言报》给予了密切的关注,在其社论中经常出现如"平定物价保障人民生活""严查官商勾结、牟取暴利""呼吁政府应对人民负责""物价狂涨的责任与原因"等议题。虽然受到其政治立场的限制,但《正言报》还是对造成这一现状的深层次原因——由国民党一手挑起的"无休止的内战"进行直接批评,并通过对当时严重的经济状况的客观分析与揭示,从关心普通百姓生活疾苦的角度展现了危机四伏的社会现实,同时,对这一问题的持续关注也从一个侧面表达了报纸的立场。主要涉及几个方面。

1. 物价上涨对百姓生活带来的严重影响

进入1946年,物价高涨的汹涌态势已然出现,各地受灾情况非常严重。《正言报》在1946年3月31日的《社评》中写道:"目前我国的灾荒,已达到非常严重的阶段:湖北、湖南、福建、山西、绥远、河北、山东、安徽、广西、广东、苏北、浙江东北与台湾等区,都普遍发生饥荒。待赈灾民,数逾万万。……现在春耕时期,瞬即到来,救济工作必须迅速展开,否则不但整个农村经济日趋破产,即经济建设,亦必受到严重的打击!"进而从短期与长远提出了救济的具体方法,并强调:"救灾急如救火,上述数端,在政府实责无旁贷,在人民亦当尽力协助,以救火的精神,立即实现,庶可保全许多万饥民的生命。"②

而即便在上海这样的大城市,大多数百姓的生活也着实令人担忧:"现在我们可以说中国灾情的惨重,实在胜于世界上任何一国,就是战败的日本和德国,食粮恐慌的情形也远不及我国的严重。有许多人他只看到都市一部分浪费的情形,就以为中国没有饥荒,这实在是严重的错误,如美记者所说'世界饥荒,上海跳舞'这种沉痛的讥评,值得我国人加以警惕。不过我们知道上海虽有一部分没良心的人穷奢极侈,可是大部分人民却因米价高涨,不得不束紧裤袋,节省食粮,苦苦地挨着。"③面对这普遍性的灾情,《正言报》发出了"饶饶我们老百姓吧"的呼声,并恳请政府各部门不要再"加重人

---

① 何廉.何廉回忆录[M].北京:中国文史出版社,1988:279.
② 为灾民请命[N].正言报,1946-03-31.
③ 急待救济的粮食恐慌[N].正言报,1946-05-02.

民在军事政治以外的负担"。①

2. 限制米价并严惩官商勾结的行为

"米价"与普通百姓的生活最为密切,"虽然,经济之危机,为多方面之发展,要以日用民生最要,最大者为挽救下手之处。如米价无法控制,其他物价必受严重之影响,国计民生,势必同归于尽"。② 因此,对于出现的"粮贷舞弊案",《正言报》主张严惩:"'民以食为天',粮食的供应,为民生最主要的问题。政府设立粮政机构,原以调节粮食的运销,充裕民食,稳定粮价为主要任务。此次行政院决定举办粮贷,国库支出九亿四千万元之巨款,仅收月息三分,其目的无非欲使沪市粮食来源得以充裕,粮价得以稳定。乃主办粮政人员,竟不顾国家财政的困难,与民生的艰苦,而利用职权,勾结商人,耗损国帑,贻害民生,其用心与行为,较之年前重庆黄金舞弊案,为祸尤烈。因黄金舞弊,一般平民受影响者尚少;此次粮贷舞弊,正值沪市物价狂涨、民不聊生之时,使全市市民乃至沪市附近各地人民,无一不蒙受重大的损害。此种渎职的行为,不仅为国法所不容,实亦为舆情所共弃!"③

《正言报》同时也揭露了"米价"难以控制的深层次原因:"米蛀虫为什么这样胆大妄为?背后有恶势力。恶势力为什么又这样猖獗?政府不□恶势力,政治上一部分人甚且假手恶势力,间接地抬高米价,以达其打击政敌的阴谋,这样,米蛀虫安得不胆大妄为,毫无顾忌?最可笑的,当局者自己手中有的是一切武力而不用,却口口声声叫人民检举,请问人民手无寸铁,怎么敢与受着政治势力保护的米蛀虫为敌?这天下简直是大奸巨滑与恶势力的天下了,这政府简直是建筑在商人利益上的政府了,我们升斗小民活该饿死了!"④

声讨"米蛀虫"的文章发表后,报馆收到了恶势力的恐吓。但《正言报》严正自己的立场,表示不会退缩,"当年日伪所不能撼摇者,岂该等小虫所能施其鬼俩乎!"⑤并配发了一幅漫画,如图2。

---

① 饶饶我们老百姓吧![N].正言报,1947-02-12.
② 米价狂涨,谁负其责?[N].正言报,1948-03-07.
③ 严厉究办粮贷舞弊案[N].正言报,1946-06-13.
④ 米蛀虫的天下[N].正言报,1947-05-09.
⑤ 本报接获恐吓信[N].正言报,1947-05-15.

图 2　漫画《笔伐"米蛀虫"》,见《正言报》之副刊《大众》1947 年 5 月 15 日

3. 经济危机的原因及责任分析

《正言报》认为,造成经济危机的主要原因在于"内乱":"胜利以后,国家经济情况之所以未能渐入正轨,而物价的高涨,且反变本加厉,其主因之一,虽由于政府财政经济政策的失当,为主管当局所不能辞咎卸责,但其最主要的导因,仍为政局不定,与战乱未已。因物价的高涨不已,为通货膨胀与法币贬值之果;通货的继续膨胀,为财政收支不能平衡之果;财政收支的不能平衡,为政府应付内乱,军费支出不能缩减之果;故追本溯源,不能不归咎于政局的不安与内战的延长。这一显而易见的事实,为全国人民所深切瞭悉,实属无可讳饰。"①

对这种情况,《正言报》认为政府负有不可推卸的责任:"胜利以来,忽逾一年,可是因为当局对于经济政策的错误,通货无限制的膨胀,使物价波动不已,民生凋疲,金融混乱,达于极点,复兴建国的良机,轻易错过,实在是深可痛心的。比如复原伊始,对于伪币规定二百折一的比率,致使民间资金,遭受无比的摧残。其次对于民营工商业始终不能做有效的补助,与积极的

---

① 造成经济现状的责任问题[N]. 正言报,1947-02-21.

提倡，反而扩展国营事业与民争利，使民族工业失去了复兴的良机。如果真能为国备财，涓滴归公，倒也无可非议。结果是官僚资本在暗中活跃，政府未得其利，便宜的只是少数官僚资本家，而民营事业却已遭受不可恢复的打击，一般民众，对于政府的经济政策，发生怨言。……凡此种种，都系负责当局对于根本政策，举棋不定，对于已定政策，执行不力，所以致此的原因，或系官僚资本的私人利益的关系。如果是一位肯负责任的行政当局，目睹经济市场这种混乱的情形，人民生计这样痛苦的情况，除辞职以谢国人外，恐怕没有其他更好的办法。"①"政府对于物价，每次与投机商作战，结果总是政府失败，甚或成为'赔了夫人又折兵'，这并不是投机商有什么特别神通，而是由于政府未能运用平定物价的上中下三策，而且信心不坚，毅力不强，勇气不足，始而奋斗，继而顾忌，终且妥洽，所以政府每次的失败，完全是咎由自取。此次攻势，比以前更强，政府必须用全力应付，只能成功，不能失败，万一失败以后的经济政策，只好听命于投机商，还成什么样儿！最要紧的一点，政府应该放弃财政观念，着重经济安定，不能在财政收获上打算盘，而要在整个经济前途打基础。"②

此外，《正言报》在言论中认为政府对于官办工商业和民族工商业也持有截然不同的态度，这极大地阻碍与摧毁了民族工商业的发展，而国家垄断资本却不均衡地膨胀起来。"民营的工商业不许涨价，谁涨价，谁是犯法，这是对的，官营的工商业，可以自由涨价，谁涨价，谁是体国，这也是对的么？生产事业，其性质不问其为民营官营，都为国民经济的一环，物价动向，应该一致，官营事业既经自由涨价，由此发生的刺激力，安能阻止民营事业的不涨价！法令不外乎人情，同是涨价，在甲为违法，在乙为体国，衡之人情，岂得谓平，不平的行为，岂能持久！"③

（二）对国民党政府官僚以权谋私、贪污腐败行为的揭露

国民党政府内部的腐败问题由来已久，这在其统治大陆的最后几年中表现得尤为突出。以权谋利、中饱私囊、大肆囤积物资，哄抬物价的行为不仅为民众所痛恨，也是加速国民党政权灭亡的主要因素之一。《正言报》经常把批评的矛头直指这些上层高官和豪门显贵们，既有"民穷财尽责在豪门"的指责，

---

① 谁负物价狂涨的责任[N].正言报,1947-02-05.
② 平定物价的上中下三策[N].正言报,1946-08-31.
③ 莫再破坏管制物价的藩篱[N].正言报,1947-12-16.

也有"撼山易撼豪门难"的感叹,更流露出"看物价、悲新阁、恨豪门"的无奈与愤懑。笔者仅以"宋子文去职"和"扬子公司囤积物资案"为例,考察《正言报》的报道立场。

1."那个样子的'宋子文'也来不得"——由"宋子文去职"一事说起

1945年5月,宋子文被蒋介石政府任命为行政院院长,主要负责政府的财政工作。然而,就是这个曾在美国哈佛大学专攻经济的"财政专家",在面对抗战胜利后中国国民经济的混乱和衰败问题时,也显得束手无策。1946年,宋子文主政时期的财政收入只有2.2万亿元,但总支出却达到了8.7万亿元,其中军费支出就近7万亿元,财政赤字达6.5万亿元。财政部在上海的5家印钞厂,几十架印钞机日夜开工,加快法币的印制。① 但这种通过大量发行纸币以缩减财政赤字的方法如同饮鸩止渴,根本无力抑制物价暴涨的势头。于是,从1946年3月开始,宋子文同时采取了一项重要的措施:开放外汇市场和公开出售黄金,试图以此来吸收市面上泛滥的流通货币,减缓通货膨胀的速度。最初,这一举措确实起到了一些作用,但随着内战的全面爆发、军费开支猛增,政府抛售外汇和黄金的行为也无法弥补财政上巨大的亏空。8月17日,宋子文把外汇汇率上调了65%,市场上立即掀起了抢购外汇、黄金和各种物资的狂潮,经济溃败已成决堤之势。宋子文勉力支撑到1947年2月10日,不得不下令停售黄金,而这又引发了新一轮的外汇、黄金和物价的上涨,整个国家经济变得更加不可收拾。2月16日,行政院通过了《经济紧急措施方案》,规定禁止黄金买卖和投机,并冻结一切职工的生活指数。同时,宋子文还在上海组织了经济监察团,以检查为名,出动大批警察、特务对商民持有的黄金、美钞及各种重要物资进行搜刮,这使得许多中小商户在抢购风潮中获得的一点资产被没收充公,而官僚们的财产则无半点损失。此外,生活指数被冻结而物价却不断上涨,人民的生活愈发清苦,对宋子文的不满情绪也越来越多。

与此同时,国民党内部的"倒宋"之声也是不绝于耳。为了要从宋子文手中争夺财政大权,原本互有矛盾的几方势力联合起来,鼓动监察院对宋子文在抛售外汇、黄金中的营私舞弊行为进行查处。虽然此事因涉及蒋介石的利益而最终不了了之,但社会舆论就此展开了对宋子文的猛烈攻击,"请走宋子文"的言论也屡屡出现在报纸上。这其中,以傅斯年撰写的《这个样子的宋子文非走开不可》一文影响最大,足足列举了宋子文的五条罪状,《大公报》也对此文

---

① 张同新,何仲山.从南京到台北[M].武汉:武汉出版社,2011:65.

进行了刊载。但与这些火力十足的批评文章不同的是,《正言报》看得更长远一些,在副刊《大众》上的评论文章——《那个样子的"宋子文"也来不得》①更侧重于对"继任者"以及经济前景的担忧。

《正言报》首先以调侃的口吻表达了对政府没有处理宋子文的不满:"此次金融大案,宋院长事先不能预防,临时仓皇失措,不折不扣的是个'误国之罪',在君主时代,但有一本之参,便立刻剥去'黄马褂'赐死,绝对不会留下三分情面;在民主国家,这个'内阁',廿四小时以内便倒了。我们现在却处在夹谷中,反正什么'都无问题',宋子文依然是院长,连'革职留任,戴罪立功'的处分都没有。"继而又对傅斯年主张的"宋院长应该走路"表示赞成,但随即笔锋一转——"我们假定这个样子的宋子文走开了,是怎么样的'宋子文'来呢?"

《正言报》的回答一语道破了国民党官场上"你方唱罢我登场""换汤不换药"的实情,对经济前景并不抱有太大希望:"过去的公式是如此:这个样子的宋子文走了以后,便由那个样子的'宋子文'接替,等到那个样子的'宋子文'做不下去,这个样子的宋子文又上台,宛如走马灯,来来去去,总是这几匹马,总是这个圈子上的影子,从不换换新景,有人曾经追问过,中国难道没有别的人可以主管财政吗? 所以万一这个样子的宋子文走了,难免又是那个样子的'宋子文'上来,因此我要大叫,'那个样子的宋子文也来不得'!"

但"那个样子的宋子文"还是来了。1947年3月1日,宋子文不得不辞去了行政院院长一职,改由蒋介石兼任,张群任副院长,但随后而来的"四月涨势"恰恰印证了之前《正言报》对经济前景的担忧——无论谁出任这个行政院长,都无法改变整个经济走向崩溃的命运。而值得一提的是,"国舅"宋子文并未就此退出政坛,他辞职后不久,就被任命为广东省政府主席,《正言报》在《送孔祥熙先生出国》一文中(此文揭露的是政府在查处豪门资产时,他们纷纷赴美进行"打点")还颇具讽刺意味地劝说宋先生"可借为两广水灾募捐的名义到美国去料理一番,藉以保存实力"②。

2. 蒋经国上海"打虎行动"与扬子公司囤积物资案

至1947年底,国共双方在军事上的较量已趋于明朗化,国民党在战场上节节败退,在经济上危机重重,两者互为影响,一步步把国民党政府推向了全

---

① 那个样子的"宋子文"也来不得[N]. 正言报,1947-02-23.
② 送孔祥熙先生出国[N]. 正言报,1947-08-12.

面崩溃的边缘,特别是1948年6月以后,这种状况更加严峻——解放区的面积扩大到235万平方公里,人口超过1.6亿。这些解放的地区包括东北的工业基地、华北、中原的粮棉产区。国民党在上述地区,仅控制着铁路沿线的一些大城市。解放区经济实力的强大,就意味着国统区经济来源的枯竭,从而导致了国民党政权越来越严重的经济危机。[①]

在这一背景下,蒋介石不得不孤注一掷,开始推行"币制改革",即通过发行金圆券收兑正在流通的法币及民众所持有的黄金、白银和外国货币,以达到控制物资及市场、弥补亏空、稳定物价的目的。这是蒋介石用于整顿经济、挽救财政的最后一招了,虽然在当时的情况下这种举措几乎没有扭转形势的可能,也并不为社会各阶层所看好,但蒋介石对此却寄予了极大的希望。1948年8月19日,蒋介石发布《财政经济紧急处分令》,第二天全国各大报纸都刊登了这一实行币制改革的命令。南京政府行政院除了设立全国经济管制委员会外,还把上海、天津、广州特设为三大经济管制区,其中尤以上海最为重要,被看作是推行币制改革、进行经济管制的重心地区。蒋介石也特别委派长子蒋经国为上海区经济管制副督导员,执行具体工作并负实际责任。于是,一场看似轰轰烈烈的"打虎行动"就此拉开了序幕。

之所以称为"打虎行动",是因为国民党上层人士心里非常清楚,此番经济管制的目的是打击投机市场,而大肆囤积或将货物转运外地牟取暴利的都是控制着上海经济命脉的"老虎"。为表此次行动的决心,蒋经国宣称"只打老虎,不打苍蝇""一路哭不如一家哭",凡是有确凿证据的奸商、贪官、污吏,一律严惩。这一铁腕政策的推行先后使一些政府官员和巨商大贾纷纷落马,或被处决,或被监禁,正当大家以为看到一丝曙光的时候,"扬子公司囤积物资"一事浮出水面,一时间成为重大新闻,引起舆论的普遍关注,而蒋经国对这块牵涉豪门家族利益的"烫手的山芋"也无可奈何,最终在蒋介石、宋美龄的直接干预下只能不了了之——这彻底宣告了蒋介石政府推行经济管制、实施币制改革政策的失败,10月以后的经济形势更是急转直下,再无回天之力了。

笔者把《正言报》1948年8月至10月停刊期间关于"打虎行动"及"扬子公司囤积案"的报道整理如表2。

---

① 刘统.中国的1948年:两种命运的决战[M].北京:生活·读书·新知三联书店,2006:224.

表2 《正言报》报道"打虎行动"及"扬子公司囤积案"一览表

时　间	文　章	栏　目
1948年8月25日	《蒋经国氏昨起办公 严格督导经紧处分》	三版新闻
1948年8月31日	《可怕的囤积》	副刊《大众》评论
1948年8月31日	《凶猛的经济战斗在进行 宣铁吾和蒋经国要把上海翻个身》	副刊《大众》特讯
1948年9月1日	《逃避查封仓库囤货 奸商运用三项妙策》	三版新闻
1948年9月4日	《蒋经国开始打老虎 拘捕闻人民心大快》	三版新闻
1948年9月5日	《上海应该翻身了！ ——官儿们要向蒋经国氏学习》	一版社评
1948年9月5日	《快哉！快哉！大亨们上法庭》	三版新闻
1948年9月5日	《好一批大胆的苍蝇难道不怕捉吗？》	三版新闻
1948年9月7日	《杜维屏等押看守所》	三版新闻
1948年9月8日	《杜维屏等周内公审》	三版新闻
1948年9月9日	《杜维屏月半公审 三纸虎移特刑庭》	三版新闻
1948年9月9日	《千层浪底翻身·工作艰巨 大家应协助蒋经国先生·不可袖手》	副刊《大众》评论
1948年9月10日	《杜维屏等正搜集证件中》	三版新闻
1948年9月11日	《杜维屏等聘定辩护律师》	三版新闻
1948年9月14日	《明日公审杜维屏等》	三版新闻
1948年9月16日	《杜维屏等四人受鞫》	三版新闻
1948年9月16日	《打虎振士气》	副刊《大众》评论
1948年9月23日	《王恩祖当庭宣布 杜维屏三大罪状》	三版新闻
1948年9月23日	《苍蝇老虎逼往杭州》	副刊《大众》评论
1948年9月24日	《上海打老虎　台湾养老虎》	副刊《大众》评论

(续表)

时　间	文　章	栏　目
1948年9月28日	《胡好有经营金钞嫌疑 蒋督导员下令逮捕》	三版新闻
1948年10月2日	《豪门惊人囤积案 扬子公司仓库被封》	三版新闻
1948年10月3日	《扬子公司囤积案》	三版新闻
1948年10月6日	《沪扬子公司囤积物资案 监院通过派员调查》	一版新闻
1948年10月7日	《扬子公司囤积案 监察使行署调查中》	三版新闻
1948年10月8日	《彻查扬子公司囤积 负责监委今可抵沪》	三版新闻

　　由上表我们可以看出,《正言报》对上海经济管制情况的报道清楚地记述了整个事件的发展脉络：开始时轰轰烈烈、大快人心,不久便草草收场、黯然落幕,特别是关于扬子公司囤积一事,因为牵涉到特权阶层的利益,《正言报》对这个极其敏感的事件的关注与报道就显得更"言辞激烈"。

　　蒋经国初到上海,便以雷厉风行、铁面重拳示人,对于违反规定的奸商贪官绝不手软,暂且不论他的"铁腕政策"对缓解经济危机的实际作用,仅从所打击的"老虎"来看,确实备受世人瞩目。米商万墨林、纸商詹沛霖、申新纱厂大老板蔡鸿元、杜月笙的三少爷杜维屏、美丰证券公司总经理韦伯祥等巨商大贾64人,均因私套外汇、私藏黄金,或囤积居奇、投机倒把,被捕入狱。① 从9月4日至9月23日,《正言报》连续对"大亨们"被捕受审的情形与过程进行了报道,经常可见"人心大快""恶势力不能生存"等语句,还把蒋经国为表"压倒奸商"决心的讲话《大上海往何处去》②全文登载在报纸上。

　　但就是在这种"打虎振士气"般的群情高涨之时,《正言报》也隐约流露出些许担心：9月23日,《正言报》报道了杜维屏等四人在法庭受审的情况,四人虽有不满,但罪状已十分清楚,"杜等坚请庭上交保,均被驳还"③。但与这篇

---

① 张同新,何仲山.从南京到台北[M].武汉:武汉出版社,2011:142-143.
② 蒋经国.大上海往何处去[N].正言报,1948-09-15.
③ 王恩祖当庭宣布　杜维屏三大罪状[N].正言报,1948-09-23.

报道编排在一起的还有一则消息:"又讯:据闻杜维屏在狱时其家属每日送牛乳等物,生活甚舒服云。"①在蒋经国的重拳出击下,被羁押的"大老虎"罪行都已被法庭认定,却还能这般"生活舒服",其背后似乎另有内情。《正言报》专门把这则只有区区一句话的消息与"大张旗鼓"的法庭审讯报道放在一起,颇为引人深思,而《正言报》所表现出的怀疑态度也不是没有道理——国民党官僚的贪婪与腐败已根深蒂固,怕是再也无力推行任何改革计划。

果然,随着"扬子公司囤积案"浮出水面,国民党政府所推行的新的经济政策彻底"触礁"了。原来,扬子公司的董事长和总经理是大财阀孔祥熙之子孔令侃,"第一夫人"宋美龄则是他的姨母,有这样的靠山,扬子公司不仅在纽约、伦敦等地设有分公司,与美、英、法等国的大财团以及国民党政府的许多机构都有秘密关系,孔、宋两家更是早已结为利益共同体。此番蒋经国到上海督导经济,孔令侃根本没有把他放在眼里,扬子公司照样大搞物资囤积,蒋经国对此也不敢轻易采取行动。而当杜月笙因为儿子被抓干脆向蒋经国当面"举报"扬子公司囤积一事时,蒋经国无法搪塞,只得先派人把扬子公司查封。

此事一出,一片哗然,因为它关涉到蒋、宋、孔等豪门家族,又有错综复杂的政治及经济利益关系隐藏其中。所以虽为重大新闻,但国民党报纸在报道时却表现出了"相当的谨慎",南京《中央日报》甚至还对此案进行"淡化"处理,相比之下,《正言报》的报道可谓是言语大胆、耐人寻味。

3. 关于《正言报》与《中央日报》"扬子公司囤积案"报道的比较

笔者分别对这两份报纸关于此案的报道进行了比较,以此分析《正言报》的言论倾向。

(1)《正言报》对"扬子公司囤积案"的报道。

笔者以 10 月 2 日第一次报道——《豪门惊人囤积案 扬子公司仓库被封》为例(三版,右上方,占 1/4 版面,大字号标题并加粗),其内容涉及以下几方面。

事件情况:"我国'首席豪富'孔门所设扬子公司本市蒲石路仓库,为经检当局查获大批日用必需品,其中包括西药、呢绒、汽车,以及汽车零件材料,……因楼上所堆物资有半年以上或一二年以上者,其囤积居奇,由此可见一般,又闻其中所囤物资,除已装配之新型汽车近百辆外,另汽车零件数百箱,

---

① 王恩祖当庭宣布 杜维屏三大罪状[N]. 正言报,1948-09-23.

其余西药约二百余箱,英美呢绒达五百余箱,其价值无法估计……"①

孔令侃的解释:"据接近孔氏之扬子公司职员谈:孔于该公司大批物资遭主管当局查封后,昨日致函经济管制督导员蒋经国氏,对上项物资,有所解释,并说明扬子公司营业状况,远不如外间传说之盛,仅不过勉强维持同人生活而已,所查封之物资,均已向社会局登记,种类仅西药及汽车零件等云云。"②

当局态度:"就扬子公司仓库内查获大批日用物资一事,记者顷向市警局经警大队某负责人探寻。据称:警局方面,至今尚未承办此案,记者提出若干明确之问题及孔氏致函蒋督导员一事之证明时,该负责人亦讳莫如深,不愿透露片言只字。据探测警局方面或为是项囤货之物主,刻仍逍遥法外,在未就逮之前,未便直言或深恐远飏他遁也。同时有关当局对该公司巨量外汇之来源,亦正在查究中。"③

孔令侃新动向:"又据交通机关悉:孔令侃已于昨夜车离沪赴京云。"④

以上几点可以概括为一句话:扬子公司囤积一案事实清楚,执法当局态度不清、行动迟疑,当事人孔令侃出入自由并已前往南京。

一直到10月8日,《正言报》又对此事进行了四次报道(详见表2),虽称当局正在调查之中,但"抄获之大批囤积物资,据警局发表系'呈报有案'……警局方面对孔令侃,并未传讯及调查账册"。⑤"事实"果然如孔令侃所说"物资均向社会局登记"——扬子公司"顺理成章"地披上了"合法的外衣"。而就在《正言报》报道扬子公司囤积一事的同时,还发布了"蒋夫人抵沪"的消息,仅有一句话:蒋总统夫人昨晨九时乘美龄号专机,由京抵沪。⑥ 这更向世人昭示了扬子公司显赫的政治背景,其深层含义及最终结果自然不言而喻。

(2)《中央日报》对"扬子公司囤积案"的报道。

就在同一天(10月2日),南京《中央日报》上出现了第一次报道——《沪某大厦　查获囤物》(二版,右下方,与其他新闻排在一起,版面较小),全文如下:"[本报一日上海电]据悉:沪市经检当局,最近于某大厦发现囤藏物资一批,其中包括汽车及零件等约八十余辆,另有窗帘布等物,当局已加封存,不准

---

① 豪门惊人囤积案　扬子公司仓库被封[N].正言报,1948-10-02.
② 同上。
③ 同上。
④ 同上。
⑤ 扬子公司囤积案　监察使行署调查中[N].正言报,1948-10-07.
⑥ 蒋夫人抵沪[N].正言报,1948-10-08.

移动,群情正进行调查中。闻此批物资系某有名进口公司所有,与所谓'豪门'者有关。"①直至10月6日,出现了第二次也是最后一次报道——《监院将派员调查扬子公司囤积案》,其内容也只是一个简短的"行动通报":"监院昨卅一次会议,讨论通过临时动议案四件:(一)派员实地调查上海扬子公司囤积巨量物资案。"②

此后再无下文,倒是在10月9日《蒋总统抵沪》的新闻中,似乎透露出此案发展的动向:蒋总统今日下午自平搭中美号专机来沪……沪市经检工作,总统将有重要指示,蒋经国亦定今晚夜车返沪,晋谒总统,报告目前工作情形。③10月10日,又刊登《蒋总统由沪返抵京》,称"总统今日上午先后在东平路寓邸接见蒋经国、吴国桢、宣铁吾、方治、吴开先、俞鸿钧、薛岳、俞叔平等人,分别听取有关沪市治安及经济管制等各项工作之报告,并详予指示,对本市推行勤俭建国运动,尤多训示"。蒋总统夫妇"午后乘专机离沪,于下午五时四十分返抵首都"④——事情得到了"圆满"的解决。

两相比较,在对"扬子公司囤积案"的报道上,虽同属国民党报纸,但《正言报》在新闻数量之多、内容之详细丰富上明显高于《中央日报》,由此所传达出的"豪门囤积、背景复杂"的观点与批评态度也更为鲜明。而正是因为这一点,《正言报》得罪了国民党高层和豪门权贵,它随后在10月12日被国民党当局勒令停刊,不能不说是受到了此次报道的影响。

(三)对新闻自由与民主政治的追求

胡道静在总编《正言报》期间,利用新闻报纸为阵地,积极参加当时的社会活动,在一系列社会事件中表现出他对新闻自由和民主政治的热烈追求。

1. 南京《新民报》停刊事件——抗议国民党政府摧残新闻自由

《新民报》于1929年在南京创刊,在陈铭德、邓季惺夫妇多年的努力下,这份报纸在经历了8年的抗战岁月,于20世纪40年代成长为一份同时在南京、北平、上海、重庆、成都五地出版的全国性报纸。该报一贯坚持超党派、超政治、纯国民的立场,与《大公报》、"世界"报系同被称为民间报纸的代表。

1948年7月8日,南京《新民报》被国民党当局勒令"永久停刊",其理由

---

① 沪某大厦 查获囤物[N].中央日报,1948-10-02.
② 监院将派员调查扬子公司囤积案[N].中央日报,1948-10-06.
③ 蒋总统抵沪[N].中央日报,1948-10-09.
④ 蒋总统由沪返抵京[N].中央日报,1948-10-09.

是"屡次刊载为匪宣传、诋毁政府、散布谣言、煽惑人心、动摇士气暨挑拨离间军民地方团队情感之新闻、通讯及言论",因此"依照出版法第三十二条规定,应即予以永久停刊处分"①。此次事件的直接导火索是《新民报》在6月18日刊登了因人民解放军攻占开封、国民党军队便日夜轰炸这座古城而致大批市民伤亡的新闻,并由经理邓季惺牵头发起了呼吁政府"停止轰炸城市"的行动。而在此之前《新民报》发表的一系列诸如《从东北之战看华北之战》《大别山的锯屑》《看西北战局》《从春到夏的东北》等文章,报道了在内战战场上国民党军队节节败退的真实战况,打破了国民党当局企图掩盖事实真相、混淆是非的"宣传阴谋",因此遭到了当权者的仇视。可以说,南京《新民报》的停刊是国民党当局在新闻界控制舆论、推行独裁统治的结果。

停刊事件一出,同为民营报纸的北平《世界日报》率先做出反应,于7月9日登载了《京新民报日晚两刊,昨不幸奉令停刊》的消息,随后上海《大公报》在7月10日发表由王芸生执笔的社评《由新民报停刊谈出版法》,明确指出政府所依据的出版法"是袁政府时代的产物,国民政府立法院虽略有修正,而大体因仍其旧,实是一件憾事",又强调"言论与发表的自由,是人民的基本权利之一,宪法例有保障的规定",并要求"废止与宪法抵触的出版法,给新闻界以言论出版的自由"。②7月13日,《大公报》上又发表了由上海新闻界、文化界、法学界的部分人士③共同联名的抗议书《反对政府违宪摧残新闻自由并为南京新民报被停刊抗议》,胡道静也积极参加了这一行动,抗议书中称:"我们站在国民立场,应对被停刊的南京新民报首致恳挚的慰问与同情;并向行宪政府表示应有的抗议","行宪政府昭告于国人者首为'行宪'。请问如此引用违反宪法的旧出版法,来摧残新闻自由,究竟是行宪还是违宪?""我们谨以上述坦白而正当的理由,反对内政部对于新民报予以永久停刊之处分;并郑重提醒行宪政府此一措施正是违反宪法摧残新闻自由!最后并希望全国新闻文化界人士一致主张,立即恢复南京新民报的出版,永远废止窒息我们的所谓《出版法》之类的枷锁!"④

---

① 傅国涌.南京《新民报》被封杀之后[J].江淮文史,2011(6):114-115.
② 由新民报停刊谈出版法[N].大公报,1948-07-10.
③ 参加联名抗议行动共有24人,分别是:毛健吾、方秋苇、余鹏、吕克难、周一志、姜豪、马义、胡道静、孙炼铭、凌文林、许瑾、陆一远、黄大受、曹聚仁、程仲文、张常人、万枚子、万超北、葛祥生、赵康民、鲁莽、谢天沙、谢东平、瞿云白等。
④ 反对政府违宪摧残新闻自由并为南京新民报被停刊抗议[N].大公报,1948-07-13.

作为总编辑,胡道静参加这一联名抗议行动也在一定程度上代表了《正言报》的立场与态度。7月15日和16日,《正言报》在副刊《大众》上接连发表两篇评论文章《新民报事件与新闻自由》和《不照宪法行事就是违宪》,坚定地向当局重申了"支持新民报、反对摧残新闻自由"的立场,并再次批评政府"违宪"。

《正言报》首先对《新民报》的停刊理由表示质疑:"永久停刊的理由只是一些琐琐碎碎的军事新闻,这真是明修栈道暗度陈仓的妙举,使天下人大惑不解!"①而政府的做法更显荒谬:"所谓'为匪张目'的新民报的各种军事新闻,其程度也并不特别比其他报纸高,若说这不过是'借题发挥'罢了,堂堂政府,最忌的便是这种'借题发挥'的作风。这种手法,自以为能,其实无能。"②针对一些报纸上出现的附和政府的错误言论,《正言报》也予以一一驳斥:"宪法是国家的根本大法,国家的形成,政府的组织,人民的权利与义务都载在上面。行宪政府的宪法既是国民大会受全民之付托而制定,凡为国民自应根据宪法获得自由权利的保障。行宪政府如不依照宪法行事,国民'当然'可以说他'违宪'。某报记者先以虎虎之势说违宪是一个严重的罪名,人民不可乱用,那就先要看政府是不是'违宪'。""严格立论,政府不废止旧的法令,就是不照宪法之规定行事,也就是违宪。某报记者强调过去法令未曾明令废止,自以为振振有词,正是他所说'搬石头打自己的脚,可笑亦复可怜'!本来,旧法已废新法未立的青黄不接时期,政府必须宣布所有旧法不违背宪法精神者暂时应用。未经宣布,即成事实,我们不指为'错误',只说'疏忽',难道还不委婉。至于旧出版法,还是北洋军阀政府的遗产,国民政府据为蓝本,略加修正,大体仍依旧贯。训政时期犹有可说;宪政时期何能再用?"③最后,《正言报》再次强调"新闻自由"的重要意义及其作用:"'新闻自由'本身的意义,包括正当的,真实的,公平的批评与记载。民主国家的新闻自由,更是监督政府鞭策政府的利器。反对政府设施或揭发政府弱点的报纸,在政府固然厌恶,在人民却很欢迎。"④

除了在报纸上发表文章支持《新民报》以外,《正言报》还在7月24日专门组织了一场"出版法座谈会",邀请了包括王芸生、曹聚仁在内的新闻界人士和

---

① 新民报事件与新闻自由[N].正言报,1948-07-15.
② 同上.
③ 不照宪法行事就是违宪[N].正言报,1948-07-16.
④ 同上.

徐道隣、张志让等在大学任职的法学教授,再次从遵守宪法和保障新闻自由的角度阐述了对停刊事件的看法,此次座谈会的发言情况刊登在了7月26日的《正言报》上。在当时除《正言报》外,只有上海《大公报》直到8月5日才举行了一次类似的座谈会。

《新民报》惨遭停刊之后,不仅国内许多报纸及时给予了同情与声援,这一事件还引起了国外媒体的关注。7月8日停刊当晚,驻南京的路透社、合众社、联合社等外国通讯社记者,迅速将这一消息向国外播发,据不完全统计,美国就有63家以上的报纸以显著位置登载了这一消息,对国民党的行径提出批评并表示遗憾。① 面对国内外舆论的指责,国民党政府也利用自己的一些报纸进行"回应与反击",以南京《中央日报》为例,在7月16日及19日,连续发表《在野党的特权》《王芸生之第三查》等社论文章,由对停刊事件的讨论上升到对《大公报》总编王芸生的人身攻击,污蔑他已成为"新华社广播的应声虫"②。而在其他报纸如《和平日报》《救国日报》《新南京报》等上发表的攻击性文章,也大多已经带有明显的政治性批评与声讨,大有将同情、声援《新民报》者划入"匪帮"的意思,而几个月之后,邓季惺、陈铭德夫妇也因为上了国民党的"黑名单"而先后被迫避走香港。

虽处于"国民党报纸阵营",但《正言报》却做出了不同的立场选择——以"保障新闻自由"为追求,反对政府违反宪法、摧残新闻界。这并不是一时之举,从《正言报》复刊以来的评论文章——《论新闻自由与说服异己》(1945年12月6日)、《港政府摧残新闻自由》(1946年6月19日)、《国是之症结所在——并论新闻记者之责任》(1946年9月1日)、《论新闻自由》(1946年12月11日)、《向傅斯年严重抗议!记者对国家没有直接关系?》(1946年12月29日)、《新闻事业的危机到了》(1947年12月4日)、《"新闻自由"有感》(1948年7月9日)等言论中,我们都能够发现《正言报》在新闻记者应有的社会责任、新闻自由的重要性等问题上的一贯态度。到了1948年7月《新民报》被停刊之时,国民党的独裁统治已经摇摇欲坠,而《正言报》举行与《新民报》停刊直接相关的"出版法座谈会"所表现出来的言论立场就愈加坚定而鲜明了,并且历史很快就证明了它这一选择的正确性。

2. 民盟被迫解散、国大选举闹剧——揭露国民党政府"民主政治"的本质

1947年10月27日,南京国民政府内政部公告中国民主同盟为"非法团

---

① 陈理源.南京《新民报》"永久停刊"始末[J].新闻研究资料,1986(2):188.
② 在野党的特权[N].中央日报,1948-07-16.

体",其罪状是"勾结共匪,参加叛乱""煽动五月学潮及上海工潮""作叛乱宣传掩护共匪之间谍活动"及"不承认国家宪法,企图颠覆政府"等,①随后国民党政府开始在全国各地加紧对民盟组织与成员的取缔与迫害。11月5日,民盟在上海举行会议,决定自动解散,第二天民盟主席张澜签发了《中国民主同盟被迫发表解散公告》。至此,这个成立于1941年3月,一直奉行"中间路线"的政治团体在国民党独裁政治的高压之下被扼杀了。国民党当局之所以要强行消灭民盟,从抗战胜利以来民盟一系列的政治举措中不难发现其中原因:在1946年1月的政治协商会议上,民盟通过与中国共产党方面的共同努力,使《和平建国纲领》顺利通过;在之后内战危机严重之际,民盟又为争取和平、避免内战多方呼吁,做了大量的工作;1946年10月,当国民党违背政协决议、单方面召开"国民大会"时,民盟发表声明予以反对并拒绝参加"国大"。这些行为处处与国民党推行一党专政的独裁统治相矛盾,被认为是除了中国共产党以外在政治上的最大障碍,必须加以扫清。从1946年7月开始,国民党就为打击、消灭民盟采取了暗杀其主要领导人、严厉限制其活动、借助舆论进行政治攻击等手段,一步步达到取缔民盟并警告其他民主党派的目的。

民盟被迫解散,带来的结果却出乎国民党政府的预料——中国的民主力量并没有就此被消灭,民盟的解散反而促使了其他民主党派更早认清国民党独裁政权的真实面目。1948年1月,中国民主同盟在香港重建,并表示愿意与中国共产党合作,为反对独裁统治、建立联合政府而奋斗。国民党政府不得不面对越来越孤立的政治局面。

对于这一事件,《正言报》先是于10月28日和11月6日在一版重要位置分别登载了国民党政府对民盟的处理决定及民盟宣布解散的新闻,这其中包括当时民盟主席张澜以个人名义起草的一份声明,表达了将继续追求国家和平、民主、统一、团结的信念和决心。由于民盟正处于"非常时期",所以此份声明上海各大报纸都不敢刊登,只有《正言报》和苏联在上海办的《时代日报》予以全文发表。② 11月7日,《正言报》又在副刊《大众》上刊载《民主国家不可无反对党——有感于民盟之解散》一文,从文章中我们看到的是《正言报》对合理的、完美的民主政治形态的"期望",而这种追求民主的政治主张又与其国民党党报性质所带来的限制以及对政府的一丝幻想交织在一起,这使得《正言报》

---

① 张同新,何仲山. 从南京到台北[M]. 武汉:武汉出版社,2011:98.
② 李贤哲. 全文发表民盟总部解散声明的两份报纸. http://www.cnlu.net/disp.asp? id=48353.

在对政府解散民盟的行为表示遗憾与惋惜的同时,也对民盟的做法提出了批评。

在《正言报》看来,民盟"无论如何是一个现阶段中具有'反对党'资格的政党,解散以后,国内便无可观的'反对党'了","全面民主时代而竟无反对党之存在,这真是民主空气中的缺憾!"尽管民盟本身还有缺点,但它不失为"一个优秀的反对党",拥有许多"优秀的分子",它的解散得到了很多人的同情,因此,"我们站在政治研究者以及希望中国趋向民主政治化的立场,不能不徒劳为之扼腕,为之悼惜!"①

然而,《正言报》对政府解散民盟,又不完全反对,它的解释是:"中共以武力作战,对政府国家是一种大不利,而民盟承认中共是'友党',在逻辑上政府有取缔民盟的权利。"又称:"'不应该解散民盟',是理论的,体制的,形式的,作风的",而"'解散民盟'多少是态势的,实际需要的。"②《正言报》的这篇言论充满着"期望"与"现实"之间的矛盾性——既承认民主的政府需要"反对党",又要求"反对党"必须完全站在政府的一边——其根本问题还在于对待中共的态度上,《正言报》基本与国民党政府保持一致。

而就在这时,国民党政府又上演了"国大代表选举"的闹剧,《正言报》深感民主政治前途的黯淡与无望,一扫之前自相矛盾的言辞,对国民党政府"还政于民"的民主假象进行了猛烈的揭露与抨击。按照1946年10月"国民大会"的决定,1948年为"实行宪政年",届时中华民国将从"训政时期"进入"宪政时期",并真正实现"还政于民"的民主目标。召开行宪国大的第一步便是进行国民大会代表的选举,而就代表名额的分配问题,国民党、青年党和民社党产生了激烈的争执,各不相让,以致候选人名单迟迟不能确定,选举也被推迟。而后在11月21日至23日的选举中,各地更是丑态百出,贿选、私扣选民证、找他人代选、反复投票的现象层出不穷——这便是被视为"民主之基、宪政之阶"的国大代表选举的真实图景。

11月12日,《正言报》发表文章《还政于民乎?还政于党乎?》,对国民党包办国大代表候选人名单一事提出严重的批评,称其"还政于民"实为"还政于党",是"假民主的姿态"。《正言报》首先认为国大代表应当通过自由竞选的方式产生,而且"国民党革命五十年,执政二十年,天下英雄,早入彀中,竞选结果,多数代表依然是国民党籍的人民,既从合法而来,又有历史因果,无可非

---

① 民主国家不可无反对党——有感于民盟之解散[N]. 正言报,1947-11-07.
② 同上。

议"，这种自由竞选方式的好处是"倘国民党员逐渐失去人民信仰，按通例国民党的议席自然会逐渐减少"，但此次竟然通过"政党提名方法包办选举，分配代表，实在出乎意料，也大大地违背了国父宪政原旨、国民党'还政于民'的信用！"①同时，《正言报》又一针见血地指出，在这种"政党提名"的方式下，即便是再进行自由竞选，仍然无法实现真正的民主，因为国民党候选人在人数上占了绝对的优势，它"可以便宜行事，垄断选举，民青两党势必惨败，请问青年党的两百八十八人加上民社党的两百六十人在国民大会中又能够发挥多大作用？"而且，参加国大代表竞选之人多有靠此进入仕途、升官发财的目的，"那么离开民主实在太远了，代表们的志趣如此，不但全国人民要哭，那国父在天之灵也要哭了"。②《正言报》还重申了"反对党"的重要性，认为由于缺少了"反对党"，目前便不是"政党政治"的形式，"如何可以由政党出面竞选？"而且，中国四万万人民有党籍者还属少数，"如何可以少数人代表多数人？"因此，国民党宣称的"还政于民"的美事最终变成了"还政于党"的怪事。③ 最后，《正言报》以讽刺的口吻指明了此次大会的"实质"："民主前途，关系至重，为了民主，在万方多难中举行国民大会，已经是不得已的事，举行国民大会，又像举行'三党党员联合代表大会'，岂非贻笑大方？"④然而，真正让人民"贻笑大方"甚至"瞠目结舌"的事情还在后面，针对选举过程中的丑闻，《正言报》发表文章《如此选举》，一一予以揭露：国大代表候选人通常采取的方法有：奔走呼喊、滥施招贴、文字宣传、钱物贿赂，"一区如此，一县可知；一县如此，一市一省又可知。举国也就不难测见。在民主时代民主世界上的民主中国内，不民主的事竟如此其多！""钱所统治的世界上，产生钱的民主，钱的民主中发生钱的竞选，循序而进，势所必然！"⑤《正言报》最后的结论是："这次选举是官选，不是民选；是偏选，不是普选；是还政于官，不是还政于民。"⑥这表明，它对于国民党政府一次次假借民主之名推行独裁统治的做法已有清醒的认识，失望忧心之余也深感民主政治前途的渺茫。

---

① 还政于民乎？还政于党乎？[N].正言报,1947-11-12.
② 同上。
③ 同上。
④ 同上。
⑤ 如此竞选(下)[N].正言报,1947-12-01.
⑥ 如此竞选(上)[N].正言报,1947-11-30.

（四）"王孝和事件"——对国民党政府的最后驳击

王孝和(1924—1948)，1941年加入中国共产党，一直在上海秘密从事党的地下活动工作。他先是在上海杨树浦发电厂任抄表员，后又当选为上海电力公司（美商企业）工会的常任理事，负责组织、领导工人运动。

王孝和担任上海电力公司工会的常任理事，负责领导该公司近3 000名工人，由于位置重要，国民党政府曾多次派人拉拢他，并邀请他去上海社会局工作，均遭到拒绝。1948年4月，上海工人的罢工运动愈演愈烈，国民党当局已经下令进行镇压，此时王孝和的处境非常危险，但他却一直坚持在自己的岗位上。4月21日，王孝和被秘密逮捕，其罪名是蓄谋破坏电力公司设备、煽动罢工造成恐怖局面。6月28日，他被判处死刑，判决书所写为："王孝和连续教唆、意图妨害戡乱治安未遂，处死刑，剥夺公权终身。"①王孝和的家人去南京上诉，但二审却维持原判。国民党政府原打算于9月27日处决王孝和，但因为当天王孝和的家属哭诉引来狱警鞭打，群众纷纷同情并把监狱围住，许多新闻记者也到场采访，国民党政府怕事情闹大只得作罢。9月30日，国民党特刑庭在对王孝和进行"审判"后，宣布立即枪决，这个年仅24岁的共产党员临刑前仍高呼"特刑庭乱杀人"，最终英勇牺牲。

王孝和的真实身份是中共地下党员，但出于斗争需要，王孝和始终没有承认自己是共产党员，只是一名普通工人，并对诬陷他破坏电力公司设备一事据理反驳。王孝和牺牲后，因为其有"共匪"嫌疑，《正言报》的新闻报道一开始还比较"谨慎"。9月25日，《正言报》三版，新闻标题是《王孝和处死　余犯各判徒刑》，回顾了整个事件的过程及两次审判的结果："上海电力公司职员王孝和，工人吴国桢、张世宝、吴世坤……等，于本年三月卅日，共同图谋破坏电厂机器，使电流停止，实行总罢工……以响应共匪之叛乱，事败被捕，移送特刑庭审讯。该庭于六月廿八日判决王孝和处以死刑……被告王孝和吴国桢不服所判，申请中央特刑庭覆判，该庭于廿三日开合议庭判决，王孝和仍处死刑……"②

在王孝和牺牲的第二天，10月1日的《正言报》同时刊载了新闻报道与评论文章，但与9月25日的报道相比，此时《正言报》的立场有了明显的变化。

---

① 丁筱净．王孝和．倒在黎明前的黑暗中．http://news.sina.com.cn/c/2011-07-20/141522846552.shtml．

② 王孝和处死　余犯各判徒刑[N]．正言报，1948-09-25．

这篇新闻报道的主标题是《临死否认为匪　连放四枪毕命》，副标题是《王孝和口目不闭　吴国桢死里逃生》①，虽然也是对王孝和行刑情况的客观报道，但由标题中"否认为匪""口目不闭"等词语却多少暗含王孝和"含冤而死"的意思，"连放四枪毕命"又突出了行刑时的残忍，确实能够引起读者的同情。文中记述了庭审及行刑情景："……汝共同图谋破坏电力公司，意图暴动，反抗政府，□令执行死刑，汝有何遗言？王答：无，仅要求与记者谈话，庭长未予允许，但王犯不肯听从，面向在场记者狂呼'我受冤了，判决太不公正'等语，并连连否认是共匪，颇引起当时在场者之注意，其中并有流泪者，随后庭上令其在判决书上加□指印，王仍不从，乃由法警强迫执行。宋检察官嘱其饮酒，王称'不会'；十时另五分由法警押赴刑场……将其绑缚，以免意外……对准开放两枪，弹从前□穿出，并未出血，王犯口目不闭……"

《正言报》在同一天发表的社评《不要再制造王孝和了！》开门见山地抛出了一个问题："王孝和如果真是一个共匪，他是谁制造出来的？"又说："王孝和不过是工人中同一类型的一个代表性的形象，无数的王孝和并不会因他的死而死去，也不会因他的枪决而一起消灭。"就在此案发生前后，无数的王孝和正在被不断地"制造"出来，而"这现象才实在是危险，值得有关当局切实检讨与警惕。这一存在着的情势不改变，枪决了个把王孝和有啥用！"②《正言报》把批评的矛头对准了国民党政府，称"'前方剿匪，后方造匪'，是今天在军事上所以共匪愈剿愈多愈剿愈不了的症结所在，在工界，苟王孝和不停止制造，甚至在主客上仍有意无意的助长其制造，那枪杀了一个王孝和，能收到什么积极性的作用？即枪杀了再多的王孝和，于工界的'戡乱'局势有何补？"③《正言报》分析产生"无数个王孝和"的原因有：其一，工界内部争权夺利，"看不惯和不愿合流的工人，由于不满现状不满领导，逐渐离心，走到王孝和的一条路去"；其二，工界中存在打击异己的卑劣作风，利用权利极尽陷害，"有良智的工人，受毒害的工人，焉有不挺而走王孝和一条路"；其三，工会被少数人把持，"有作为有见识的工人，便被视作具有颜色"，因而备受排挤走上了王孝和的路。④

---

① 此篇报道见《正言报》1948 年 10 月 1 日，第三版，但笔者查阅的上海图书馆缩微胶卷上，除标题外，正文大多字迹模糊，部分语句仅能勉强辨认，难辨之字以"□"标识。
② 不要再制造王孝和了[N]．正言报，1948－10－01．
③ 同上．
④ 同上．

《正言报》大声疾呼"不要再制造王孝和了",表面上是为国民党内部诸多问题而向政府进言,但实际上却把产生"王孝和"的深层次原因公布于众——正是因为政府机关腐败,党派之间互相倾轧、争名夺利而致"共匪"愈剿愈多,这已不是杀害一个王孝和能够解决的了,对国民党政权激烈批评的背后透露出的是"心灰意冷、无可救药"的政治悲观情绪。

在此次报道中,《正言报》的言论立场为何由"保守"转为"激进",有研究者称,在王孝和被害后,《正言报》曾接到中共上海地下组织的一个电话,要求"报道时主持正义"。① 这一事件的细节虽然已无从考证,但《正言报》随后被国民党某些人士冠以"替匪谍辩护,挑拨工人与政府间之情感,辱骂现有各工会工作人员"的罪名,并要求有关机关予以处置。更为"严重"的是,此事显然惹怒了蒋介石,此时他正被形势严峻的东北战局搞得焦头烂额,《正言报》竟为"共匪"说话,再加上对扬子公司囤积一案的揭露,更增加了他对《正言报》的厌恶与怀疑。很快,1948年10月12日蒋介石一纸手谕封闭了《正言报》,而其罪名正是"违反戡乱,为匪张目"。

综观《正言报》在1945至1948年的言论立场,笔者认为用"渐趋偏左"来描述更为贴切,或者说,身处于国民党报纸的阵营,《正言报》是一个不折不扣的"批评者"。胡道静一方面是报纸的总编辑,但另一方面他也是一个追求自由、反对独裁的民主报人,他没有政党背景,但这并不影响他对于现实的观察与认知——政治腐败、战乱不断、物价高涨,百姓苦不堪言……他把目睹到的社会现状通过报纸真实地表达了出来。鉴于特殊的历史原因,我们不能要求《正言报》走上截然不同的"另一条道路",但应该看到的是,在《正言报》内部多方力量的共同推动下,它已开始转向了"另一条道路",虽然最终被扼杀,但它走过的"批评者"的历史轨迹还是值得我们肯定。

第三节 胡道静新闻实践活动的主要特征

胡道静的新闻实践活动(1938—1948年)历时10年,这一阶段正值抗日战争与国共两党内战时期,也是我们伟大的中华民族在重获新生之前所经历的最后一段苦难动荡的岁月。在这一时代背景下,每一个社会个体都深切地

---

① 薛璇.吴绍澍主持《正言报》反蒋内幕[J].上海滩,1994(8):23.

感受到大环境带给自身工作、生活的影响与波动，个人的活动轨迹与社会时局的发展、变化紧紧地交织在一起，并且因为诸多原因而呈现出复杂性与差异性。胡道静也不例外，先是无情的战火迫使他中断汉学研究并由学者转为报人，而后的生活与工作又在危险、艰辛与颠沛流离中度过，10年间他的新闻实践活动辗转了上海、金华和屯溪等地，最后又回到了上海。可以说，在抗战期间胡道静是爱国的新闻工作者，内战时期他又是独立于党派之外、反对专制和腐败、追求民主的进步新闻人。作为一位安静内敛的知识分子，胡道静已把对于国家民族的挚爱、对于民主自由的渴望深深地融入自己的新闻实践中去，这些情感与追求在他的内心深处迸发出了巨大而持久的力量，推动着他为实现民族独立以及民主政治而努力奋斗，他的新闻实践活动也因此具有鲜明的时代印迹。同时，胡道静还是一位注重、遵循新闻活动规律的新闻工作者，这些因素一起构成了他新闻实践的主要特征。

一、身为爱国新闻人，为实现民族独立而坚持奋斗

胡道静的新闻实践活动是由主编《通报》开始的。1937年11月，日寇攻占了上海，胡道静所在的上海通志馆被迫停止工作并宣布解散，而他则与几位同仁一起利用"孤岛"的特殊环境，继续投身爱国报纸的创办。《通报》存在时间虽短，但与"孤岛"中其他宣传抗日的"洋旗报"一样，以积极报道我国军队胜利的战况、坚定与提高民众抗击日寇的决心与士气为主要内容，为"孤岛"的抗日宣传工作做出了贡献。年仅25岁的胡道静从此以笔为戈，以满腔的爱国热情坚守在"孤岛"阵地上，从"大中通讯社"到《中美日报》《大晚报》，胡道静和"孤岛"中无数的爱国新闻工作者一起，经受住了敌人各种残暴的迫害手段与金钱诱惑，始终不渝地在这座"笔的堡垒"中向敌人发射出正义的"纸弹"，坚持战斗到"孤岛"陷落前的最后一刻，用实际行动诠释了"新闻战士"深沉而炽热的爱国之情。1941年12月，太平洋战争爆发，胡道静随即往后方撤离，先后在金华版的《东南日报》和屯溪版的《中央日报》继续从事抗日宣传工作。这期间，他有过因日寇的炸弹袭击而险些丧命的经历，也饱受了生活极度不稳定带来的流离之苦，但胡道静却一直坚守在抗日爱国的宣传工作岗位上，他带着初到后方自由区时的"兴奋与感动""目睹军民抗建情绪的振奋"，一心思考的都是如何"勉力报国"。① 胡道静在屯溪一直工作到抗战胜利后，才重返上海。

---

① 胡道静.到达自由地[N].东南日报,1942-01-23.

在整个抗战时期,胡道静的新闻实践充满着强烈的爱国情感,这可以说是他坚持奋斗的巨大动力。胡道静在《中美日报》上曾发表过一篇文章——《中国新闻业的命运》,真实地表达了他作为中国新闻界的一员,在中华民族争取自由独立的斗争中所应当承担起的伟大使命:"中国的现代新闻事业,伴随了中华民族英勇斗争的历史而产生,他的命运,就早是注定了。天生他是个刚毅不屈的孩子,赋予了他为中华民族争取自由独立的前哨战士的使命,艰难的路途,层层节节的磨难,也早为他安排定了,这孩子他只有颠颠□□的黑暗而多蒺藜的路上,不顾一切困难地奋斗上前,起来了再跌倒,跌倒了却又起来。遍体的新疮老疤,并没有使他叫出'痛'字来,他从没有为了困难的不断地试探,而忘记了自己的使命。他知道自己是支配在怎样的一个命运之下,但不抱怨,不悲伤,这一段炼狱的道路,他必须咬紧牙齿走过,使自己在磨练中茁壮起来。走尽了这一黑暗的蒺藜道,也就是中华民族到了自由独立的光明日子。"①

胡道静笔下的"他"指的既是中国的新闻事业,也是千千万万"刚毅不屈"的新闻工作者,他们是新闻界的"前哨战士",对前途的光明抱着必胜的信念,对眼前的黑暗与磨难也不自怨自艾,而是"咬紧牙齿"不顾一切地"奋斗上前"。这篇文章写于1939年10月,上海"孤岛"中的新闻界正处于"五月危机"带来的严峻挑战之下,抗日报纸数量缩减、损失惨重,而胡道静却写下了这篇平静而坚定的文字,从中我们感受不到一丝的动摇或悲观,反而是被他的沉稳、不屈与坚毅所打动,"外柔内刚""勇敢坚韧"不仅是他——一个爱国新闻人,更是无数爱国的知识分子所展现出的精神品格,而这正是我们这个民族历经屈辱、顽强抗争并取得最后胜利的宝贵精神财富。

二、身为进步新闻人,为追求民主自由而大声疾呼

1945年11月,胡道静返回上海出任《正言报》总编辑一职,直至1948年10月报纸停刊。《正言报》是由时任国民党党政要员的吴绍澍抢先在上海复刊的第一家报纸,在性质上是属于国民党阵营的报纸。这一时期,国共两党内战烽烟再起,政党矛盾极其尖锐,这不仅体现在军事战场上,在文化战场上亦是如此。除了对立分明、政党色彩鲜明的报纸外,还有大量处于中间地带的报纸,并且,随着军事、政治局势的不断发展、变化,新闻界的面貌也更趋复杂多

---

① 胡道静.中国新闻业的命运[N].中美日报,1939-10-10,据上海图书馆缩微胶卷,凡报纸上难辨之字,均以"□"标识。

样,即便是处于同一阵营的报纸,其宣传态度、言辞口吻也有差别,这既是受到政局大环境的影响,也与办报主体有着密切的关系。

  由胡道静担任总编辑的《正言报》就体现出了上述复杂性。作为国民党报纸,它在对待共产党的态度和观点上极其"谨慎",基本上都与国民党当局保持一致,因为在当时敏感的政治氛围下,言论稍有不慎便可能招来"通共"的罪名;但《正言报》又不同于《中央日报》等国民党机关报,在关系官员腐败、豪门囤积、物价经济、百姓生计等问题时,它明显较《中央日报》言辞激烈,大胆批评政府及豪门显贵的文章也经常在版面中出现,这其中当然有社长吴绍澍仕途失意、思想转变的关系,但我们也应该看到总编胡道静所起到的作用。胡道静没有任何政党背景,作为这份国民党报纸的总编,他并不能影响报纸固有的"政党立场",他也不可能超出当时的思想认识及无党派身份,在激烈胶着的国共两党矛盾中做出所谓的"明智"选择,这都是不符合历史实际的。但作为一个对社会现状有明确观察与认知的进步新闻人,胡道静却把目睹的一系列社会事件——诸如国共内战、国民党"制宪国大""行宪国大"等政治举措、物价飞涨、政府压制新闻自由等——通过《正言报》这一窗口真实地展现出来,或呼吁政府平抑物价、救济灾民,或谴责豪门贪官以权谋私、搜刮民财,或抗议政府违反宪法、限制言论,甚至多次揭露政府内部的腐败以及无视"民主"的独裁统治问题。应该说,胡道静在把握《正言报》的总体言论方向时并非是出于政党利益,而是出于一个期盼和平与安定、追求民主自由的新闻人的社会责任心,而他的这一倾向又恰与社长吴绍澍思想逐步发生转变后给报纸带来的影响相一致,这也是《正言报》之所以成为国民党报纸阵营中的"批评者"的主要原因。因此,虽然身处复杂的政治局势中,胡道静却始终站在进步新闻人的立场直面社会现实,勇于批评时政,在反对独裁统治的过程中走上了追求民主自由的道路。

  在胡道静总编《正言报》期间,国民党政府在军事战场上频频告负、濒临溃败,国统区人民群众的抗议声潮也不断高涨,但此时国民党政府却妄图借助武力来加强自己的独裁统治,血腥镇压学生、工人运动,下令停刊报纸、通缉新闻界人士,其结果只能是社会浮动、人心思变,"老百姓本能地不顾一切地起来了,他们要打破现状。他们不知道怎样改变现状,可是一股劲先打破了它再说,想着打破了总有些希望。"①胡道静对于民主自由的渴望与追求也是如此,

---

  ① 朱自清.论不满现状[M]//金冲及.转折年代——中国的1947年.北京:生活·读书·新知三联书店,2002:476.

它更多的是先体现在对国民党政府推行独裁统治的反对上:《新民报》惨遭停刊,胡道静积极参加联名运动,抗议政府违反宪法、扼杀新闻自由;国民党政府举行国大代表选举,又被《正言报》批评为"假民主",揭露其真实目的是要"还政于党"……种种迹象表明,在当时那种政党体制下,民主自由只能是空谈,而《正言报》一次次的大声疾呼也正表明了它对实现民主自由的悲观与失望。

三、身为职业新闻人,注重新闻活动规律

胡道静在开始新闻实践活动之前,并没有接受过专业新闻教育,但他对于新闻工作却是不陌生的,这主要源于父辈们从事新闻工作的经历带给他在潜移默化中的深刻影响。他的伯父胡朴安、父亲胡怀琛,早年均在反对清政府的革命派报纸中任过职,当过记者,做过编辑,撰写评论,主持笔政,与新闻界的联系保持了数十年之久。胡朴安还在抗战期间出任过"正论社"的社长,抗战结束后,他又担任上海《民国日报》的社长,直至1947年逝世,他在新闻界工作长达37年。在这种影响之下,胡氏家族的后辈中,有多人都有过新闻从业经历,据《皖南胡氏与新闻界》一文介绍,"道"字辈的就有胡道吉、胡道静、胡道和、胡道彰,"传"字辈的有胡传枢、胡传厚等。① 仅从胡道静的新闻实践活动来看,他从事过的具体工作就包括采访新闻、编辑报纸、写作、编译新闻稿件等,在十年的实践中积累了丰富的从业经验。而作为职业的新闻人,胡道静对新闻工作的特殊性有着明确的认识,在实践中比较注重新闻活动的自身规律。

胡道静在他的文章《情报·新闻·历史》中,专门谈及新闻以及新闻工作的特性。他指出,情报、新闻、历史其实是"一个东西的三个阶段",它们的区别在于"时差",又说,"新闻记者不是情报员,也不是历史家,但他须有情报员的敏感和历史家的审慎"②——在这里,胡道静首先强调的是新闻记者的"职业敏感"及新闻工作要力求"真实准确"的重要原则,但同时,胡道静也看到,在实际的工作中,新闻记者却不太可能如历史家或法官们那样"迂缓而谨慎地下结论"③——新闻工作须讲究"及时性"原则。总之,胡道静主张在保证新闻"真实性"的前提下,新闻记者应有较强的"新闻敏感",要有"抢新闻"的意识,只有这样,才能在竞争中占据主动,才能取得良好的传播效果。

---

① 潘湛钧. 皖南胡氏与新闻界[J]. 文史苑,1987(1):84-86.
② 胡道静. 情报·新闻·历史[J]. 报学杂志,1948,1(5):12.
③ 胡道静. 情报·新闻·历史[J]. 报学杂志,1948,1(5):14.

例如,在"孤岛"时期胡道静供职于《中美日报》时,就非常注重从细微处提升报纸的竞争力。他先是注意到路透社供给中文报纸和英文报纸的电讯稿存在因翻译造成的"时间差"问题,他便利用每天去英文《大陆报》馆取稿件的机会,得以提前看到路透社供给该报的英文电讯,而这对中文报纸来说,就可以争取到两个小时的宝贵时间,其结果是《中美日报》不仅能同其他中文报纸一样刊载路透社供给的新闻消息,还能够同时刊发一篇社论,由此可见胡道静的"新闻竞争"意识。此外,他还极力建议《大晚报》与国际社建立合作关系,以便从该社直接获得独家新闻稿件,这样可以减少辗转获取新闻的时间,也提高了报纸的影响力。胡道静对重大新闻还有着敏感的判断力,他主编《通报》时,在国民党政府公布了《国民参政会组织条例》后,就意识到这对于推进国共两党合作有着重要的意义,而"一致对外"又是广大民众的共同呼声,因此立即把它作为重大新闻刊登在头版上;在《大晚报》工作时,他需要从《大陆报》中挑选、翻译新闻稿件,此时敏锐的新闻眼光就显得尤其重要,他就有过因翻译一则国际社电讯而在上海引起轰动的例子。

在20世纪三四十年代,胡道静能够意识到新闻活动的特殊规律并把它运用到实际工作中,确实体现出了某些现代新闻工作者的职业素养。

第四章　胡道静的新闻学研究

胡道静从 1932 年进入上海通志馆从事史志编撰工作起,就开始了他的新闻学研究活动,最初关注的主要是上海新闻事业的发展历史与现状。1933 年,胡道静完成了第一篇新闻学研究论文——《一九三三年的上海杂志界》,至 1949 年他在《报学杂志》上发表《戊戌政变五十年祭与中外日报》,这期间他先后出版了四部新闻学研究专著,发表了近百篇新闻学研究论文,研究内容除了上海地方新闻史外,还包括世界及中国报纸的起源与发展、重要报纸的个案研究、在华外报情况、中国报纸副刊的起源与发展、通讯社的功能及中外通讯社的发展状况、中国广播事业的发展、新闻业务的发展与变化等等。

第一节　胡道静的新闻史学研究

新闻史学研究是胡道静新闻学研究中的重要组成部分,笔者把他的研究著述分为上海地方新闻史研究和其他新闻史学研究,通过对这两个方面的分析、梳理与归纳,重点探讨胡道静新闻史学研究的主要内容和观点。

一、胡道静新闻史学研究的历史背景

胡道静的新闻史学研究开始于 20 世纪 30 年代初期,从单纯学术发展的角度看,这个时期正是我国新闻史研究刚刚起步、初有积累的阶段,特别是《中国报学史》的出版对研究产生了重要的影响;但外部环境却是一个不利于学术生长的动荡年代,连年的战争阻碍了学术研究的正常发展。从胡道静开始从事新闻史学研究的 20 世纪 30 年代起,当时的国家就一直处于战争和动荡之中。胡道静直接身受的就有"淞沪战役""孤岛抗战""避难浙皖""国共内战"等数场战争。而胡道静正是在这样不稳定的社会环境中,在极其艰难的条

件下探索、发展着自己的新闻史学研究之路。

（一）20世纪30年代之前我国新闻史学研究的学术源流

在我国新闻学研究的诸多领域中,有关新闻史的研究起步并不太晚。早在19世纪70年代,就已出现了研究报刊史的文章,如《邸报别于新报论》(《申报》,1872)、《论日报渐行于中土》(王韬,1876)等,及至19世纪末、20世纪初,伴随着国人两次办报高潮的出现,这类带有描述性的研究文章主要涉及报纸发展本身,如《本馆第一百册祝辞并论报馆之责任及本馆之经历》(梁启超,1901)、《苏报案纪实》(章士钊,1908)、《近代中国革命报之发达》(胡汉民,1909)等。

1917年,姚公鹤所撰写的《上海报纸小史》在《东方杂志》上连载,并作为附录收入《上海闲话》一书,于同年出版,这是我国最早的中国新闻史专著,它标志着中国新闻史研究的起步。①《上海报纸小史》全文约1.3万,其内容的时间跨度起自《申报》创办的1872年,止于民国初年,作者姚公鹤根据自己的亲身经历与感受,对上海报纸的发展做出"图景式"的描绘与分析。他认为上海报纸发达的原因是"一、历史上之地位,则上海报为全国之先导是也。二、交通上之地位,则水陆交会,传达消息灵便是也。三、大商埠之地位,则上海一隅,为全国视线所集,因别种关系而报纸亦随以见重于世是也",并进一步指出其中"第一层取得之历史资格,则上海各报,其初均由外人创办,即第二层第三层之交通商埠,亦何一非外人经营有效之后,而吾国人席其势以谋发展者。是上海报纸发达之原因,已全出外人之赐,而况其最大原因,则以托足租界之故,始得免婴国内政治上之暴力"。②他明确指出上海报纸在社会变动中发挥了重要作用,认为"甲午以后,为吾国社会知有报纸之始,然乙未台湾之役,适当《新闻报》创办之第三年,夜壶阵、大纸炮之战事新闻,络绎不绝于纸,而社会之信用乃以此大增"。不仅如此,上海报纸的影响力还体现在政治运动中,"甲午而后,不数年有戊戌之变。而戊戌政变,上海报纸已能一致指斥旧派"。至于启发民智,上海报纸的作用则更为明显,"盖自甲午以迄庚、辛之交,全国蒙昧,虽不异畴昔。而上海一隅,则与外人接触较繁,感受国际间之激刺亦较早,故能悉易其顽劣之头脑,以跻于世界文明之域。上海报界之功,亦上

---

① 丁淦林,方厚枢.20世纪中国学术大典·新闻学传播学 出版学[M].福州:福建教育出版社,2005:13.

② 姚公鹤.上海报纸小史[M]//上海闲话.上海:上海古籍出版社,1989:128-129.

海报界所处之地位有以致之耳"①。此外,《上海报纸小史》的内容还包括"上海报社的机构划分及其职能""上海报纸的经营与印刷情况""报人社会地位的变化""新闻报道形式变化""民众对报纸的态度"及"报界公会组织"等内容,并对当时上海《申报》《新闻报》《时事新报》等新闻报纸做了简要介绍。史学家孟森在《上海闲话》一书的跋中写道:"有能以历史之眼光,政治之知识,为上海纪载事实,而时示以昧津之一筏、暗室之一灯者,则自公鹤始矣。"②这用在评价姚公鹤对上海报纸的研究上似乎也较为贴切。姚公鹤是上海地方新闻史研究的第一人,他的《上海报纸小史》不仅开创了中国地方新闻事业史研究的先河,同时也标志着上海新闻史研究的开端,这是在上海地方新闻事业诞生了六十多年以后产生的第一部具有"历史""政治"和"学理"意义的专门性著作。

1919年12月1日,徐宝璜的《新闻学》几经修改后正式出版,这也是我国最早的新闻学专著,被蔡元培赞誉为我国新闻界的"破天荒"之作。1922年11月,中国新闻学社出版了任白涛的《应用新闻学》,这是我国较早论述新闻业务的重要著作;随后,邵飘萍出版了《实际应用新闻学》(1923年9月)和《新闻学总论》(1924年6月);而中国新闻史研究则出现了蒋国珍的《中国新闻发达史》(1927年9月)和影响更为深远的戈公振的《中国报学史》(1927年11月)。尽管《中国报学史》不是最早的中国新闻史著作,但自从它问世以来,就多次再版或重印,日本的新闻史学者还曾将它翻译成日文进行出版,这在中华人民共和国成立前也是唯一的一部有外文译本的新闻史著作。《中国报学史》被评价为"中国报刊史研究的开山之作"③,它的出现在我国新闻史研究历程中具有"学术标杆"的作用,表明我国的新闻史已经步入了系统的、全面的、专业化的研究道路。而究其原因,《中国报学史》主要有以下三个方面的特点和作用:第一,史料丰富,多为第一手资料,为中国新闻史研究打下了扎实的资料基础;第二,对于中国新闻事业发展的历史作了梳理和评述,有明确的历史分期和报刊分类,为中国新闻史研究设计了第一个理论框架;第三,为中国新闻史研究树立了治学与道德风范,表明中国新闻史研究应该朝着历史前进的方向发展。④戈公振先生在1935年英年早逝,但他的《中国报学史》却为后来者的研究拓宽

---

① 姚公鹤.上海报纸小史[M]//上海闲话.上海:上海古籍出版社,1989:129.
② 孟森.上海闲话·孟跋[M]//上海闲话.上海:上海古籍出版社,1989:144.
③ 方汉奇.新闻史的奇情壮彩[M].北京:华文出版社,2000:338.
④ 丁淦林,方厚枢.20世纪中国学术大典·新闻学传播学 出版学[M].福州:福建教育出版社,2005:14.

了道路。尤其是对20世纪三四十年代的新闻史研究者而言,戈公振等前辈学者扎实的史料基础、科学的研究方法及严谨的治学态度都成为他们汲取"学术营养"的宝库。

这一阶段的新闻教育得到迅速发展。在经历了五四新文化运动洗礼后的中国高等学校中,从20年代起在上海、厦门、北京等地的大学中就相继开设了报学系(后称新闻系),如上海圣约翰大学、厦门大学、北京平民大学、北京燕京大学、上海南方大学、上海国民大学、复旦大学等,关于"中国报学史"(有点类似于后来的"中国新闻史")的课程也被列为学生的必修课程,在一些高校还成为其他专业学生的选修课,新闻学在教育领域的地位迅速提高。这一阶段中国的新闻学研究也得到了长足发展。以新闻专业期刊为例,在30年代,北京和上海就出现了众多新闻学专业刊物,主要有:黄天鹏主编的北平《新闻学刊》(1927)和上海《报学杂志》(1929);中国新闻学研究会主办的《集纳》(1931)和《集纳批判》杂志(1932);复旦大学新闻学会主办的《新闻世界》(1930)、《明日的新闻》(1931)、《新闻学期刊》(1934);燕京大学新闻系主办的《新闻学研究》(1932);《记者座谈》(上海《大美晚报》专刊,1934);平津新闻学会主办的《报学》半月刊(《世界日报》副刊,1936);民治新闻专科学校所属上海新闻记者社的《新闻记者》(1937)。① 至此,我国新闻学研究在新闻理论、新闻业务以及新闻史方面均取得了具有开创性意义的研究成果,由"五四新文化运动"所催生出的新闻学在获得了独立的学科地位之后,研究者们在借鉴西方新闻学理论的基础上,结合自身丰富的新闻实践活动逐渐开创出了一条"立足本土"的研究道路,其"以新闻为本位"的研究思想、专业化的研究路径以及开阔的研究视野无不对以后的新闻学研究产生了广泛的影响。

(二)20世纪30年代至40年代胡道静从事新闻史学研究的社会大环境

胡道静从事新闻史学研究的时间跨度大约是1932年至1949年,几乎贯穿了20世纪的30年代至40年代。在这一阶段,中国社会处于激烈动荡的历史时期,也是各种社会矛盾错综复杂的时期,更是阶级矛盾和民族矛盾在社会矛盾中位置发生重大转变的时期。

就在历史的车轮刚刚驶进20世纪30年代的1931年,日本帝国主义在中国的东北制造了震惊世界的"九一八事变",日本军队很快占领中国关外最重要的大城市沈阳、长春以及广阔的黑土地,并且在其卵翼下产生了以清朝末代

---

① 方汉奇.中国新闻传播史[M].北京:中国人民大学出版社,2002:245.

皇帝溥仪为旗号的伪"满洲国"。日本帝国主义的侵略一直受到中国人民和中华民族的顽强抵抗,中华民族由此进入了长达14年反对日本帝国主义侵略的历史时期。以中国共产党领导的"抗日联军"及其他抗日武装力量与日本侵略军进行的浴血奋战,是中华民族抗日战争中值得大书特书的壮烈篇章。1937年7月7日,以日本侵略军制造北平"卢沟桥事变"为标志,日本发动了对中国的全面武装侵略,同时也标志着在外敌入侵面前,民族矛盾上升成为当时社会的主要矛盾,而以国民党和共产党所代表的地主资产阶级和工农阶级之间的矛盾则让位于事关国家危亡的民族矛盾。中国政治舞台上又一次出现了国共合作的局面,要以全民族的合力战胜日本帝国主义的武装侵略,以争取民族的独立和解放。日本侵略者依仗其长期积累的军事力量,在战争初期曾占领了中国的许多大中城市和广大的乡村。1937年8月13日,日本侵略军制造的第二次淞沪战争爆发,11月12日,上海沦陷。因为当时的日本还有求于英美各国或者说还想利用英美等国获取更多的利益,所以日本军队暂时没有进入外国列强在上海的租界。由于日本侵略军的大举入侵和当时国民政府的战略决策,一大批官办或实力较强的新闻媒体随政府机关向内地转移,剩下的非官办或实力较小的新闻媒体大部分被迫停刊。外国租界区域就像一个"孤岛"处于日本侵略军的包围中,苟延残喘、命悬一线;租界当局为了维护其本国的脸面和自己的管理权威,也通过多种方式阻拦日本侵略军对租界秩序的干扰。在这种情况下,一些爱国新闻媒体和新闻人利用"孤岛"的特殊环境以创办"洋旗报"的形式与日伪展开了顽强斗争。在"孤岛"时期,日伪对抗日宣传活动进行了血腥的镇压,捣毁报馆,恐吓、绑架和杀害新闻工作者的事件经常发生。然而,"白色恐怖"没能扼杀抗日新闻宣传力量,无数新闻界的爱国人士怀着必胜的信念一直坚持战斗到太平洋战争爆发前的最后一刻。在"孤岛"中一直坚持抗日救国宣传、值得我们后来新闻人永远尊敬的这一群体中,胡道静就是爱国新闻人之一。这场全民族的抗日战争,以日本天皇于1945年8月15日宣布无条件投降为标志取得彻底胜利。

  这一阶段的另一个重要社会背景是国共关系的变化。发生在1927年4月到8月间的各地国民党以"清党"为名目进行的全局性大规模反共活动,标志着曾在前一阶段的"大革命运动"中联手进行北伐战争和反对北洋军阀斗争的国民党和共产党的政治合作彻底破裂,从此进入国共十年内战时期。共产党员遭到逮捕和监禁乃至屠杀,共产党组织在国统区被迫处于地下状态,共产党领导的红色根据地在国民党军队的经济封锁和军事围剿下处境艰难。这种状况直到国共第二次合作抗日、国民党实际承认共产党在国统区的合法存在地位,共产党党员可以公开身份,共产党可以在国统区公开出版发行报刊如《新华日报》和《群众》等才有了改变。

抗日战争胜利后,共产党和一些民主党派顺应民众和平建国的意愿,主张废除一党专制,建立民主联合政府。而国民党则企图继续走抗日战争爆发前一党专制的老路,在美国的大力支持下积极准备反人民的内战。以1946年6月26日发生的"宣化店之战"为开端,标志着国共军事内战正式爆发。为了维护"一党专制"体制,国民党反动派排斥异己,压制民主,管控新闻言论;为了支撑战争开支,国民党以没收敌伪财产、进行币制改革等形式搜刮民脂民膏,导致国统区物价飞涨,民怨沸腾,国家经济到了崩溃的边缘。在这种情况下,胡道静的个人生活与工作也面临着动荡波折、物资匮乏、经济困顿等现实困难。这一时期胡道静在上海担任《正言报》总编辑,在复杂的政治形势和严峻的社会现实面前,毫无政党背景的他牢记新闻人的社会责任,客观地记录下社会真实图景,这份在性质上属于国民党报纸的《正言报》也因此带有更多批评者的色彩。作为报纸的总编,胡道静因为《正言报》多次发表揭露国民党腐败和专制的文章而受到国民党上海市党部的"点名批评"。

二、胡道静新闻史学研究的主要内容

胡道静的新闻史学研究在其新闻学研究中占据着重要的位置,从1932年在上海通志馆工作开始搜集新闻史的相关资料起直至1949年,他的新闻史学研究之路基本没有中断过。在动荡的社会环境中,胡道静凭借着新闻史学家强烈的历史责任感和知识分子的学术"坚守"精神,最大限度地克服了外在因素对学术研究的阻碍,在新闻史学研究领域做出了重要的贡献,成为中华人民共和国成立前我国新闻史研究的代表人物之一。综观胡道静的新闻史学研究内容,主要涵盖了上海地方新闻史研究和其他新闻史学研究,这其中又以上海地方新闻史研究为重点,较为明显地体现出胡道静重视地方新闻史研究的特点。

(一)上海地方新闻史研究

胡道静的新闻史学研究,应该说是从上海地方新闻史研究开始的。自1932年他在上海通志馆编撰市志对上海新闻事业发展历史与现状进行关注,就开始了他的地方新闻史研究。而上海又是我国新闻事业发展的重镇,无论是新闻媒体的数量和影响,还是媒介经营管理的经验、新闻业务上的革新以及新闻专业教育的开展等方面,都走在全国新闻事业发展的前列,胡道静对其进行的专门研究具有特殊的意义和重要的价值。1935年,上海通志馆连续出版了胡道静的三部著作——《上海的定期刊物》《上海的日报》和《上海新闻事业之史的发展》。此外,他还发表了30多篇有关上海新闻事业方面的研究论文,写作时间多集中在1934年至1939年间,从而在20世纪30年代构成了一个相对完整的上海地方新闻史研究的内容体系。这个体系主要包括以下几个方面。

1. 关于上海报业发展历程及其规律

在胡道静的上海地方新闻史研究中,报业的发展是其研究的重点。他不仅从历史与现实两方面对上海报业进行宏观审视,还注意加强对报纸进行"个案研究"。此外,考察上海报纸自身的发展也为我们研究上海报业提供了另外一个视角。

(1) 胡道静按照时间顺序对上海报业的发展历史进行了梳理与归纳,形成了较为清晰的发展线索与研究脉络。

1850年8月3日,上海诞生了第一份英文报纸——《北华捷报》(North China Herald),虽然每期只有四页,印数也不过区区百份,但"它却在上海新闻史乃至中国新闻史的史册上宣布:新闻纸,这个舶来的近代新闻定期出版物,终于在中国大陆上移栽问世了"①。胡道静对于上海新闻史的研究,也正是以此为起点展开。"上海开港后的第七年,一八五〇年即清道光三十年英国侨民发行北华捷报(North China Herald),开始为本地造成第一种新闻纸。"②他的研究取得了前人没有的成果,体现如下。

首先,胡道静第一次是对上海地区80年的新闻事业发展历程进行了阶段划分。他把1850年《北华捷报》创刊至20世纪30年代初期上海报业80年左右的发展历程,划分成九个阶段,即报纸的始创(1850—1894)、宪政运动(1895—1911)、民族革命(1902—1912)、洪宪时期(1913—1916)、欧战时期(1913—1919)、五四运动(1919)、五卅惨案(1925)、国民革命(1927)和最近的进展(1934),每个阶段又以重要的新闻界事件作为叙述的主线,再联系当时新闻事业发展的外部环境,第一次以一种纵向的研究视角较为完整地展现了上海报业发展的基本情况。

---

① 马光仁.上海新闻史(1850—1949)[M].上海:复旦大学出版社,1996:11.
② 胡道静.上海新闻事业之史的发展[M].上海:上海市通志馆,1935:1.

其次是胡道静第一次明确界定了上海新闻事业的起点。在"报纸的始创（1850—1894）"时期，胡道静由外文报纸——《北华捷报》的创刊开始，论及了上海华文报纸的产生——"一八六一年清咸丰十一年北华捷报之发行者字林洋行另出一种'上海新报'，这便是上海华文报纸的起始。"[①]这实际上指的是最早的中文商业性报纸，它的产生主要是"因为外侨和华人商业关系日益密切的缘故"。[②]对这份报纸，胡道静还专门撰写了两篇文章——《上海最早的报纸》和《上海新报的十二年——上海最早的报纸之始末》进行阐述，从创办的背景、原因、创办人的情况、版面的编排、对太平军的战讯报道以及与《申报》的竞争等方面回顾了《上海新报》的发展历程。

再次是胡道静思考并指出了教会报刊出现的原因及对中国近代新闻业诞生的意义。在中文商业报纸产生前，上海就出现了外国传教士主持的中文宗教性刊物，最早的是1857年出版的由英国伦敦布道会传教士伟烈亚力主编的《六合丛谈》，影响更为深远的则是在1868年创刊的《万国公报》（它的前身是《中国教会新报》）。客观地说，教会报刊的出现对中国近代新闻业的诞生具有某些方面的积极意义。胡道静认为："第一，中国的智识阶级在那时候是完全没有创辟新闻业的观念的；而西教士中，多有精通中国语文者，由于他们的倡导，中国报纸始能出现。最早的中文报章杂志，不独宗教性质的是西教士所编，即商业性质的亦非西教士助编不行，如上海新报所聘的主笔林乐知，就是著名的西教士；而申报的创办人美查，据说也是英国教会的牧师，这是很可注意的。第二，教会报虽注重宗教宣传，但都附载时事新闻。由于信教者的扩张，新闻的功效之观念乃随着宗教宣传品深入于社会各方面。第三，教会报因对着各方面宣传，所办杂志亦各各不同，有专给妇女读的报，有专给儿童读的报，有专谈科学的杂志。这也是促进戊戌政变后中国各科杂志发达的一个原因。"[③]可以看出，胡道静是从近代报刊观念的传入、新闻的功能与作用、新闻人才的培养等方面来考察"教会报"的，从新闻事业发展的角度肯定了它们对于中国报刊的启蒙作用。

（2）胡道静把上海新闻事业的发展置于社会大环境之中，特别注意考察报纸在社会变动中的重要作用以及外在环境因素对于报纸的影响。

综观胡道静对于上海新闻事业的梳理与研究，离不开对新闻事业所存在、

---

① 胡道静. 上海新闻事业之史的发展[M]. 上海：上海市通志馆，1935：2.
② 同上.
③ 胡道静. 上海新闻事业之史的发展[M]. 上海：上海市通志馆，1935：3.

生长的社会环境的考量与分析,我们分别以 1903 年的"苏报案"和 1925 年的"五卅惨案"为例。

① 胡道静对"苏报案"的考察和分析。

"苏报案"是清朝末年震惊中外的反清政治案件,同时也是我国近代新闻史上的重大事件。《苏报》在 1903 年 5 月由章士钊担任主笔之后,迅速成了革命党人宣传"排满、排康与革命"思想的重要阵地,一跃成为当时最有影响的革命派报纸。可以说"苏报案"的发生在一定程度上推动了我国资产阶级民主革命的进程。对于这样一个重大事件,胡道静在"民族革命(1902—1912)"这一阶段进行了重点叙述,共分为四个部分,其中第一个部分即为"革命党在沪的活动"。

首先考察了"苏报案"发生的社会政治背景。胡道静阐述了 1902 年至 1903 年上海革命党人的主要活动及其影响:"一九〇二年光绪二十八年春,寓沪志士章炳麟、蔡元培、黄宗仰别号乌目山僧等发起中国教育会,至秋冬之间,方组织完备。时驻日清公使蔡钧正奉命遏抑留学生,吴敬恒等适东渡,就被迫回国抵沪;吴等深为忧愤,因与中国教育会人士相商,自立学校,培植人才,复得罗迦陵女士助款,于是就在上海成立了爱国学社。……爱国学社则一反官立学校之所为,社内师生都议论时政,放言无忌,于是沪上革命高潮,遂震荡东南学界。"①之后,随着《苏报》转而成为宣传革命思想的舆论阵地,"志士们"又相继组织了"拒法大会"和"拒俄大会",邹容还出版了《革命军》一书,章炳麟为之作序,《苏报》也做了介绍,并发表了一系列具有强烈革命色彩的文章。

其次介绍了清廷政府对革命党人及其舆论宣传机关《苏报》的态度。"一九〇三年光绪二十九年春夏间,清廷举措愈乖,志士的行动也逐渐激烈,因此就引起清吏对于爱国学社和苏报的忌恨。"②在拒法、拒俄大会之后,清廷认同了某些官员在上书中提到的"上海租界有所谓热心少年者,在张园聚众议事,名为拒法拒俄,实则希图作乱"③的观点,已然开始商讨捕捉革命党人之事,并开列出所捕人员名单,"于是一九〇三年的大事件'苏报案'就在大捕志士和消灭革命党机关的处置下发生了"④。至此,胡道静就从革命风潮的形成和清廷

---

① 胡道静.上海新闻事业之史的发展[M].上海:上海市通志馆,1935:13.
② 胡道静.上海新闻事业之史的发展[M].上海:上海市通志馆,1935:14.
③ 胡道静.上海新闻事业之史的发展[M].上海:上海市通志馆,1935:15.
④ 同上。

政府的外在压力两方面考察了"苏报案"发生的时代背景及其原因。

最后综述了事件的过程和社会各方面的意见。胡道静在接着的三个部分"章炳麟等被捕""苏报馆被封"和"处置志士办法的曲折"中分析了"苏报案"的发生及之后的会审情形,尤其是特别介绍了"上海报界的表示"和"外人的意见"两方面的内容,这就把"苏报案"这一政治事件放置在多重视角下进行解读,以更为客观和全面的研究角度审视、评价"苏报案"的特殊意义及其深远影响。

② 胡道静对"五卅惨案"的记述和分析。

对于"五卅惨案"的记述,胡道静也是从上海新闻界与"五卅惨案"的关系分析入手,从而探究新闻事业发展与社会环境的相互作用。

首先分析了当时的经济环境。胡道静认为"欧战结束后,战胜的强国亟欲恢复其经济的景气,于是重来整顿东亚市场;但是日本在大战中已计划全部把持我国的利益,不免与欧美起了冲突。然因鉴于大战的痛苦,于是互相谅解,共同加紧压迫弱者。由此必然地酿成中国民众的反帝运动,五卅事件不过是显著者而已。而五卅事件的发生,又与上海新闻纸有连锁的关系"①。这关系主要指的是上海新闻界对于五卅之前民众反帝运动的报道立场与态度,"对于这种伟大的民族解放运动,发言却甚为暧昧;真相既不尽予刊载,评论也在不知不觉中代那班肆行经济侵略者辩护,而抹杀了这次罢工的正面意义"②。而究其原因,不外是身处租界之中言论不免受到租界当局的控制,稍有"不当言辞"便受到处罚,"由这种现象发生的影响,就成为直接间接的造成此次惨案的原因之一部分"③。

其次考察了新闻界对该事件的不同反应。"五卅惨案"发生后,开设在上海租界内的报馆仍然无视中国民众的义愤抗争活动,继续"隐忍着淡然无所表示",而租界当局为缓和紧张的局势,出版了颠倒是非的《诚言》为自己辩护,恶意攻击中国民众的爱国行为,并把它刊登在《申报》和《新闻报》上,引起了上海各界的一致反对。面对上海某些报纸所表现出的软弱,胡道静评价道:"以指导社会的喉舌,而竟刊载凶手企图混淆准确理解的辩护词与'中国人必须与外人经济合作——其实是受他们的榨削——始能维持生活'的暗示的公布,在民族的危急关头而被敌人利用至此,这不独开世界上报纸未有的怪例,而且是上

---

① 胡道静.上海新闻事业之史的发展[M].上海:上海市通志馆,1935:61.
② 同上.
③ 胡道静.上海新闻事业之史的发展[M].上海:上海市通志馆,1935:62.

海报界难以清洗的耻辱！但其形成是有原因的——历史的与经济的,即报馆之托庇于租界与依赖于外商广告,平日屈服以求存,一遇事变,就被铁链锁住了不能动！啊,可怜的上海新闻纸啊!"①

最后分析了政治事件的走向对新闻业的影响。政治与经济原因使得上海各报在惨案之初受到了严峻的考验,而民众不断高涨的爱国情绪又促成了上海新闻界反帝统一战线的形成,不仅出现了一批为满足民众斗争需要而创办的爱国报纸,《申报》也在舆论的压力下为"诚言"事件而刊登了向社会各界道歉的启事。在上海新闻界的团结努力之下,帝国主义妄图混淆是非的新闻政策彻底溃灭了。

胡道静在对"五卅惨案"的叙述中,突出了上海新闻界因受到外在因素的影响而产生变化的过程,同时,又论及了新闻界在变化之后所起到的舆论引导作用及现实斗争的结果,把上海新闻事业与现实环境的发展紧紧结合在一起。

(3)胡道静把上海报业置于现实空间环境中,以横向研究视角对其发展现状进行审视。

与《上海新闻事业之史的发展》属于纵向历史研究成果不同的是,胡道静的《上海的定期刊物》和《上海的日报》两部著作主要是横向现实的研究成果。这三部著作虽然同时由上海通志馆在1935年出版,但却体现出了胡道静对上海报业研究的不同视角。

①《上海的定期刊物》——第一本全面研究上海定期刊物现状的著作。

该书主要研究的是关于截至20世纪30年代初期在上海出版的诸如双日刊、周三刊、周刊、旬刊、半月刊、月刊、双月刊、季刊、半年刊以及年刊等中外文定期刊物的情况,涉及的刊物共计532种。全书依照王云五的中国图书"十进分类法"进行编排,以列表的形式按照中、日、英、法、德、俄、意、葡、国际语的顺序分别介绍了各刊的主编、刊期、创刊及停刊时间、社址、刊物的隶属以及资料的依据说明等方面的内容。虽然胡道静在"引言"中提及"本市定期刊物出版至多,我们自然不够做什么搜罗完备底幻想。现在暂以目前找到的制表,以为基本,待将来再补充"②,但就是这部"基本"的关于上海定期刊物的著作为研究者在相关资料的查找和保存方面起到了作用,也达到了胡道静出版此书的目的:"我们现在编定期刊物一项,一方面也就想给本市杂志的目录弄起一个

---

① 胡道静.上海新闻事业之史的发展[M].上海:上海市通志馆,1935:65.
② 胡道静.上海的定期刊物[M].上海:上海市通志馆,1935:2.

基础的模型来。"①

②《上海的日报》——第一本全面研究上海新闻纸现状的著作。

该书对部分上海每日出版的报纸进行介绍和研究,全书除了最后的"补正"外共分为四个部分:第一部分为"引言",简要分析了上海新闻纸发达的原因;第二部分为"上海日报目录",一共涵盖了139种中外文日报,其中中文日报97种,外文日报42种,介绍了报纸的创刊时间、经理、主笔等基本情况;第三部分为"上海各报略史",挑选出45份有重要影响或标志性意义的报纸,如《申报》《新闻报》《时报》《时事新报》等做进一步较为详细的评述,涉及了报纸的发展历程、报纸的业务革新、报纸的主要特色及其影响等方面的内容;第四部分是"上海新闻纸的现状概观",胡道静主要从"上海新闻纸存在的根据""现行新闻纸的版面概况"和"报纸在副刊与特刊上的竞争"等三个方面考察了上海报纸的发展现状。

③胡道静对上海杂志和报纸现状的研究结论和特点。

一是胡道静认为"上海的新闻纸,除了初创时的稀少和袁世凯称帝时的衰落外,有五个兴盛的时期",而"现在适承着第五个时期而发展,所以报界的气象是较沪变前为蓬勃"②,其重要的表现就是"现在逐日发行的新闻纸,晨刊计十二种,夕刊计五种,其中只有四种是老报,其余的都是在这一回潮流中兴起的"③。二是胡道静阐述了包括外文报纸在内的上海不同种类的日报得以存在的原因及其特色,并分别以《申报》《时事新报》和《晨报》为例,取同一时间段内的报纸为比较样本,通过分析指出"申报是代表内容较多广告发达的一类,时事新报是代表用混合编辑制与分版制的,晨报是代表短小精悍的一类"④。三是胡道静探讨了副刊和特刊对报纸的意义。30年代初期,上海报纸在副刊与特刊上的竞争也日趋激烈,因为"精彩的副刊和特刊,往往能吸收广大的读者成为报纸生命线的一段"⑤。副刊最初多刊载软性的游戏文字,而目前"各报副刊的内容亦都就有意义的题材方面充实起来,比较从前仅以消闲为目的是不可同日语了""上海报纸发行特刊,是在欧战以后……报纸为力避单调的弊病,和迎合各方面的读者计,就增添各种特

---

① 胡道静.上海的定期刊物[M].上海:上海市通志馆,1935:1-2.
② 胡道静.上海的日报[M].上海:上海市通志馆,1935:99.
③ 同上.
④ 胡道静.上海的日报[M].上海:上海市通志馆,1935:100-101.
⑤ 胡道静.上海的日报[M].上海:上海市通志馆,1935:103.

刊,每周供给以专门的材料。近来各报对于特刊更为注意,彼此竞争得也极努力"。① 副刊与特刊的多样化与丰富性无疑是上海新闻事业进步的一种表现。四是胡道静在《上海的定期刊物》和《上海的日报》中用列表的方法容纳更多的内容信息,较全面地展现了上海报业的发展面貌,更是进行深入研究的前提和基础。

(4)胡道静不仅从时间与空间的双向维度考察上海报业历史与现状,还非常重视"个案研究"工作,其中尤以对《申报》的个案研究值得关注。

胡道静对上海报业的研究,既有"全景式"的描述与概括,又重视对重要报纸的个案研究,从而形成了一个"点面结合"的研究框架。如表3所示。

表3 胡道静对上海报业发展的个案研究一览表

序号	论文题目	出　处
1	时事新报家谱	大晚报·上海通,1934年2月12日
2	文汇早报之发现	大晚报·上海通,1934年3月5日
3	上海最早的小报	大晚报·上海通,1934年10月1日
4	从"法文上海日报"回溯上海的法文报纸	大美晚报·记者座谈,1934年11月30日
5	晚报之成功者——开乐凯及其"水星"	大美晚报·记者座谈,1934年12月7日
6	上海德文报纸小史	上海研究资料(续集),1937
7	最早的画报	上海研究资料(续集),1937
8	上海最早的报纸	中美日报·集纳版,1939年1月11日
9	上海新报的十二年——上海最早的报纸之始末	中美日报·集纳版,1939年1月18日
10	申报六十六年史	报坛逸话,1940
11	新闻报四十年史(1893—1933)	报学杂志,第1卷第2期
12	民初的上海政党报纸与《大共和报》	报学杂志,第1卷第3期
13	戊戌政变五十年祭与中外日报	报学杂志,第1卷第8、9、10期

---

① 胡道静.上海的日报[M].上海:上海市通志馆,1935:103.

由表3我们发现,从1934年2月发表《时事新报家谱》开始至1948年底、1949年初在《报学杂志》上连续刊载《戊戌政变五十年祭与中外日报》,胡道静对上海报业的"个案研究"几乎贯穿了他新闻史研究的整个过程。胡道静的"个案研究"从研究内容上分析,既包括具有开创性意义的报纸如"上海最早的中文报纸——上海新报""上海最早的小报——奇闻报""最早的画报——小孩月报"等,又包括当时有重要影响的报纸如《申报》《新闻报》《中外日报》等,同时还对上海的英文晚报《文汇报》、法文报纸《法文上海日报》及德文报纸《上海德文日报》的创刊与发展情况也进行了研究。在此,仅以《申报六十六年史》为例考察胡道静"个案研究"的特点。

① 胡道静为什么要写作《申报六十六年史》。

《申报六十六年史》全文23 000字左右,最早是收录在《报坛逸话》(1940年9月由世界书局出版)里"附篇"一章中,后又在《新闻史上的新时代》一书中再版。它的写作时间是1939年初,而准备写作这篇文章的时间却长达6年。

胡道静之所以选择《申报》作为研究对象,主要是因为《申报》在上海乃至全国新闻界的地位与影响——"萌芽于报圃蓓蕾之年,成长于绿叶华滋之代,迄今而领导群英,自强不息者,唯沪渎之申报也。"①胡道静曾谈到对"有历史的、有成绩的"新闻机构个体进行研究的重要性:"可以使人知道每一个体是怎样长成起来的,怎样跌倒的,怎样经过挫折而又奋斗复兴的;它又曾怎样以对环境的斗争,和别出心裁的革新,而影响及领导同业。"②然而从一个史学研究者角度来审视,胡道静却发现,即便是作为"中国报坛耆宿"的《申报》也没有留下多少详尽的、可供后人参考研究的资料,而"求诸报馆方面记载,如五十年纪念册之叙述,二万号纪念之特刊,类皆语焉不详,率多浮面表扬之词,亦乏于考订"③。

正是出于这种考虑,胡道静便有了记录下《申报》沿革历史的想法。他的写作目的不仅是为新闻史研究做基础的史料工作——"以示报史长编之范",同时也打算透过《申报》的历史考察我国新闻事业的发展进程——"以见报业进取之渐"。这篇文章在当时所有记述研究《申报》的文章中是最为周详的一篇。1947年9月20日《申报》出版的第二万五千号纪念刊中也多处引用胡道静这篇文章。

---

① 胡道静.申报六十六年史[M]//新闻史上的新时代.上海:世界书局,1946:82.
② 胡道静.新闻史的先遣工作[M]//新闻史上的新时代.上海:世界书局,1946:12.
③ 胡道静.申报六十六年史[M]//新闻史上的新时代.上海:世界书局,1946:82.

② 胡道静《申报六十六年史》的主要学术贡献。

提出了《申报》主要创办者的"定论"。关于《申报》的主要创办者,胡道静发现在之前研究者的几处记载中其信息均有出入:《中国报学史》中把安纳斯脱美查的名字记作"F. Major",这其实是他的哥哥腓力德立克美查的名字,而追根溯源,在申报馆存有的美查夫妇照片下方,即标注有"F. Major"的字样,胡道静认为照片和名字两者必有一处错误;在白瑞登教授所著的《中国报纸》(Prof. R. S. Britton: The Chinese Periodical Press)中,把美查兄弟的名字都清楚准确地记录下来,但却认为《申报》是腓力德立克美查所创办与经营的。对此问题,胡道静根据三份史料———一是1875年字林报行名簿中对于《申报》的记载;二是安纳斯脱美查逝世后,《申报》在1908年3月29日刊载的"报馆开幕伟人美查事略"一文;三是英文报纸《北华捷报》1908年4月3日关于美查逝世的新闻,都证实了《申报》的创办者确为安纳斯脱美查。于是,经过考证后胡道静纠正了前人的错误,记载下了《申报》创办时的准确信息:"申报发刊于一八七二年四月三十日(清同治十年三月二十三日),为英人安纳斯脱美查(Ernest Major)与其友人伍华德(C. Woodward)樸赉懿(W. B. Pryer)约翰瓦其洛(John Wachillop)共四人创办。"①由此成为关于"申报创办者"的定论。

厘清了《申报》主权及人事变迁情况。《申报》在六十多年的发展历程中,先后经历了外商独资经营、中外合股经营以及国人自主经营等阶段,人事上也有几次大的变动,而在之前的研究成果大都语焉不详。胡道静通过研究清晰地勾勒出了这一变化过程。他的结论是:1872年《申报》创刊时是由安纳斯脱美查及其友人共同出资,在性质上属于外商报纸。美查非常重视经营,因此雇用中国文人全权负责报纸的编辑事务。1889年,"美查兄弟忽动故国之思,乃添招外股,于是年十月十五日(阴历九月念一日)将所营事业改组为美查有限公司(Major Bros. Ltd.)。公司事务由董事四人经理一人主持之……董事中有国人在内,则此时我国人已获有美查公司之股权"②。1906年,"美查有限公司大班因各董事提议扩充江苏药水厂资本,有将申报馆让售于人之意"③,于是买办席裕福以七万五千元买下了申报馆的全部产业,由此开始《申报》主权开始由外商移归国人。1912年,席裕福把申报馆出售给史量才,"史氏延陈冷为总主笔,张竹平为经理,自己任总经理。采取新法,引用新人,营业更为增

---

① 胡道静. 申报六十六年史[M]//新闻史上的新时代. 上海:世界书局,1946:82-83.
② 胡道静. 申报六十六年史[M]//新闻史上的新时代. 上海:世界书局,1946:88.
③ 胡道静. 申报六十六年史[M]//新闻史上的新时代. 上海:世界书局,1946:91.

进,隐然成了上海报业界的领袖"①。1915年,发生了席裕福"控诉申报,要求赔偿"一案,因索赔数额巨大,其他股东无意经营纷纷退出,而"史量才爱护申报殊甚,断不愿舍弃它,乃竭力缴付偿银……最后,股权全部归史氏所有,而成为事权统一的史氏企业"②。

系统叙述了《申报》纸张版面变化及设备更新情况。纸张、版面变化及印刷设备的更新不仅是新闻个体日趋进步的表现,通过它们也能洞察到新闻事业不断前进的步伐。在《上海报纸小史》中,姚公鹤仅仅是概括性地描述了上海报纸的印刷经历了由"手摇机器"到"电力机器"的发展阶段,而胡道静则细致地考察了《申报》的纸张、版面及印刷情况,从而更为清晰地展现了上海报纸的发展历程。胡道静的结论主要有以下几点。

第一,关于《申报》的纸张变化。在《申报》创刊之初,"用中国毛太纸单面印刷,分为八版(当时称为八章)。通体用四号活字排印,标题亦然,广告价格表船期表,则用五号字排印"③。1874年,《申报》因及时报道日军侵入台湾的事件而销量增加,这时毛太纸产量较少已不适合使用,于是从9月11日起,《申报》改用赛连纸印刷。1885年,法国舰船侵犯我国东南沿海,《申报》派出记者前往宁波前线采访,"此役告终,申报的声誉愈大。因为广告激增,开始扩充附张,并易手工制的赛连纸为机制的油光纸"④。

第二,关于《申报》版面的变化。1905年2月,迫于上海新闻界的竞争压力,《申报》进行全面革新,在篇幅上——"纪载要闻,以多为贵,正附两纸,宽大一律,容有未尽,尚谋扩充";在版面上——"上下横截,分列短行,文理易明,且省目力。别刊大字,择要标题,藉振精神,并醒眉目。"⑤从1909年1月25日起,"申报开始用印报纸两面印刷"⑥。

第三,关于《申报》印刷机器的更新。《申报》自1912年史量才经营以后,逐步推行企业化的经营方针,加强基础设施建设,不断更新技术设备,印刷机器也有较大改进,"十余万份之报数,乃可于两小时中完全毕事。申报馆房屋既建筑完美,机器亦添购新式,对于各部的设备,亦复力求完善,如制铜板机,

---

① 胡道静.申报六十六年史[M]//新闻史上的新时代.上海:世界书局,1946:92.
② 同上。
③ 胡道静.申报六十六年史[M]//新闻史上的新时代.上海:世界书局,1946:83.
④ 胡道静.申报六十六年史[M]//新闻史上的新时代.上海:世界书局,1946:88.
⑤ 胡道静.申报六十六年史[M]//新闻史上的新时代.上海:世界书局,1946:90.
⑥ 胡道静.申报六十六年史[M]//新闻史上的新时代.上海:世界书局,1946:91.

浇字机,打纸版机,浇铅版机,铅字铜模等,无一不备其最新式而至完善者"①。而这些都是这份资产阶级的商业性大报向现代企业化报业迈进的重要表现。

研究思考《申报》在新闻采访等业务上的进步。胡道静认为美查创办《申报》目的在于盈利,因此非常重视报纸的质量。具体措施包括以下几点。

第一,报纸创刊前就重视人才培养和学习成功经验。在创刊之前美查就派钱昕伯去香港考察报业情形,并加以仿效。创刊之后为提高报纸的销量,《申报》在业务上一直把新闻采访与报道工作放在首位。1874年,日本借口侨民被杀派兵侵入台湾,"美查乃亲出探访消息,以真情载之报章,读者由此知道新闻之有益,争先购阅,日销数千张"②。《申报》为提高新闻真实性,不断加强采访工作,遇到重大事件一般都会派出专人实地访查,并在全国许多城市都聘有特约记者。

第二,积极引用先进科学技术提高《申报》新闻报道时效性。《申报》在全国报纸中最早使用电报来传送新闻稿件。"一八八一年十二月二十四日(清光绪七年十一月初四日),天津上海间有线电报初通。美查即嘱天津访员用电报传递清廷谕旨。第一次国内电讯于一八八二年一月十六日(光绪七年十一月二十七日)刊出,特移载于其他新闻之前。"③1905年,《申报》进行改革的重要举措之一即"建置新闻网":"广译东西洋各报""选录紧要奏议公牍""敦请特别访员""广延各省访事""搜录商界要闻""广采本地要事",④以扩大新闻来源。

第三,积极进行新闻改革。1932年,《申报》以创刊60周年为契机推出了一系列的革新活动。11月30日,《申报》发表《今后本报努力的工作》一文,其中强调要加强新闻报道,增加各地通讯,例如"国外通讯,如欧洲美国苏联以及华侨,尤其是日本,务尽多刊载有系统之通讯";而"国内地方通讯,力求普遍,于各地方的民生疾苦,政治经济情况,务求其能有系统的记载;东北失地现状,尤为注意"。这些改革进一步促进了《申报》的发展。

③ 胡道静"个案研究"的特点。

第一,胡道静有着明确的"个案研究"的意识,这更多的是源于他为完成一部"良好的新闻史"这一理想所做的努力与准备。

胡道静对上海新闻事业的"个案研究"与其"整体研究"之间是互为补充、

---

① 胡道静.申报六十六年史[M]//新闻史上的新时代.上海:世界书局,1946:93.
② 胡道静.申报六十六年史[M]//新闻史上的新时代.上海:世界书局,1946:84.
③ 胡道静.申报六十六年史[M]//新闻史上的新时代.上海:世界书局,1946:87.
④ 胡道静.申报六十六年史[M]//新闻史上的新时代.上海:世界书局,1946:90.

相辅相成的,如果与同时代的其他新闻史学者相比较,我们更能够发现胡道静对"个案研究"工作的重视。例如,从20世纪20年代戈公振的《中国报学史》、蒋国珍的《中国新闻发达史》,再到20世纪30年代黄天鹏的《中国新闻事业》、张静庐的《中国的新闻记者与新闻纸》、赵君豪的《中国近代之报业》,多是从宏观视角考察我国新闻事业的发展历史,专门对某一新闻个体进行深入研究的成果较少。当然,这也与我国新闻史研究在20世纪二三十年代正处于整体框架构建阶段有关,理清线索、划分时期、概括特点是这一阶段的主要研究任务。胡道静进行"个案研究",也是在为完成一部"良好的新闻史"做更基础、细致的准备工作,他认为,新闻史著作需要编撰"长编",这就必须对新闻事业的个体进行详细的研究,"若每一个体,均有精详的资料备列,那么抽绎要旨,作综合的记述,就不很困难了"。① 正是有了这样一个长远的、宏大的新闻史研究的目标与理想,胡道静才能在对上海报业进行宏观研究的同时,对"个案研究"工作也能给予足够的重视,从而在上海新闻史的研究内容上形成了"宏观与微观并重""点面互为结合"的特点。

第二,选择"个案研究"对象,注意挑选有重要影响或具有开创性意义的"新闻个体",在完整展现它们发展历程的同时,注重"最具特色"的内容或新发现。

胡道静的"个案研究"对象中,有一些是上海新闻史上具有开创性意义和价值的"新闻个体"。它们在当时产生的影响可能不大,甚至由于存在时间短、年代久远而被后人遗忘,但并不能因此而忽略它们在新闻史发展历程中的特殊地位,特别是当一些研究者对于它们的记录出现偏差的时候,就需要及时更正以便为新闻史研究留下更为确凿的史料,否则随着时间的推移,它们就极有可能被湮没在纷繁的历史中,造成后人的误读与曲解。

胡道静"个案研究"对象中,一部分是在上海新闻界产生重要影响的"新闻个体",如《申报》《新闻报》《中外日报》等。无论是在新闻采访与报道、事业经营,还是在社会影响力方面,它们都起到了举足轻重的引领作用,走在同时代新闻媒体的前列,对它们进行深入研究其价值不言而喻,从论文的篇幅来看,这也是胡道静"个案研究"的重点。胡道静的研究注重在叙述它们发展历史的过程中凸显出它们的特色或者自己研究的新发现。如《申报六十六年史》中涉及了"《申报》的创办情况与主权的变化""《申报》纸张、版面及印刷设备""《申报》的新闻报道""《申报》的社会文化事业"等几个方面的内容。其中,《申报》

---

① 胡道静.新闻史的先遣工作[M]//新闻史上的新时代.上海:世界书局,1946:12.

对于新闻采访工作的重视、《申报》刊出国内第一号电讯、《申报》的企业化经营之路、《申报》大力开展社会文化事业等较有特色的内容都是论述的重点;再如《新闻报四十年史(1893—1933)》中包括《新闻报》的主权变化、经营策略、物资设备、首创"经济""教育"专栏等内容,其中胡道静特别指出,自己对《新闻报》虽并没有如《申报》一样全部阅读一遍,但据掌握的资料进行研究也是有一些新的发现的,如"张之洞或曾投资于该报;编辑部历任主要的人员,有较为完备的纪录;福开森主持这张华文报纸的政策,有逐字的说明;新闻报开始由轮转机印报之年份月日;指出新闻报首创专栏新闻,为各报所踵行"①。

胡道静"个案研究"选择另一类对象的目的是"纠错"。如他《最早的画报》这篇文章,就是针对张若谷1936年所作的《纪元前五年上海北京画报之一瞥》一文中认为"中国最早的画报是1880年在上海出版的《画图新报》"这一观点进行的辨析与考证。胡道静指出,在差不多同一时期《申报》也先后出版了两种画报,分别是《瀛寰画报》(1877年)和《点石斋画报》(1884年),特别是后者产生的影响较大,成为早期画报中的佼佼者,这也是有些研究者对上海最早的画报存有误解的原因之一。对此,胡道静考证了上海画报的发展历史后指出:最早的画报应是1875年创刊的《小孩月报》,它与《画图新报》同属上海清心书馆出版(1880年后改由中国圣教书会出版),在内容上包括诗歌、故事、名人传记、博物、科学等,所用的插图均是精致的铜版雕刻物。②胡道静的文章纠正了张若谷等研究者的不正确记载,为后来的新闻史研究提供了准确的史料。

(5)胡道静注重从上海报纸自身发展角度展现其在经营、通讯、印刷及交通工具、纸张及版面安排等方面的变化历程,为后人研究上海新闻史提供了新的视角。

在对上海新闻事业(主要是报纸和杂志)进行个案研究的同时,胡道静也注重对上海新闻事业的宏观研究,从整体上记录上海新闻事业前进的历史足迹。这些研究主要有以下几个方面。

① 关于报纸的经营方面。上海报业从1850年《北华捷报》的诞生开始至20世纪三十年代,在80多年间的历程中,报纸的经营模式呈现出了由"个人经营"到"股份制公司经营"的发展态势,而这也正是世界新闻事业发展的基本规律。对此胡道静认为:"一切新闻纸的起初,都是独资经营的,进一步则集合

---

① 胡道静.新闻报四十年史(1893—1933)[J].报学杂志,1948,1(2):9.
② 胡道静.最早的画报[M]//上海通社.上海研究资料(续集).上海:上海书店,1984:324.

了极少数的人经营,可是这时代的事业的规模是很小的,所投的资本也不大,正因轻微的资本就足以应付,所以成为个人经营的事业乃是必然的现象。新闻事业逐渐地进展与扩张,影响于资本方面的,就像从前小资本是无法存在了,于是不得不傍赖于不为营业而存在的发言机关的助力以资维持,政治机关时代的报纸遂形成了。末后,那政治色彩的报纸,因记事偏抑之故,怎么也无法扩张其业务,以获得普遍的读者,不得不由言论机关转向到报道本位,向着大众办一个为一般服务的报纸;这样,一切费用都增加起来,而新闻纸的经营,亦不得不流向于股份组织去了。股份公司的再进一步,就是公司与公司合并,新闻社与新闻社联合,结果乃成为'报业托拉斯'或'报业辛狄卡',一切单独组织均落入一二巨头之手。"①对照这一规律,胡道静检视了上海几家报纸的发展情况:《北华捷报》《申报》《文汇报》《新闻报》等最初都是由"个人经营"或"集合了极少数人的经费"而转向了"股份公司经营",时间集中在 19 世纪末期至 20 世纪初期。而在此之后,随着公司资本的不断增多,"报业托拉斯"即报业垄断巨头也渐露端倪。胡道静举例说:"一九二八年(民国十七年冬),传闻申报馆主史量才有合并新闻报大部分股份的企图,而在先又吸收了时事新报的许多股份,有形成'申报系'报纸的趋势。一九三二年(民国二十一年),《时事新报》、《大陆报》、《大晚报》和申时电讯社在报界巨子张竹平总经理的联合下为'四社',又为一新兴起的报纸企业的组合。"②不仅如此,胡道静还注意到一种新的变化正在演进之中,那就是社会金融资本开始对报刊事业的投资,如《申报》《新闻报》都出现了某些金融界人士收买公司股票的情况,这似乎更加预示着在不远的将来大规模的报业集团组织的出现。

②关于报社的通讯、印刷和交通工具。胡道静重视科学技术进步对新闻事业的推动与影响。他认为"自从科学进步工业发达以来,整个社会的旋律是按着轮机的膊跃而跳动的,它在文化上的表征是迅速、急切、一致的;在此时代的新闻纸之制作,也必然因需要发挥其本有的现代文明之特质与适合现时的社会之一般的动态,尽量地利用一切与它直接间接发生关系的机械,帮助它达到目的。主要的说来,通信的工具,印刷的工具,运输的工具,铁链似的布置在新闻社的内部与外部,有机体地构成了这一种血液流行的脉络"③。在报社通讯方面,他在考察上海报纸由最初依靠人工传递新闻信息到后来有线电报和

---

① 胡道静.上海新闻纸的变迁(上)[N].大美晚报,1934 - 12 - 21.
② 同上.
③ 胡道静.上海新闻纸的变迁(中)[N].大美晚报,1934 - 12 - 28.

无线电报普及的发展历程后认为,"在新闻播送的立场看,真是世界一家了"①。在印报机械方面,上海报纸的印刷机械经历了手摇印刷机、使用煤气引擎的印报机和高速度的电力轮转印报机等阶段,胡道静经过查阅报纸两旁齿痕后考证出《新闻报》是上海报界最早使用轮转机设备的报纸企业,时间是在 1914 年 7 月 15 日。在报纸发行的交通工具方面,据胡道静记载,创办于 1931 年的上海航空新闻社代理输送报纸,已能够将当天上海的各种报纸于当日内寄送到沪平、沪汉、沪粤三条航线各埠,汉渝、渝蓉、西北航线也可于第二天寄送到达。② 后又因飞机的载重有限,上海报馆又有了一个更好的办法,只需要将报纸的纸型多印一份,由飞机送至外埠某一处印刷部即可,这不仅大大降低了运输的成本,又提高了报纸的覆盖率。

③ 关于报纸的纸张及版面安排。胡道静指出:"新闻纸之昭示于人的即在其纸面;经营与夫机械不过是新闻纸的后台而已。"③相比较报纸在经营以及通讯、印刷、交通等方面的变化而言,人们对于报纸在纸张、版面安排上的改变感受更直观一些,而这些也正是促进上海报纸在新闻业务上不断进步的动力之一。

在报纸使用的纸张方面,胡道静第一次清晰地考察了上海报纸使用"白报纸"的实际过程,"一般都以为上海的新闻纸起初都是用中国竹连纸以及赛连纸、油光纸印刷的,迨至一八九六年(清光绪二十二年)苏报始改用白报纸。但是上海最早的一种报纸却是例外,即一八六一年(清同治十一年)创刊的上海新报,自始即用白报纸印刷,出版十年,未有异动。申报及沪报创刊时,均用中国竹连纸,同时之匯报、彙报、益报、新报均然,新闻报的创刊时亦然;到苏报创刊时,才兴起一种变革。申报之改用白报纸印刷,自一九〇九年一月二十五日(清宣统元年正月初四日)起"④。

在报纸的版面编排方面,胡道静指出最初的《上海新报》只有新闻和广告,《申报》创刊后开始增设"评论",创刊于 1882 年的《沪报》为了与《申报》竞争,吸引更多的读者,开始在报纸上连载长篇小说,直接推动了我国报纸副刊的形成。1898 年出版的《时务日报》打破了《申报》早期的编制("栏目")类型,至 1904 年《时报》出版,在编制方面更为进步,除了论说与新闻两大主体内容之

---

① 胡道静.上海新闻纸的变迁(中)[N].大美晚报,1934-12-28.
② 同上.
③ 胡道静.上海新闻纸的变迁(下)[N].大晚报,1936-03-16.
④ 同上.

外,还开设了《时评》《小说》《报界舆论》《外论撷华》《介绍新著》《词林》《插图》《商情报告表》等栏目。对此,胡道静评价《时报》"是在十分地发挥新闻纸的功效,而使读者感觉至上的兴味"①。特别是《时报》在报纸中增设新闻插图的做法,深受读者欢迎,并且"创启了上海报界纸面方面的新局面"。②之后,《申报》《新闻报》《晨报》都曾出版过图画专版。

在报纸的"专版制"和专刊方面,胡道静认为20世纪三十年代上海报纸在内容划分上已形成了较为清晰的"专版制度",大致可以分为政闻版、国际版、教育版、经济版、本埠版、社会版等,这主要由报纸的分栏制逐步演变推进而成。如《新闻报》在1922年4月15日始创《经济新闻》栏,1923年3月15日又创设《教育新闻》栏,"将此二种专门的新闻自本埠栏中提出,自成区域,为分版制之先导。各报追踵而起,均有经济、教育专版之设。稍后,时事新报使国际新闻得一独立的地位;不久,又大革新编制:新闻纸第一面采取混合编辑制,其他各版一律有专司职,于是时事新报遂告最先完成专版制于上海新闻纸界"③。至于报纸的"专刊""本埠增刊""特讯与特写""杂志文"等,则是上海各报在竞争过程中体现自我特色的结果。对于上海新闻纸在过去七十年中在版面安排上的不断变化与更新,胡道静认为这是"以读者为中心"的经营与服务理念在起作用——"怎样使读者觉得我这张报是最舒适阅读与有益的"④。

2. 关于上海广播事业的发展历程及其不足

胡道静的《上海与广播事业》和《上海广播无线电台的发展》两篇文章专门论及了上海广播事业的兴起与发展。他不仅梳理了从1923年上海第一座无线广播电台的设立到三十年代中期上海广播事业已初具规模的发展历程,而且对广播电台出现的外在原因、特殊意义、社会作用及其现行管理政策都进行了分析与评述。更重要的是,他敏感地意识到随着广播——这一新兴媒体的出现与不断发展,必将会对现有的新闻媒介格局产生影响并引起变化,这一认识把广播与新闻事业发展紧密地结合在一起,体现出新闻史研究者的独特视角。

---

① 胡道静.上海新闻纸的变迁(下)[N].大晚报,1936-03-16.
② 同上.
③ 胡道静.上海新闻纸的变迁(下)[N].大晚报,1936-03-23.
④ 胡道静.上海新闻纸的变迁(下)[N].大晚报,1936-03-30.

(1) 奥斯邦广播电台的诞生及其影响。

我国的新闻广播事业是在上海诞生与发展起来的。1922年底至1923年初,美国商人奥斯邦在上海创办了发售收音机及元件的中国无线电公司(Radio Corporation of China),并与英文《大陆报》馆合作办起了"大陆报——中国无线电公司广播电台"。胡道静记载为"在一九二三年(民国十二年)一月二十四日下午八时开始播音,这是上海也是全中国境内的第一座广播无线电台"。① 虽然奥斯邦广播电台只存在了短短几个月时间,但对于我国无线电广播事业却具有开创性的意义。胡道静归纳为:"(一)他是依藉发售收音机械来维持广播事业的;(二)他的电台每天只广播一小时,从下午八时十五分至九时十五分;(三)他因为要谋事业的发展,因此竭力与上海大陆报馆联络,经大陆报代为宣传,广播的事业乃在中国闻名。"② 胡道静特别提到它与《大陆报》馆间的合作,指出"广播无线电的本身,原来也是一种效力强大的宣传工具,所以大陆报也利用他的无线电台,每晚广播新闻消息,所以这上海的第一座广播电台,就同新闻事业发生关系的"③。虽然最初新闻节目并不是广播的主要内容,但这却是我国早期"广播新闻"的萌芽。此后上海广播事业发展迅速,正如胡道静《上海与广播事业》一文的副标题所言——"中国八十九座电台·上海居其半数　一九二二年始立基础·进展极迅速。"④

(2) 20世纪30年代上海民营广播电台激增原因及其存在的问题。

胡道静指出,1927年"新新公司因为经营大批收音机的关系,特在公司屋顶上建筑一座五十瓦特的广播电台,电浪长三七〇公尺,呼号为XGX(今改XHHC),播送商业市况、新闻及中国音乐,为第一座国人自建的广播电台"⑤。同年,"交通部天津无线电报局从该局的长波放送机开始播音……北平电话局

---

① 胡道静.上海广播无线电台的发展[M]//上海通社.上海研究资料(续集).上海:上海书店,1984:714.(笔者注:胡道静记载的时间有误,准确时间应为1923年1月23日晚8时。)

② 胡道静.上海广播无线电台的发展[M]//上海通社.上海研究资料(续集).上海:上海书店,1984:715.

③ 同上。

④ 胡道静.上海与广播事业[N].大晚报,1936-10-05.

⑤ 胡道静.上海广播无线电台的发展[M]//上海通社.上海研究资料(续集).上海:上海书店,1984:716.(笔者注:胡道静此处记载的新新公司广播电台是我国第一座私营广播电台。开播于1926年10月1日的"哈尔滨广播无线电台"是我国第一座官办广播电台。)

也建造了一个广播电台,这是我国政府主办广播事业的开始"①。进入20世纪30年代上海民营的广播电台呈现出激增态势,"据1932年底的统计,上海共有广播电台40座,……至1934年底有54座"②。胡道静认为其原因有"(一)装置收音机的人家已经很多了;(二)上海事变中,广播事业曾显其报道的伟大功能;(三)欲藉广播电台经营广告事业者很多……等"③。胡道静"从军事政治经济和社会对广播的需求等多方面的联系中,去体察广播事业发展的主客观因素,比早期人们对广播的认识更高一等"④。

胡道静在研究中注意到广播电台迅猛发展所暴露出的问题。"上海一个地方,拥挤了这么许多的电台,电浪弄得干扰不堪,况且有许多电台,所播的节目完全迎合低级的趣味。"⑤大概有鉴于此,民国政府交通部国际电讯局从1934年开始对民营电台和外国人在中国设立的电台进行整顿,取缔设备简陋的电台,并联合上海社会、教育等部门审查民营电台的节目底稿,禁止播放粗俗的语言及歌曲。同时交通部还自建电台,播送有益于社会教育的节目,"遂使上海广播事业改变其前十年纯粹商业化的状态,而能够确收辅助社会进步的功效了"⑥。

(3)"纸面新闻之劲敌"——对广播等新兴媒体未来发展的预测性研究。

作为新闻史研究者的胡道静对广播这一新兴媒体有着敏锐的感知力和洞察力,对其未来发展及对新闻事业的影响进行了科学的预测性研究。他认为:"新闻的传播本不仅限于纸面,但是从十九世纪印刷工具进步,新闻通讯随交通方法的发达而敏捷以来,纸面新闻就得了绝大的优胜,占据了整个的报告事业的重要的领域。不过,到了二十世纪的初年,因为科学上有了更进步的发明,——广播无线电的完成,电影技术的增进,一用到新闻的传达工具方面来,就使纸面新闻感受到无上的威胁。因为无线电广播新闻有更速的传达力,新闻电影有更具体的表现力,是纸面新闻所及不来的。在标准化享受现代科学

---

① 胡道静.上海广播无线电台的发展[M]//上海通社.上海研究资料(续集).上海:上海书店,1984:716.

② 胡道静.上海广播无线电台的发展[M]//上海通社.上海研究资料(续集).上海:上海书店,1984:717.

③ 同上.

④ 哈艳秋.简论旧中国对广播的研究[J].现代传播,1993(3):148.

⑤ 胡道静.上海广播无线电台的发展[M]//上海通社.上海研究资料(续集).上海:上海书店,1984:717.

⑥ 胡道静.上海广播无线电台的发展[M]//上海通社.上海研究资料(续集).上海:上海书店,1984:719.

文明的美国,已发生了新闻纸和广播电台的新闻竞争;就是我们所处的国际化的都市的上海,也因近几年来无线电电影的享受日趋发达,隐示了来日不可避免的新闻传播术的新趋向和竞争的路线。在将来回溯今日这一个起点,恐怕也就像今日反顾已往纸面新闻发展的起点一样呢。"①20世纪二三十年代的上海,新兴媒体诸如无线电新闻广播、新闻电影等的发展还处于刚刚起步的阶段,胡道静意识到了科学技术的进步将给新闻事业带来巨大的变化,他就基于它们的传播特点及优势做出了较为科学的判断,体现出了一位新闻史学者善于纵向考察的眼光与能力。

3. 关于上海新闻通讯社的发展历程及其特点

通讯社是人类新闻传播史上伴随着科学技术的进步和信息需求的增长而出现的一种专门搜集和供应新闻的机构。1872年,英国路透社在上海成立了远东分社,这不仅是上海第一家新闻通讯社,同时也是中国第一家新闻通讯社。胡道静经过对上海新闻通讯社(国人自办通讯社和外国通讯社)发展历程的研究,取得了自己独特的研究成果。

(1) 第一次对上海通讯社的发展历史进行了阶段划分。

胡道静第一个把从1872年英国路透社在上海设立远东分社,到20世纪30年代60年左右的上海通讯社发展历程分为四个时期,并对每一个时期的特点做了分析。②

外国通讯社独占时代。在这一过程中,外国通讯社在很长一段时间内都占据着较大的优势。1872年,英国路透社在上海成立了远东分社,开始了这一老牌通讯社在中国的新闻活动。它"当时的责任仅为搜集中国的消息供给它的总部,附带供给消息给英文字林报",而"将欧洲消息以及太平洋消息供给中国报纸,时间已很晚,那是从一九一二年开始的……路透社上海分社新任总主笔考克司氏(Mr. M. J. Cox)计划对我国报纸发稿,那时候就有十八家报纸采用它的新闻稿"。③ 在路透社之后直至20世纪30年代初期,日本东方通讯社、德国海洋通讯社、美国合众通讯社、美国联合通讯社、法国哈瓦斯社、苏联的塔斯社等也先后在上海成立了分社,开始了它们的新闻活动,并且"这些外国通讯机构以它们雄厚的实力,先进的手段,灵通的信

---

① 胡道静.上海新闻事业之史的发展[M].上海:上海市通志馆,1935:88.
② 胡道静.上海新闻通信事业的发展[M]//上海通社.上海研究资料(续集).上海:上海书店,1984:706.
③ 同上。

息,占领了上海新闻市场,成为当时上海新闻通讯事业带有半殖民地性质的一个明显标志"①。

本国通讯社发轫时代。胡道静认为上海第一家国人自办的通讯社出现在1921年,即胡政之所创办的国闻通讯社。(马光仁主编《上海新闻史》认为上海最早见报的通讯社是生生社,时间为1909年8月,生生社创办人不详,活动时间较短,稿件数量也只有三篇。②上海市地方志办公室《上海新闻志》第三编《通讯社》中记载:"上海第一家登记在册的、由中国人自办的通讯社于民国元年(1912年)8月31日诞生,这就是由上海报人李卓民主办的民国第一通讯社。"③我们基本同意马光仁的观点。)这一时期属于上海国人自办通讯社发展的初期。民营通讯社人力财力有限、自己采写的新闻稿很少、存在时间较短、社会影响力不大、发稿能力差、维持时间短是它们共同的特点。这可能是胡道静把国闻通讯社认定为上海第一家国人自办通讯社的主要原因,因为它是上海第一家在全国都较有影响的私营通讯社,是20年代上海国人自办通讯社的代表。胡道静认为它"成绩也很好,它有上海的总社,有北京(今北平)、奉天(今沈阳)、汉口、哈尔滨四个分社,互通电讯,极为各埠报纸所信仰采用"④。在20世纪20年代,国人自办的通讯社在数量上逐渐增多,也出现了一些如国闻通讯社、申时电讯社、新声通讯社等影响较大的通讯社,但总体发展仍然缓慢,胡道静分析了其中的原因:"在前几年,我国自办的通讯社,完全是属于私人主办的。其以营业为目的的因为资本缺乏不能够发展;以政党为背景的则亦仅知为一党一派宣传,不以事业为重,较商业者更其不如。所以十年以还,我国的新闻通信事业,虽已发轫,终鲜进步。"⑤

外国通讯社竞争时代和本国通讯社进步时代。从20年代末期开始,我国通讯社在上海有了新的发展。鉴于当时"我国没有大规模的国际通讯社,因此在国际宣传上万分吃亏,而本国报纸接受国际新闻也毫无防御,以致尽代别人

---

① 上海市地方志办公室新闻网:《专业志·上海新闻志·通讯社》. http://www. shton g. gov. cn/node2/ node2245 /node4522/node5600/index. html.

② 马光仁. 上海新闻史(1850—1949)[M]. 上海:复旦大学出版社,1996:366.

③ 上海市地方志办公室新闻网:《专业志·上海新闻志·通讯社》. http://www. shton g. gov. cn/node2/ node2245 /node4522/node5600/index. html.

④ 胡道静. 上海新闻通信事业的发展[M]// 上海通社. 上海研究资料(续集). 上海:上海书店,1984:709.

⑤ 胡道静. 上海新闻通信事业的发展[M]// 上海通社. 上海研究资料(续集). 上海:上海书店,1984:709-710.

宣传"①。1927年夏,外交部在上海成立了国民新闻社,主要从事对外宣传的事务,"到了一九二九年春天,国民新闻社和美国合众通讯社及德国海洋通讯社订立合约,以我国要闻的译稿交换该两社的美欧新闻,以之供给本国报社。"②我国通讯社终于实现了和外国通讯社之间的新闻交换,这在胡道静看来是巨大的进步。至20世纪30年代中期,随着国民党中央通讯社的不断扩大,以南京为中心先后在上海、北平及天津、汉口、香港、西安、南昌、成都及重庆、贵阳、广州等地成立了分社,在东京和日内瓦还派有通讯员,并且"一九三四年,中央社与路透社及哈瓦斯社订约交换新闻。同年,上海分社开始发英文稿,供给本市各英文报纸刊登,并用以与路透哈瓦斯两社交换新闻"③。由此,胡道静乐观地认为中央通讯社在未来"必将随中国国势的上升而活跃于世界新闻通信事业之林无疑"④,这其实也是胡道静对中国通讯社发展的殷切希望。

(2) 研究外国通讯社在上海的发展并思考对中国通讯社的启示。

胡道静在上述论文中分别考察与梳理了英国路透社、法国哈瓦斯社、美国合众社以及日本同盟通讯社在上海不断扩张新闻势力的情况。

关于英国路透社。中国境内建立分社的外国通讯社,"适如英国的经济势力向远东扩张一样,路透社的新闻电讯在远东的无数据点占着优异的势力"⑤。至1912年,仅上海就有18家报馆采用了路透社的新闻稿件。

关于法国哈瓦斯社。第一次世界大战之后,"三社四边协定"逐步被打破,世界上最早的通讯社——法国哈瓦斯社也开始了在中国的活动,1929年哈瓦斯社在中国的四个城市设置特派记者,"这些记者每天将就地所得消息发往西贡之总社,再由该地用无线电转发往巴黎。太平洋社将法国及欧洲他处的特别消息供给中国各报,在上海、北平、滨江三处发稿。在中国每天供给各报的

---

① 胡道静.上海新闻通信事业的发展[M]//上海通社.上海研究资料(续集).上海:上海书店,1984:711.
② 同上.
③ 胡道静.上海新闻通信事业的发展[M]//上海通社.上海研究资料(续集).上海:上海书店,1984:713.
④ 同上.
⑤ 胡道静.路透社在中国[M]//新闻史上的新时代·报坛逸话.上海:世界书局,1946:50.

消息,大约有一千两百字"①。

关于美国合众社。成立于1907年的美国合众社1929年3月在上海设立了分社,开始了在中国的新闻活动,最初几年并未引起读者特别的注意。但1937年抗战爆发之后,"合众社的记者开始大规模地活动于华方前线与军政的中枢,新闻电报似贯珠般地打出,它在中国的特殊地位,就此建筑起来了"②。

关于日本同盟通讯社。这是日本政府的官方通讯机构,1936年1月1日开始正式营业,它的渊源最早可以追溯到1914年创立的东方通讯社。由同盟通讯社成立的曲折过程,胡道静看到了日本政府为创办一个国家一流通讯社所做出的努力。他举例说,在1919年的巴黎和会上,中国记者胡政之和日本记者田代都亲睹了英国路透社的工作流程,惊叹于它的效率和威力。胡政之回国后便辞去了原来报馆的职务而创办了国闻通讯社,田代回国后则向日本外务省建议"需要在中国组织特殊的通讯社",以实现"在中国表示东京意见"的目的,这一建议得到了日本各政界领袖的赞同,于是委派田代来到中国着手实现这一计划,并由此拉开了组建同盟通讯社的序幕。③ 两相比较,国闻通讯社是以私人的力量来经营,而田代的计划则获得了政府的支持和赞助,由此胡道静指出"中国报人的觉悟不为不早,政府的行动则失之较迟也"④。

(3)关于新闻通讯社功能的三个创新观点。

胡道静对通讯社的重视源于他对于其功能与作用的深刻而全面的认识。他对通讯社的功能提出了三个具有创新性的重要观点。

消费合作社。胡道静认为,虽然有人把通讯社的事业称为"不出版的报纸",但绝不能以为通讯社的事业及功能较报馆为小,反之,有时候它是驾乎报馆之上的。就搜集消息而论,它放弃了出版的业务,专致力于采访,充其能而遍布通讯员于全球各重要城市,它的采访能力自较任何报馆为大,以其所得的消息同时供给各报馆而使其分别负担合理的代价,又是消费合作的经济办法。

---

① 胡道静.哈瓦斯社在中国[M]//新闻史上的新时代·报坛逸话.上海:世界书局,1946:53.

② 胡道静.美国合众社在中国[M]//新闻史上的新时代·报坛逸话.上海:世界书局,1946:54.

③ 胡道静.同盟通讯社的来历[M]//新闻史上的新时代·报坛逸话.上海:世界书局,1946:56-57.

④ 胡道静.同盟通讯社的来历[M]//新闻史上的新时代·报坛逸话.上海:世界书局,1946:57.

宣传之权威。和报纸、广播比较起来,通讯社较少受到文字和语言方面的限制,因而它搜集和传播新闻信息的区域范围要更大些。它在每一个分驻地点,接到了总社拍来的电讯,便可译成当地文字,供给当地的首脑通讯社,通过该通讯社而发表于当地的报纸。一个组织到了这样的时候,对于国际宣传,便有了操纵自如的权威。它是哪一国的事业,哪一国就享受这成果了。

淋巴液滤器。胡道静主张一个国家的代表通讯社应当发挥"淋巴液滤器"的作用,这是现代国家机构中不可或缺的一个部分,它可以担负起防御外国新闻政策侵入以及对外宣传的责任。因为外国通讯社驻我之分社,供给消息于我代表通讯社,我社可鉴别其消息之背景与用意,加以簸扬,然后分发给本国报纸刊登,它的作用,适如人体上的淋巴腺一样;同时,以自国之公报及新闻,交由该外国代表通讯社分社,一则作为交换物,一则使之代为播送宣传。后者的权柄虽则操控在对方的手中,但是我社的国内新闻网组织完善,则外社也不得不借此而得到我国国内新闻。也就是说,通讯社依靠自身的实力在对外宣传上占得主动,既可以防止被其他国家舆论操纵,又可以独立地表达自己的意见以达到维护国家权益的根本目的。但假使缺少了这样一个通讯社,那情形就会大不一样:但见外国通讯社在国境内飞扬跋扈,直接供给消息于本国报纸,而且国内电讯,几乎全由外国通讯社来越俎代谋。这在报业组织中,就如同人体上缺少了淋巴腺的机构,不问是否含有毒素的消息,一律通过,其危害程度可想而知。①

(4)关于中国通讯社发展趋势的研究。

胡道静指出,中国的新闻通讯社应该大力增强新闻活动能力。面对外国通讯社在中国势力的不断壮大,他认为中国应当创办一个强大的国家通讯社,因为"若使一个国家缺少了这机构,那么不单是在国际上失掉了自己的喉咙,而且国内新闻不能独立。你自己愿意放弃这权利,别人决不袖手旁观,立刻来攫了你这份权利,而在你家里做太上皇……国际及国内的新闻通讯主权,辄被侵攘"②。而目前的情况是,与中国通讯社发展迟缓、业务能力相对较弱形成鲜明对比的是,外国通讯社在中国的新闻活动的日渐频繁,其综合实力也远在中国通讯社之上。他希望通过两者的对比对我国通讯社的

---

① 胡道静.通讯社的起源与其功能[M]//新闻史上的新时代·报坛逸话.上海:世界书局,1946:46-47.

② 胡道静.中国的代表通讯社[M]//新闻史上的新时代·报坛逸话.上海:世界书局,1946:47-48.

发展起到警醒和借鉴的作用。

20世纪三四十年代的中国处于内忧外患之中,饱受西方强国在政治、军事、经济上的欺凌与压榨,综合国力较弱,直接决定了我国通讯社在世界新闻市场中的处境与位置。作为新闻史研究者,胡道静能够从维护国家权益的角度认识到通讯社的重要功能与作用,并对其发展提出了自己的设想与希望,虽然这一想法在当时社会条件下无法实现,但这也正是现代通讯社在未来发展的必由之路。

4. 关于上海新闻学教育及新闻学术组织发展的研究

胡道静对上海新闻事业的研究还包括对新闻学教育以及新闻学研究组织的关注,这两方面的进展既是新闻事业日渐发达的表现,也必将推动新闻事业进入新的发展阶段。

(1) 关于上海新闻学教育发展历史的研究。胡道静认为,"报纸的经营与制作,本为现代的专门技术之一。但是中国的新闻人,自始即由无聊文人及落魄政客充任;其后虽多有志者奋任斯业,又大半未曾受过报学的专门训练;因此要求报业的进步,实无异在黑暗中摸索"①。这是我国新闻事业发展初期新闻从业人员的现状。随着新闻事业的发展,我国的新闻学教育也应运而生。胡道静认为"上海之有报业教育,始于圣约翰大学的报学系,而南方、光华、国民、复旦、沪江各大学及国立上海商学院相继设报学专科,复有民治新闻专科学校及申报新闻函授学校成立,目下教育报业的机关既多,将来这新的专门人材出任,一定能够使报业进展于新的阶段"②。并对以上提及的新闻学教育组织的基本情况如创立时间、主要负责人、课程设置、招生情况做了记载,为后人留下了宝贵的研究史料。

(2) 关于上海新闻学术研究组织发展历史的研究。"在报业教育发达之外,近来复有一个可喜的现象,即目下的新闻从业员在职务余暇对于所从事的这科学术也正在努力研究,有着许多讨论研究的组合。上海始有新闻学会,源起于各大学报学系同学的组织,现在则职业记者间也有着这样的团结。"③根据胡道静的记载,我们可以知道在20世纪30年代中期,上海的新闻学研究组织有:上海报学社、密苏里大学新闻学院同学会上海分会、复旦大学新闻学会、中国新闻学会、记者座谈会、中国文化建设协会新闻事业委员会等。他还列举

---

① 胡道静.上海新闻事业之史的发展[M].上海:上海市通志馆,1935:72.
② 同上。
③ 胡道静.上海新闻事业之史的发展[M].上海:上海市通志馆,1935:75.

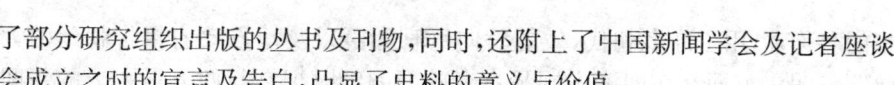

了部分研究组织出版的丛书及刊物,同时,还附上了中国新闻学会及记者座谈会成立之时的宣言及告白,凸显了史料的意义与价值。

(二)胡道静的其他新闻史学研究

胡道静在进行上海地方新闻史研究的同时,其视野也逐渐扩展至整个新闻史研究领域。在他的新闻史学著述中,涵盖了"世界及中国报纸的起源""边疆报纸、华侨报纸以及在华外报情况""中国报纸副刊的发展历史"等方面的内容。胡道静把五四运动以来新闻学研究所积淀下来的诸多"营养"和对现实的新闻事业的观察与思考紧密融合在一起,形成了视野开阔、重视微观研究、善于把历史与现实相互结合的特点。

1. 对世界及中国报纸的起源和演进类型的研究

《报坛逸话》第一章为"报纸的起源",由7篇文章组成,分别是《关于京报》《欧洲最早的新闻纸》《中国第一种现代报纸——马来亚的"察世俗每月统记传"》《"察世俗"的内容和主张》《上海最早的报纸》《上海新报的十二年》《早期的美国报业》。从选录的文章构成中我们发现胡道静并不拘泥于叙述中国报纸的起源(既包括中国古代报纸,也有中国现代报纸),同时也关注到世界报纸的起源问题,把两者放置于同一叙事空间中,增强了中西方的对比性,并可以从中发现一些规律性的东西。

(1) 胡道静研究报纸起源注意中西方横向对比,在比较新闻学视野下展开历史纵向梳理以显现出中西方的异同。

有学者在评述近代中国新闻学的创立者时认为:"他们(诸如徐宝璜、邵飘萍、任白涛、汪英宾)不但是卓越的报刊实践者,从业经验丰富,更为难得的是,他们是站在西方学者的肩上进行研究的,在立足本土新闻实践的基础上,他们熟悉西方新闻学基础理论,拥有更宏阔的世界眼光。"[①]这种"世界眼光"的形成固然有其特殊的时代背景,却对以后的新闻学研究产生了深远的影响。在研究报纸的起源问题时,我们同样也发现了胡道静身上的这种"世界眼光",表现如下。

关于中西方报纸的起源。胡道静一方面采用了曾任职于燕京大学新闻系的西方学者白瑞登教授的观点,认为邸报始于汉朝,有着两千多年的历史,"邸

---

① 蔡斐.世界的眼光 中国的问题——重读戈公振先生《新闻学》[J].国际新闻界,2010(8):111.

报的名称,沿用了许多朝代,效能是向百官大臣以及地方政府报告朝廷的大政"①。另一方面又在回溯中国最古老的新闻纸时把它与西方最古老的新闻纸《每日纪事报》进行了比较:"它是政府的公报,恰和西方最早的报纸也是政府的公报即罗马出版的每日纪事报可以媲美。每日纪事报流行历十五个世纪,创刊则在纪元前六十年,所以京报无论在出现之早与维持之久的那一点上,都要比每日纪事报来得强。"②同时又认为《每日纪事报》的出现,其政治与经济上的因素要更突出一些,"假使不是一些人在国家中有政治的兴味,或卷入了经济圈而与广袤的区域发生贸易及运输的关系,那么决不会有系统地搜集与传播新闻的时间存在的"③。罗马共和国早期的"新闻通信"便主要涉及了这两方面的内容。在纪元前六十年,当恺撒大帝被推举为执政官时,立即颁布了一道命令,规定此后元老院的工作务必每日写出并公布,"恺撒这道命令的效果就创始了现代日报的前驱者,'每日纪事'。起先,这张日报是公布在一块白板上,叫阿尔部(Album),是'白'的意思。换言之,罗马人于政务厅前获得消息,十分像我们今日站在民众阅报牌前读报纸的摘要,以得最近的新闻"④。

关于西方传教士在中国近代报纸发展中的历史作用。胡道静认为,中国近代新闻纸的诞生和发展与西方传教士有着密切的关系。"引导西方的现代报纸的形式和制度到中国来的,是基督教(Protestant)的英国教士。他们在中国创办华文报纸,是为了传播教义之目的,但客观上却建立了中国现代报纸的基础。"⑤胡道静详细分析了英国传教士马礼逊、米怜来到中国进行传教活动的情况及选择马六甲作为布道中心的原因,并探讨了《察世俗每月统记传》的内容、方法、文字风格、影响范围等。尤其值得一提的是,胡道静认为这份刊物"确是启发了中国现代新闻事业几种重要观念"——"广泛求知的观念""通俗

---

① 胡道静.关于京报[M]//新闻史上的新时代·报坛逸话.上海:世界书局,1946:1.
② 同上。
③ 胡道静.欧洲最早的新闻纸[M]//新闻史上的新时代·报坛逸话.上海:世界书局,1946:3.
④ 胡道静.欧洲最早的新闻纸[M]//新闻史上的新时代·报坛逸话.上海:世界书局,1946:4.
⑤ 胡道静.中国第一种现代报纸——马来亚的"察世俗每月统记传"[M]//新闻史上的新时代·报坛逸话.上海:世界书局,1946:5.

普及的观念"和"解放民智的观念"。① 胡道静对这份最早的中文刊物在我国新闻史上产生的影响及意义的评价是比较客观的。

(2) 关于世界范围内报纸发展阶段演进的研究及创新。

胡道静把我国古代的"邸报"视为封建社会的产物,而把19世纪以来的中国现代报纸看作资本主义社会的产物——由于中国社会形态的转换并不是自主的,那么这种具有资本主义性质的报纸也是借助外力促成的——这也是我国新闻事业发展之始的特殊性所在,而"随着社会的进展,再说'现代报纸'时,便应该指'社会主义的报纸'了"②。

关于三种类型报纸性质的论述。胡道静认为,不同类型的报纸产生于不同的社会,它们所折射出的意识形态以及所发挥出的效能也是不同的:"封建社会的报纸,为中央与地方政府间、天子与群臣间的报道机关。传抄政务消息、注重官吏升迁的报告,余非所问。具行浓厚的升官发财的思想,所以京报的封面上,常常印着财神的像片。资本主义社会的报纸,建筑在技术上、商业上及经济上的出版物,而且具有自由议论政治的观念,完善地是全部培根哲学的成果。它是代表第三阶层的利益的,同时凡是资本主义社会的病态,它既脱不出其范畴,便也十足地呈露出来。社会主义的报纸,在群众从事于建设新社会的斗争中,它是一种良好的组织者及先导者。它是大众利益的保卫者,文化线上的火炬;它是人类精神的交通工具。在现阶段负有教育民众、提高民众智识技能水准的使命。"③

关于"社会主义报纸"概念的价值。胡道静对报纸类型的演进概括是非常准确的,特别是他能够站在历史发展的角度对产生于20世纪的苏联社会主义报纸做出肯定性的评价更是难能可贵。胡道静的预言——"代表大众利益的报纸,是今后报业趋向的路线,它将冲破旧社会的范畴,而领导新社会的来临"④——这在今天已经成为事实。

2. 对中国边疆报纸和华侨报纸的研究

《报坛逸话》的第二、三部分是《边疆报纸》和《华侨报纸》,共收录了《西藏

---

① 胡道静."察世俗"的内容和主张[M]//新闻史上的新时代·报坛逸话.上海:世界书局,1946:9.
② 胡道静.报纸之今昔观[J].战时记者,1939,2(4):12.
③ 同上。
④ 同上。

新闻》《爪哇的华侨报纸》《夏威夷的华侨报纸》和《大洋洲的华侨报纸》①等4篇文章,"图片"部分中还特别选录了两幅"边疆报纸"的照片(《西康新闻》和《新疆日报》)。

(1) 对边疆报纸《西藏新闻》的研究。

我国幅员辽阔,新闻事业因为受到经济条件、交通条件以及社会环境等外在因素的影响,发展极不均衡,这在处于战争环境中的20世纪三四十年代表现得更为突出。因此,新闻学者往往把目光聚焦在新闻事业比较发达的大城市,而对于处于边远地区的新闻事业则很少研究。《西藏新闻》是西藏境内唯一的一份报纸。胡道静指出虽然它的刊期并不固定,什么时候出版主要取决于它的主编泰清,但却是"喇嘛境域与外间沟通消息的唯一中介物"②。他认为《西藏新闻》有自己的立场与主张,对于国际时局的讨论也很详细,"这位有耐心的喇嘛安静地坐在他孤寂的小室里,忠实地记录世界大事,消息的来源是广播无线电收音机及各地的日报"③。胡道静介绍道,为了增强刊物的趣味性,泰清在每一期的末页还设有一些"猜谜竞赛"或"拼图游戏"。在当时交通极其不便利的情况下,《西藏新闻》的发行范围之广尤其值得称道,它在西藏地区的影响不言而喻,泰清也依傍这份报纸为连接喇嘛境域和外部世界做出了重要的贡献。

(2) 对华侨报纸的研究。

在当时的中国新闻事业中,华侨报纸是一个重要的部分。戈公振在《中国报学史》中曾谈及华侨报纸的价值并予以肯定:"华人之侨居于国外者,其数近千万,则其所发行之报纸,殊有可述之价值也"④"政府若能创办此种报纸,亦足联络祖国与华侨之感情,于华侨事业之发展上,实至有关系也。"⑤胡道静不仅继承了此种观点,认为"我人尤应注重边疆新闻与海外华侨社会的新闻事业,此项工作,为一般所疏忽,亟待弥补,而学术研究的工作且可有裨于民族的团结联合,因边远情况,为国人所亟需了解,此种工作又能增进边远同胞的感情"⑥,而且他进行了更为基础而实际的研究工作,在上述四篇文章中,胡道静

---

① 这四篇文章最早发表于《中美日报·集纳版》1939年8月23日,4月26日,5月10日,5月3日。
② 胡道静.西藏新闻[M]//新闻史上的新时代·报坛逸话.上海:世界书局,1946:16.
③ 胡道静.西藏新闻[M]//新闻史上的新时代·报坛逸话.上海:世界书局,1946:17.
④ 戈公振.中国报学史[M].北京:中国新闻出版社,1985:204.
⑤ 戈公振.中国报学史[M].北京:中国新闻出版社,1985:205.
⑥ 胡道静.新闻史的先遣工作[M]//新闻史上的新时代.上海:世界书局,1946:15.

通过对相关资料的梳理与分析,主要包括报纸的种类、报纸的版面与内容、报纸的发行、读者的情况等,向国人介绍了爪哇、夏威夷和大洋洲的中文华侨报纸发展状况,对促进中国新闻事业的对外交流具有积极意义。

(3)胡道静对边疆报纸和华侨报纸研究的意义

作为一名长期生活、工作在我国新闻事业发展中心的上海新闻史学者,胡道静能够注意到边远地区以及海外华侨新闻事业的发展状况,不仅把它们纳入中国新闻史的研究范畴之中,还呼吁新闻学者应重视此类研究的重要作用,这种统观全局的研究意识难能可贵,也显示出了胡道静较为开阔的研究视野。而较之戈公振对这一研究领域的概括性论述,胡道静则更注重琐细资料的搜集与整理,他的研究也更多地体现在具体内容上的拓展与补充,这种基础性的研究工作丰富了前人的研究成果,进而从细微处推进了我国新闻史研究的广度与深度。

3. 对在华外报发展历程和特点的研究

作为中国新闻事业发展中的一个特殊的组成部分,胡道静把外国在华报纸也纳入了自己的研究范畴,其中包括外文报纸以及外国人所办的中文报纸,特别是前者,胡道静分别从时间与地域两方面对其进行了梳理。相关研究成果主要有:《珠江流域的英文报纸》《黄河流域的英文报纸》《在中国的法文报》《在华的日文报纸》《在华日本人办的中文报纸》等。此外,还有两篇文章专门研究在上海的外文报纸,分别是《从"法文上海日报"回溯上海的法文报纸》和《上海德文报纸小史》。在《上海的定期刊物》和《上海的日报》两部著作中,胡道静还对在上海出版的英、法、日、德、俄等外文定期刊物和日报进行了统计与简要介绍。主要的创新性成果如下。

(1)关于外国人在华报刊在对中国近代新闻事业史上的客观意义。

自1815年8月5日英国传教士马礼逊、米怜创办了第一份近代中文刊物——《察世俗每月统记传》,至19世纪70年代初期在汉口、香港、上海等地开始出现国人自办报刊,在这近六十年的时间里,外人所创办的报刊几乎占据了我国报刊事业的全部。从最初的以宣传教义为目的的宗教性刊物,到鸦片战争后主要为商业贸易服务的商业性报纸,无论是中文报刊还是外文报刊,它们的政治立场都是一致的——为西方列强侵略中国制造舆论,充当"文化侵略"的武器。但从新闻事业发展角度认识,在华外报在某种意义上对我国近代报刊起到了一定的示范与促进作用。主要表现一是把西方近代报纸的观念、办报思想和办报技术带到了中国,二是在办报过程中吸纳中国人参与其中,为中国培养了第一批办报人才。

(2) 胡道静对在华外报研究的特点。

相对于外国人所办的中文报纸，胡道静侧重于研究外文报纸的发展，其中又以英文报纸为重，这与在华英文报纸的影响要大于其他外文报纸有关。他首先从总体上考察这些在华外文报纸的地域分布情况，例如，在中国的法文报纸主要集中在上海、北平和天津三个城市；其次在不同区域内又基本按照创刊时间的顺序介绍每一种报纸的情况，影响较大的报纸其研究资料也更为丰富，如在香港创刊的英文报纸《德臣报》，胡道静就从报纸的刊期变化、主笔情况、政治立场、编辑政策等方面进行了论述。

(3) 关于在华外报的作用及其侵华本质的阐述。

胡道静认为"海外的本国文报纸，是侨民社会中的大动脉，借此可以互通声气，研究商情。每个在三番市的华侨，希望充分地得到祖国的消息及当地华侨社会的新闻，读美国人的英文报虽然不会毫无所获，然而那一定是不能满足的；因为每张报纸的服务，必以其自身社会利益之牟取为目的。他国侨民在中国办的各本国文报纸，理亦如此。然因中国为次殖民地之故，此种报纸亦负有政治经济侵略的先锋之特殊使命"[①]。在那种社会背景下，能够明确指出在华外报"负有政治经济侵略的先锋之特殊使命"的本质是难能可贵的。

4. 关于我国报纸副刊的发展

胡道静对报纸副刊的研究文章主要有两篇：《论副刊》和《中国报纸副刊的起源和发展》，前者发表在1938年12月7日《中美日报·集纳版》(后收入《报坛逸话》)，后者发表于1948年《报学杂志》第1卷第6期。这些研究成果清晰地勾勒出了我国报纸副刊从诞生到五四时期的发展历程，揭示这二十多年间，中国报纸副刊从内容、风格、版面编排到价值取向、社会功能等的诸多变化，并重点研究了"五四"时期影响力最大的报纸副刊，彰显了它们在传播新文化与新思想、推动社会进步与文化革新方面的重要作用与价值。

(1) 对第一个"成形的副刊"的认定。

胡道静认为1897年11月24日由上海《字林沪报》创办的文艺性报纸附张《消闲报》是我国第一份报纸副刊。胡道静在《中国报纸副刊的起源和发展》这篇文章中首先对这一史实进行了认定，成为后人研究中国报纸副刊的基点。

---

① 胡道静.在华的日文报纸[M]//新闻史上的新时代·报坛逸话.上海：世界书局，1946：29.

尤其可贵的是胡道静在该文中公开承认自己在此前的《论副刊》文中的"我国第一个副刊是《同文沪报》附出的《同文消闲录》"这一说法是有误的,这种知错就承认并勇于改正的严谨治学态度值得我们赞赏和学习。同时,胡道静指出《消闲报》是《同文消闲录》的前身,1900年《字林沪报》因经营问题被转售给了日本东亚同文会,改名为《同文沪报》继续出版,而之前的副刊《消闲报》也就被更名为《同文消闲录》。①

（2）关于"成形"副刊的发展历程。

胡道静把《消闲报》称为"成形的副刊"。他这样解释:"我们要把报纸中专辟一栏或一版以刊载文艺性或新闻补充文字者,称之为'成形的副刊'。"②这一界定既是便于做历史分析时有清晰的说明,同时也区别于那些虽无副刊之名但却有副刊内容的早期报纸。但这一定义的背后却暗含了报纸副刊诞生之前的"准备阶段",即《消闲报》虽是我国第一个具有完整形式（有单独的版面及名称）的报纸副刊,但在此之前,许多报纸中其实已经包含了早期副刊中文艺性的内容——胡道静称之为"副刊性"文字。例如《申报》,胡道静就指出,在创刊之始它为了打开销路就比较注意刊载文艺性作品,起初多为文人骚客的竹枝词一类,其版面安排也并不固定,与新闻、言论、广告等内容混合编排在一起。③ 不只是《申报》,在更早些由外国传教士创办的中文宗教性报刊中,如《察世俗每月统记传》《东西洋考每月统记传》等,就出现了少量杂谈、诗词等文艺性文字,而究其原因,还是为了更好地向普通民众宣传教义,西方传教士们需要考虑到中国读者的文化传统、阅读习惯与兴趣,因此"他们在编辑过程中,最初所选择的诗词散文文体是中国传统的文学样式,文艺性的文字自然出现在了报刊上,这就是近代早期报纸副刊的萌芽"④。在之后的一些中文宗教性刊物中,为了拉近和中国读者的心理距离,这种偏软性的诗词、小品文等文艺性内容也经常出现,但归根结底还都是为宣传宗教服务。相比而言,《申报》所登载的"副刊性"文字则更能吸引文士墨客,作为一份商业性报纸,它聘请中国传统文人来主持笔政,因此主编们更了解读者群体的喜好与口味,再加上《申报》创刊之初因通讯和交通条件所限新闻数量匮乏,也需要刊载文艺性内容以充实版面。最终,从《申报》开始,"副刊性"文字作为报纸的一个必备内容被固

---

① 胡道静.中国报纸副刊的起源和发展[J].报学杂志,1948(6):5.
② 同上。
③ 同上。
④ 谢庆立.中国早期报纸副刊编辑形态的演变[M].北京:学苑出版社,2008:106.

定下来,之后其他报纸也纷纷效仿并不断拓宽内容,而这也正是报纸副刊酝酿、产生过程中的一个重要步骤。

(3)对中国报纸副刊产生动因的解读。

胡道静指出报纸副刊的形成与两个因素密切相关。一是报纸间的不断竞争即"报纸中刊登文艺性的文字,是属于'报纸内容的改进'之一种。此种改进,通常由于'报业竞争'所致。早期的申报为了要和上海新报竞争,所以在内容中添进了新的质素,在新闻和广告而外,复有评论及文艺性的文字。后起的报纸,为了要和老牌的申报竞争,在内容方面又有多种的改进,扩充刊登文艺性文字的数量,而且辟成专版,冠以专名,创造了'成形的副刊'"①。二是受"小报"的影响。"小报""以全副力量注意文艺方面的,它不必要刊载国家大事,但是街谈巷语,隐私秘闻,却以揭露为快;此外兼载词、游戏文、笑林、剧评、灯谜等,是一种以趣味为中心的报纸"。②"小报"产生于19世纪末期,以谴责小说家李伯元主编的《指南报》和《游戏报》为代表,"从此,报纸开始了以集中版面和栏目的形式刊载文艺性的内容"③。而这种编排方式和栏目设置也逐渐被"大报"所借鉴——"有的报纸的主持者想到摹仿'小报'的办法,辟一专版,扩充文艺性文字的数量,随正张附送,使读者有'买一得二'之乐,'成形的副刊'因此就在这种兼并小报藉以作为与同行竞争的资本的意念之下诞生了。"④

(4)关于副刊的内容、风格时代性演变的结论。

胡道静认为《消闲报》的基本旨趣是娱乐化的,曾提出要把报纸办成为读者"遣愁、排闷、醒睡、除烦"⑤的大众刊物,因此在内容上多偏重于"风花雪月"类的题材,通俗性、新奇性、趣味性是其主要风格与特点,即便后来也涉及一些现实政治题材,也多以轻松幽默的方式表达,强化了副刊娱乐大众的功能。但20世纪初期随着资产阶级革命派报刊的兴起,副刊以宣传革命思想、号召大众推翻满清政府为主旨,呈现出了犀利明快、立场鲜明的"战斗"风格,如《鼓吹录》(《中国日报》副刊)和《黑暗世界》(《国民日日报》副刊)等。胡道静以"副刊的革命·革命的副刊"为标题概述了这一从内容到精神上的变化,认为这是副

---

① 胡道静.中国报纸副刊的起源和发展[J].报学杂志,1948(6):5.
② 同上。
③ 谢庆立.中国早期报纸副刊编辑形态的演变[M].北京:学苑出版社,2008:130.
④ 胡道静.中国报纸副刊的起源和发展[J].报学杂志,1948(6):5.
⑤ 冯并.中国文艺副刊史[M].北京:学文出版社,2001:84.

刊发展史上的一次"革命"——它已"不再是草创时代的那种'风花雪月',聊供'酒余茶后之需要'的了"①,这类副刊是作为政治文化斗争的武器用以配合主报进行革命宣传的副刊。但胡道静又明确指出,"革命的副刊"只是副刊发展变化中的一脉支流,还有不少副刊继续沿着《消闲报》所开创的"轻松""娱乐"的道路前进,如《申报》的副刊《自由谈》、《新闻报》的副刊《快活林》以及《时报》的几种副刊等,它们注重提升副刊的文化品位及其消闲功能。

(5) 关于五四时期代表性副刊的时代特点和历史贡献。

"五四运动是一阵排山倒海的洪潮,它的影响波及了中国文化的每一部分,报纸的副刊也不例外。五四以后,报纸副刊又有了一个新的面目,给后来的副刊开辟了一条新的道路。"②确如胡道静所言,五四运动特别是在思想文化领域开展的五四新文化运动为报纸副刊的发展带来了宝贵的精神资源。1915 年以《新青年》为阵地,精英知识分子率先奏响了追求"民主"与"科学"精神的时代号角,此后,他们"比较成熟地运作一些报纸副刊,并使之成为自己的公共话语空间和启蒙大众的文化广场"③。胡道静提及的北京《晨报副刊》、上海《时事新报》副刊《学灯》、《民国日报》副刊《觉悟》就成为五四时期新型报纸副刊的代表,在传播新文化与新思想、推动社会进步与文化革新方面发挥了重要的作用。对它们的"特殊贡献",胡道静总结有三点:"在内容方面,介绍思想,介绍理论,指导人生,探索真理,提倡新文字,辩论社会问题,使副刊从一个狭隘的范围走到了广阔的天地。由此有了'杂志型'的副刊,它是思想的,学术的和文艺的混合产物。在文字方面,它响应了五四文化运动的'活的文学'的要求,从此用白话文写文章。在中国报纸的内容的个部分中,五四以后的副刊是最先使用白话文的。在精神方面,它鼓励了自由主义的发扬。五四时期的副刊对于各种思想各种学说的介绍和讨论,是没有什么限制的;它把选择权操在读者的衡量中。"④

胡道静对我国早期报纸副刊的研究侧重于副刊的"形成"与"变化",以此为中心他探讨、分析了副刊的起源及其流变,为我国副刊在最初 20 年间的发展历史厘清了基本的脉络,成为对中国报纸副刊发展史研究具有奠基性的成果。

---

① 胡道静. 中国报纸副刊的起源和发展[J]. 报学杂志,1948(6):6.
② 同上.
③ 谢庆立. 中国早期报纸副刊编辑形态的演变[M]. 北京:学苑出版社,2008:171.
④ 胡道静. 中国报纸副刊的起源和发展[J]. 报学杂志,1948(6):6-7.

第二节　胡道静的新闻理论和新闻实务研究

胡道静不但是一位在当时新闻史学领域取得引人注目成就的新闻史学研究者,还是一位有着十年新闻从业经历(1938—1948)的"报人",先后任职过的新闻媒体有近10家,从事过编辑报纸、撰写社论与通讯、编译稿件、主持专栏等工作。在长期的实践活动中,他结合自己的新闻工作和研究兴趣,在"人类早期的新闻传播活动""新闻的特性""新闻采访与写作""印刷技术、电讯交通与新闻事业的发展"等方面都有自己的思考与见解。这些在新闻理论和新闻实务方面的研究同样值得我们重视,它们与新闻史学研究一起构成了胡道静新闻学研究的全貌。

一、对人类早期新闻传播活动起源的探索

新闻传播活动是人类社会所特有的一种社会活动,它伴随着人类社会的形成而产生,并在人类社会的不断前进中逐步发展。胡道静的一些观点不仅在当时受到人们的关注,就是在数十年以后仍然具有较大的影响力。他在这方面的研究成果主要包括以下几点。

(一)从传播媒介角度划分新闻事业发展阶段

胡道静从远古时期的新闻传播活动开始,把人类新闻事业的发展大致划分为"口头新闻""手写新闻""印刷新闻""广播新闻"和"电视新闻"等几个阶段。① 这种从传播媒介自身进步与发展角度划分中国新闻事业发展阶段的观点,一直对后人产生学术影响。到了2010年2月,刊登在国内新闻传播学重要刊物《新闻与传播研究》杂志上的《中国新闻事业发展阶段新论》②一文,其基本思路仍然是从新闻媒介发展变化的角度划分新闻事业史的发展阶段,由此可见胡道静研究的超前性。

---

① 胡道静.新闻史上的新时代[M]//新闻史上的新时代.上海:世界书局,1946:1.
② 倪延年.中国新闻事业发展阶段新论[J].新闻与传播研究,2010(1).

（二）对中国新闻活动起源的研究

在20世纪二三十年代，新闻学者们对文字产生之前的人类新闻传播活动的研究并不太多，而究其原因如戈公振所言："惟口头报纸，颇不易得明确之材料，吾故存而勿论。"①但这似乎并不影响新闻界对"口头新闻"在人类新闻传播史上"起源"地位的认识，邵飘萍说："新知识互相交换之要求，为人类本能性之一种。此种本能性之发达，在人类未有文字以前，已略开其端绪。"②黄天鹏的阐述则更为直接："新闻事业之起源，始于口述之新闻，故穷源竟委，新闻事业与人类同时而发生。"③我国有文字记载的新闻传播活动可以追溯到春秋战国时期，这也是20世纪二三十年代的新闻学者们比较关注研究人类早期新闻传播活动的一个阶段。在这一时期，产生了我国最早的一部诗歌总集《诗经》、最早的历史文献汇编《尚书》以及第一部编年体史书《春秋》，"《尚书》之纪政治，《诗经》之咏风俗，《春秋》纪事之有年月日，在今日视之为经史，而当时则颇含新闻之种子焉。輶轩采风与后世新闻记者之游历考察亦有类似之性质焉"。④邵飘萍指出了我国最早的史书及诗歌总集在纪事上已经有了"新闻的意味"，而负责到民间各地"采风"的官员，其行为与今日新闻记者的工作也很相似，对此黄天鹏也表达了同样的看法："古设太史之官，以采风问俗，今设访员之职，以探访消息，所职所司，微有不同，就大体言，实殊途而同归。"⑤关于这一点，著名的维新派报人梁启超甚至把"采风"看作古代的"民报"："古者太师陈诗以观民风：饥者歌其食，劳者歌其事，使乘輶轩以采访之，乡移于邑，邑移于国，国移于天子，犹民报也。"⑥

胡道静对中国新闻传播活动起源的阐释，首先是继承了之前研究者们的观点，认为《诗经》中的"国风"与古代的新闻传播活动是"有关系"的。他说："诗经的内容分为三部，是风、雅和颂。……遒人所采集者是'风'部分的诗，也就是这部，和古代的新闻有关系。所以称作'风'者，因为这些诗歌能够表现某一个地方的风俗，使天子看了可以知道域内各部分的情状。汉书艺文志所谓：

---

① 戈公振. 中国报学史[M]. 北京：中国新闻出版社，1985：18.
② 邵飘萍. 邵飘萍新闻学论集[M]. 北京：北京大学出版社，2008：150.
③ 黄天鹏. 中国新闻事业[M]. 上海：上海联合书店，1930：19.
④ 邵飘萍. 邵飘萍新闻学论集[M]. 北京：北京大学出版社，2008：150.
⑤ 黄天鹏. 中国新闻事业[M]. 上海：上海联合书店，1930：22.
⑥ 梁启超. 论报馆有益于国事[M]//中国新闻史文集. 上海：上海人民出版社，1987：24.

'古有采诗之官,王者所以观风俗,知得失,自考正也。孔子取诗,上采殷,下取鲁,凡三百五篇。'便是指的这一回事的始末。"①胡道静明确提出民间歌谣的产生与事件的出现及变动有着密切的关系,它"总是有着什么新发生的事实作为骨子的。新闻即层出不穷,新的歌谣也不断地产生"②。他从新闻产生的基础与本源的角度去分析民间歌谣出现的原因,而它在产生之后所具有的传播新闻的作用以及代表民意的舆论力量也是非常明显的:"歌谣说明一桩事象,是感觉的,加上结构的简单,因此在相当的时期内,听者固然容易了解,而时间隔得长久后就颇费解。除非是你知道那一段故事,则仍然很感到兴味的。歌谣不止是说明一桩事象,而且有很有力的警醒语与很幽默的讽刺语插在里面,这是民间舆论的形式。"③

(三) 关于现代歌谣传播新闻的功能

胡道静的新贡献是考察了古代歌谣所具有的传播新闻的作用以及它所蕴含的巨大舆论力量,并且进一步认为直到20世纪30年代,民间歌谣作为民间舆论的作用与力量仍然存在。"歌谣在民间还是不断地描写着种种社会相而产生"④,胡道静还特别举了一个例子,在全面抗战爆发后流传着这样一首新歌谣:"先拿北京,慢拿南京;打不到西京,回不到东京。"胡道静评价道:"这是很值得我们注意的:在这很简单而又很调叶的四句里,竟把我们'持久战'战略的理论,以及'陷进了泥淖中'的敌人的情况,表露得很概括了。而且前半段所指陈的事实经验,也顺序不缪。"⑤由此可见,歌谣不仅在人类早期的新闻传播活动中发挥着陈述事实、广泛传播的作用,在传播媒介已较为发达的现代社会,歌谣的这种作用也并未消失,尤其是在面向文化知识水平还不太高的普通民众的时候,歌谣传播新闻、引导舆论的作用就更为明显。胡道静认为苏联广泛开展的"活报"运动(创作新闻歌谣和新闻剧,到民间去传播和表演),在提高普通民众对时事新闻的接受能力上取得了不错的效果,这也为我们在抗战时期的宣传工作提供了一个方法。

---

① 胡道静.新闻与歌谣[J].战时记者,1939,2(1):13.
② 同上.
③ 同上.
④ 同上.
⑤ 同上.

二、对"新闻"相关概念的理论辨析

胡道静对"新闻"相关概念的理论辨析,主要是从"新闻"的内核——"事实"的不同阶段状态角度进行的。新闻贵在"新鲜",新闻报道需要"争分夺秒",这都是指新闻的"及时性"特征,而与之形成鲜明对比的是"历史",两者因为在时间要求上的不同而呈现出了显著的差别。关于新闻与历史的区别与联系,徐宝璜曾概括说:"历史为死的新闻,新闻则为活的事实,且为未来之史料。"①李大钊也指出:"报的性质,与记录的历史,尤其接近,由或言之,亦可以说'报是现在的史,史是过去的报'","今日新闻记者所整理所记述的材料,即为他日历史研究者所当搜集的一种重要史料"。② 对此,胡道静的阐述更为明确:"今日的新闻,即明日的历史。"③而且进一步指出"新闻"和"历史"两者均指向事实的内在同一性:"新闻与历史,其实是一件东西,所异者仅为'时差'。"④

在此基础上不仅是"新闻"与"历史"之间存在着记事"时差"上的先后关系,胡道静把"情报"也纳入这条逻辑线中,一方面指出这三者均为"一个东西的三个阶段"⑤,同时又辨析"情报""新闻"和"历史"等具有相同内核即"事实"的三个概念间的相互关系,以此阐述新闻工作的特殊性。

(一) 从"及时性"提出"半情报式新闻"("预测性新闻")的概念

胡道静认为,在某一事件尚未发生、当然也还没有被新闻媒体报道之前,其实已经处于一个酝酿阶段,各方信息渐露端倪,但由于各种原因这些信息只是被极少数人所知晓且尚未公布于众,这种状态下的信息应该称之为"情报";而一旦事件发生,特别是经过了新闻记者的报道之后,这些事实信息随之转变为具有新颖性、及时性和可读性的"新闻"。胡道静分别以"日本军队突袭珍珠港"和"中国政府实施币制改革"等重大军事、政治事件为例,形象地论述了"情报"与"新闻"之间转变的微妙关系。而它们之间的差

---

① 徐宝璜. 徐宝璜新闻学论集[M]. 北京:北京大学出版社,2008:140.
② 李大钊. 史学要论[M]. 石家庄:河北教育出版社,2000:251-252.
③ 胡道静. 情报·新闻·历史[J]. 报学杂志,1948,1(5):12.
④ 同上.
⑤ 胡道静. 情报·新闻·历史[J]. 报学杂志,1948,1(5):13.

异也形成了新闻记者和情报员工作上的不同,新闻记者的身份是公开的,其工作是面向社会大众的,而情报员的身份往往是隐秘的,是为一些特定的机构或人员服务的。尤其重要的是,胡道静看到了"这两种人同样在探索消息,但所求的消息在时间的价值上有所不同——新闻记者是求业已成为事实或已届公开时期的消息,恰巧在它成为事实的一刹那捕住它,没有让它陈腐了而抬到历史解剖室里去;情报员是求尚未成为事实或未届公开时期的一个计划,也许是一种阴谋。除了参预机密的人而外,在其成为新闻之先,理应是无人得知的一些事实"。[①]

同时,胡道静指出"情报"与"新闻"之间的差异性虽然明显,但并非完全的"泾渭分明"。因为尽管新闻记者所采写的新闻多数是"业已成为事实或已届公开时期的消息",但"预测性的新闻"也存在于实际的新闻报道中,胡道静称之为"半情报式"的新闻。对于"预测性新闻"的产生,胡道静认为说:"大多数的事实并不是突然发生,而是逐渐演变来的。当其演变期间,蛛丝马迹,不无可窥,缜密的观察者,自然能够断定大致有些什么事情要在什么时候发生了。记者一天到晚,从月头到月尾钻在新闻圈里,所见所闻,当然较多,再加上合理的观察,当然可以写些预测性的新闻,也不乏一言中了的。"[②]这种"半情报式"的新闻对记者的新闻敏感也提出了较高的要求,因此胡道静认为新闻记者虽不是情报员,但"须有情报员的敏感"。[③]

(二)从"真实性"提出"情报员敏感""历史家审慎"的记者素质要求

某一事件一经新闻报道之后,便成了"旧闻",虽不再具有新闻价值,但却成了历史研究者所搜集和参考的重要史料。胡道静不仅指出了"新闻"与"历史"在"时差"上的不同以及本质上的相似,他还注意从实际工作中考察两者的差异性及其联系:"新闻采访和编写的第一信条是要求'准确',历史的制作亦复如此,但研究历史可以为着一个小问题费了十年二十年或更多的时间去搜求证据和考订。新闻记者虽须有高度的审慎精神,力求准确的信念,但一定要和历史家或法官们同样的迂缓而谨慎地下结论,事实上也是一件令人困惑的事。"[④]

---

① 胡道静.情报·新闻·历史[J].报学杂志,1948,1(5):13.
② 同上.
③ 胡道静.情报·新闻·历史[J].报学杂志,1948,1(5):12.
④ 胡道静.情报·新闻·历史[J].报学杂志,1948,1(5):14.

胡道静强调新闻工作要"准确",新闻记者也须有历史家"审慎"的精神,这种对新闻"真实性"特征的重视毋庸置疑。但同时,新闻工作又须"争分夺秒",在保证"真实性"的前提下要尽可能地突出新闻的"及时性",现代通信技术的不断进步也印证了这一点。胡道静提到了胡适在1948年9月1日记者节庆祝会上的演讲,一方面非常赞同胡适告诫新闻记者们须"审慎和缓"的观点,但另一方面,他也指出"新闻报道"毕竟不同于"历史考证"——"胡先生的话,语重心长,对于新闻记者当然是很好的箴言,但是新闻记者拘泥于胡先生的训条,那么他们的工作恐怕是要'行不得也哥哥'了。"①

胡道静认为新闻报道务必真实、准确,但若因此忽略或摒弃了新闻的及时性也是不符合新闻工作的规律的,因为"新闻自有新闻之特质,不一定是能够拿史学的绳墨来做规范的"②。当然,胡道静也指出,如果"记者能够多作切实的调查,那么对于他所写的新闻的价值,究竟是要增重份量的"③。总之,真实、迅速是新闻工作最为基本也最为重要的特征,二者缺一不可,新闻记者要具有"情报员的敏感"和"历史家的审慎",既要满足新闻的"真实性",又要体现出新闻工作区别于其他工作的特点,以实现新闻服务社会、服务大众的目的。

三、新闻采访与写作规律的深化研究

采访与写作是新闻业务工作中极其重要的两个方面,在整个新闻传播活动中占据着特殊的地位,它们反映了新闻记者在了解、认知报道对象并形成新闻作品方面的素养和能力。

(一)中国近代新闻业对新闻采写工作的认识发展

在中国新闻事业发展的初期,新闻采写工作并未得到人们足够的重视。在鸦片战争以前,中文报刊上不仅新闻数量偏少,内容也很单一(多为国际新闻和航运消息),甚至还有些报刊几乎从不刊登新闻稿件,新闻采写工作发展迟缓。鸦片战争之后,随着外报对中国社会生活的深入,国内新闻报道力度开始加强,但此时报纸多采用公开征求新闻稿件的做法来扩大新闻来源,只是在

---

① 胡道静.情报・新闻・历史[J].报学杂志,1948,1(5):15.
② 同上.
③ 同上.

遇到重大事件的时候才派出访员前去采访,这种状况在《申报》创办后开始有所改变。两次国人办报高潮的出现推动我国报刊进入了"政论时代",政党事业的发展带动了报刊的发展,也使其政治宣传功能得到了极大的发挥。民国初期,袁世凯对新闻界的武力镇压与金钱收买使得我国新闻事业的发展跌入低谷,专制统治之下的报纸毫无言论自由,而"政党报纸"也因党派纷争、相互间诋毁谩骂为民众所不齿,迅速堕落,国内外时局的紧张变化又刺激了民众对于相关新闻信息需求的增长,这些因素促使我国报纸结束了长达40年的政论时代,开始向"以新闻为本位"的时代转变,其重要的表现就是各报重视新闻采访与报道工作,新闻成为报纸的主要内容。

(二)学术界对新闻业务研究的成果基础

与"新闻本位时代"相适应,专业新闻记者队伍也很快壮大起来,一批名记者如黄远生、邵飘萍、胡政之、张季鸾等脱颖而出,他们在实践中积累了丰富的新闻采写经验,创造了一种崭新的报刊文体——新闻通讯,为新闻事业回归"本位"发展做出了重要的贡献。五四新文化运动推动了我国新闻学科的正式确立,新闻学研究也逐步展开,在新闻业务方面先后出版了任白涛《应用新闻学》(1922)、黄天鹏的《新闻与新闻记者》(1922)、邵飘萍的《实际应用新闻学》(1923)等研究成果。从20年代末期至30年代,我国新闻学研究继续向广度与深度方面发展,不仅研究领域宽泛,成果更加丰富,众多专业性的新闻期刊的创办也为研究者们提供了学术思想交流的园地。仅就涉及新闻采访与写作方面的研究专著而言,有《中国的新闻记者》(张静庐,1928)、《最新应用新闻学》(陶良鹤,1930)、《新闻记者论》(黄天鹏,1930)、《新时代的新闻记者》(袁殊,1933)、《实用新闻学》(谢六逸,1936)、《采访讲话》(王文彬,1938)等。中国新闻事业发展进入"新闻时代"所带来的转变与影响一直持续到20世纪30年代,"以新闻为本位"的观念使得具体的采、写、编、评工作为适应时代的潮流而不断发展,相应的研究成果也随之出现。但与发展迅速并日趋丰富的新闻实践活动相比,大部分新闻研究还停留在"概括性"的层面上,比较笼统,和实践工作之间还有一定的距离。

(三)胡道静对新闻业务研究的新成果

胡道静在前人研究基础上明确提出"新闻采访与写作需要进一步的细化研究"的观点,认为"今日我们所要求的,已是新闻学中每一个部门与细小分支的专科著述",①而这正是新闻学研究适应并指导新闻实践的必然发展趋势与要求。

1. 联系实践从研究发展的趋向角度审视新闻采访与写作

例如,在新闻采访方面,胡道静首先借用了《采访讲话》一书的作者王文彬在自序中所说的话:"中国出版的不到百种的新闻学书籍中,还没有一本专门谈采访的著作。"②进而胡道静通过介绍、评价王文彬的《采访讲话》一书,指出了当时采访学著述的总体情况及该书的特点:"在一般的新闻学书籍中,对于采访术虽亦有论及,但这本书的特点,不仅是专门的论述,更在于它能把住了报纸内涵的各种的新闻而分别予以讨论,一一指示出其采访的要点和诀窍。计分教育新闻,体育新闻,社会新闻,法律新闻,政治新闻,地方新闻,战事新闻各采访法七项,另以'访员应注意之点'一章冠首。"③胡道静在强调《采访讲话》中作者对新闻种类进行细致划分、分析采访方法具有较强针对性,因而更具有现实指导意义的同时,进一步指出在"新闻时代"对新闻的重视及由此带来的新闻实践活动的变化:"新闻本为报纸的躯干,近年来国内报界竞争的焦点,率由政论时代的社论,而转移注意力于新闻的丰富迅速及有趣。各报的增辟'特写'与增加'特讯',以及副刊的渐渐新闻化,都是这宗事实的表现,而促进采访事业与采访术的进步。"④因此,新闻实践活动的日趋丰富多样也对相关研究提出了更高的要求——全面、细化的研究之路成为必然趋势。

2. 记者"生龙活虎"的笔调与新闻影响社会之关系

胡道静指出:"一篇能轰动大众,引人入胜,转移读者情感的新闻稿,绝不只是因为事件本身的突兀惊奇,可歌可泣,更看记者是用怎样的手腕来写它。而且敏感的记者,能诀出一般人所不注意的事件,用生龙活虎的笔调传达他的观察,较读者们省识事件的重要性。前如黄远庸,近如长江,他们的作品都能证明这种的成功。"⑤黄远生是我国新闻史上第一个以新闻采访和写作而负有盛名的新闻记者,他对于新闻通讯文体的开创与成功运用开启了我国新闻写作的一个崭新的时代;同样,范长江在20世纪30年代的"西北采访"及其旅行通讯在当时也是轰动全国,胡道静列举他们的事例,主要是强调记者的文字表

---

① 胡道静. 采访讲话[N]. 中美日报,1938-11-06.
② 同上.
③ 同上.
④ 同上.
⑤ 胡道静. 新闻与文艺底合流[N]. 中美日报,1938-11-09.

达能力的重要性，或者说，一篇新闻稿可能会因为记者写作水平的不同而影响到它的新闻内涵的开掘。因此，在"新闻时代"记者的写作能力尤为重要，优秀的新闻作品往往能够淋漓尽致地把记者的观察、分析与思考带给读者，发人深省。

3. "电讯稿"也应当追求"电讯文艺"的效果

胡道静认为"生龙活虎的笔调"不只是在新闻通讯——这种可以承载较多表现手法——的报刊文体上，即使是在受到时间及字数限制的"电讯稿"也不应该都是"最枯燥的文字"，进而提出"电讯文艺"的概念，指出我们的"电讯文艺"已经看到一种改进的趋势了。胡道静提到一篇报道我军将士英勇牺牲电讯稿的结尾处："该营将士，英骸忠骨虽全部暴晒余老虎山野，但其忠勇义烈精神，实足与幕阜烟霭，洞庭水光，永垂不朽矣！"他指出，"少了'幕阜烟霭，洞庭水光'的一个陪衬，不见得有什么遗憾，可是有了这个陪衬，那叫我们仿佛置身在重山复嶴的幕阜山头洞庭湖畔，顶礼膜拜我们的义气充塞天地间的侠骨英魂，沸腾的血液流动得更急速了！"①这就是融入了特定场景描写的作用。

胡道静立足于"新闻时代"这一新闻事业发展的大背景，对新闻采访与写作的考察也都与"以新闻为本位"的观念带来的新闻实践的变化密切相关，他所提及的发展趋向或建议无论对于研究者还是实践者都有着现实的意义。

四、关于科学技术与新闻事业发展之关系

胡道静非常关注科学技术进步对新闻事业的促进作用，并且把物质技术对世界及中国新闻事业的促动作用在新闻史叙述的背景下凸显出来。在胡道静的新闻学著述中，既有结合物质技术手段的更新对世界新闻事业进程的概括与展望，还包括此种进步对中国新闻事业的影响，这两方面的内容使我们可以更清晰地看到物质技术在人类新闻事业的发展中所产生的巨大作用。

（一）媒体进步与新闻史阶段的演变

人类的新闻事业发展先后经历了"口头新闻""手写新闻"和"印刷新闻"三个阶段，"但自第一次世界大战以后，新闻事业已跃进到另一个新阶段，即入于

---

① 胡道静. 新闻与文艺底合流[N]. 中美日报，1938-11-09.

'广播新闻'时代;而自第二次世界大战以后,又探向再一个新的世纪,要成为'电视新闻'的时代了"①。胡道静对于新闻事业的阶段划分主要依据的是传播媒介的不断革新,而媒介的发展又与物质技术的进步有着直接的关系。在"口头新闻"时代,"原始的人传达消息,靠他的嘴巴跟他的脚,收集消息靠他眼睛和耳朵",②可是人类的天赋器官的能力毕竟有限,于是一旦这些器官的能力得到扩张,即"复述"和"交通"的工具有了新的发明,便会立即引发新闻事业的"革命性"运动了。文字的出现在某种程度上延展了"嘴巴"的功能,也使得"复制"新闻成为可能,"手写新闻"的时代到来了,但它的效率还是很低的,印刷术的发明大大加强了人类写字的能力,印刷机也经历了由15世纪手摇印刷机到19世纪高速度的轮转印刷机的巨大飞跃,而这些直接带动了报刊事业的飞速发展。

与此同时,"在印刷机械发展的过程中,供应新闻的一双脚的能力,也在扩张之中"③,即电讯交通的发明引发了信息传递手段的革新——从最初的借助人力到早期的商业新闻报道借助信鸽,再到19世纪50年代至70年代电讯设备先后在欧美和亚洲普及,胡道静感叹此时的"新闻传递,岂止是'朝发夕至',简直是'立发立至'了"④。而随后在第一次世界大战期间"无线电广播"的成功发明并随即被运用到新闻事业中,"无线电广播新闻,不仅是它本身传递得迅速,并且免除了印刷与发行的手续,所以广播新闻员把新鲜的消息传达到备有收音机者的耳朵里,再也不是任何高速度的印刷新闻堪与赛跑了"⑤,新闻传播在"快速""远程"及"广泛"上又前进了一大步。

(二)对"电视新闻时代"的科学预测

从口头新闻到广播新闻,胡道静称之为"叙述"的新闻,而"形象"的新闻——从最早的"新闻照片"到"有声新闻影片",直至"电视"的出现——则预示着人类新闻事业的另一个崭新的时代——"电视新闻"时代的来临。如果说,"新闻照片"还只是非动态的表现,"新闻影片"又受到场地及"时效性"上的限制,那么,"电视"则弥补了这些缺憾,"备有'受像机'的人,可以坐在家里像

---

① 胡道静. 新闻史上的新时代[M]//新闻史上的新时代. 上海:世界书局,1946:1.
② 同上。
③ 胡道静. 新闻史上的新时代[M]//新闻史上的新时代. 上海:世界书局,1946:3.
④ 胡道静. 新闻史上的新时代[M]//新闻史上的新时代. 上海:世界书局,1946:4.
⑤ 胡道静. 新闻史上的新时代[M]//新闻史上的新时代. 上海:世界书局,1946:5.

在影戏院里看电影一样地,看到在远的地方发生的事像,以及演艺会、运动会等盛大集会的实况"①。特别是第二次世界大战之后,电视的运用正在大规模地开展,胡道静更把"美国筹建无线电传真电影摄制中心"一事看作是当代历史上极其重要的一件大事,"其重要性不亚于第一次欧战将结束时美洲无线电公司(RCA)的组设"②。而对于"电视新闻"不能够随时保存下来的缺点,也在1946年由英国发明家霍根(John V. L. Hogan)研制的"受像机之留真纪录"所克服——"由此你对于收像机中所看到喜欢看的一部分,或者是认为要保留下来的部分,无论是文字或图画,都可以藉电波振动纪录在感光纸上,以备此后欣赏及检阅"③。物质技术领域内的发明与创造不仅改变着人类的传播媒介,也使其传播手段日趋完善,胡道静因此预测:"由于无线电传影技术的发明到了成熟的阶段,贡献给新闻事业以更新颖及形象化的传递方法,战后的新闻事业必然要以全新的姿态在'电波世界'中出现了。"④而此后由于"电视"的普及使得人类新闻事业在信息传播与接收上产生了全方位的变化,"电视新闻"的时代真正到来了。

(三)科学技术与中国新闻业的发展

物质技术对于中国新闻事业的作用与影响同样明显,胡道静不仅呼吁新闻史学者要格外留意有关报刊纸张、电讯技术、交通工具等方面的沿革史料,做必要的保存、记录工作,他还围绕我国新闻事业发展的现状对这些因素进行了阐述。

1. 造纸业进步与新闻纸质量

胡道静指出虽然我国在东汉时期就由蔡伦发明了造纸术,但近代"我们的造纸事业,尤其是报纸所用的纸张之制造,已落欧美日本之后,相形见绌,不免慨然"⑤。国人也很早就意识到兴办民族造纸业的重要性,无奈国产纸的质量始终无法与进口白报纸相抗衡,技术上的不足造成了我国的报刊用纸长期依赖于进口的被动局面。再加上战争等因素的影响,在中华人民共和国成立前我国的民族造纸业终究没能发展起来,这不能不说是我国新闻事业发展中的

---

① 胡道静. 新闻史上的新时代[M]//新闻史上的新时代. 上海:世界书局,1946:7.
② 胡道静. 新闻史上的新时代[M]//新闻史上的新时代. 上海:世界书局,1946:8.
③ 胡道静. 新闻史上的新时代[M]//新闻史上的新时代. 上海:世界书局,1946:9.
④ 胡道静. 新闻史上的新时代[M]//新闻史上的新时代. 上海:世界书局,1946:10.
⑤ 胡道静. 新闻史的先遣工作[M]//新闻史上的新时代. 上海:世界书局,1946:21.

一大遗憾,也是因技术滞后而受制于人的一个重要原因。

2. 电报技术发展与新闻时效性

胡道静专门介绍了电报、电话、无线广播、电传写真等先进的传播工具在中国新闻界的使用情况。他引用了某外文报纸上一篇特写的题目"一分钟环绕世界"来说明这种信息传递的便捷性——"从上海发出一个海线电报到英伦,经由大西洋转发美国,再横绕美洲大陆经由太平洋发还上海,费时仅一分钟而已。"①"电报"也很快被我国新闻界所应用——"我国电报,以一八八一年十二月二十四日津沪线初通为嚆矢,上海的《申报》自次年一月十六日起即刊载天津发来的新闻电"②,这是我国新闻史上第一条国内新闻专电。此后,新闻专电以"迅速及时"特点逐渐成为报馆吸引读者的竞争手段。电话新闻传送业务在中国新闻界的使用程度始终不及电报,直至 20 世纪三四十年代,电话在某些大报馆才普及开来。胡道静记录了我国第一次通过电话传递国际消息的情况:"中华民国二十五年二月二十一日,日本西部的大阪和神户地震。适巧在事前一星期,上海和东京间的无线电话已由真如国际电台布置完妥,正式开放了,东京英文《日本广知报》总主笔弗列许氏就此打了一个电话给上海英文《字林西报》,报告地震的详情。字林西报记录了下来,载在次晨报端,标题是'日本地震消息由电话中传达至上海'。"③

3. 电报传真技术的先期性引进介绍

"电传写真"指的是通过电讯设备远距离传输新闻照片。1929 年 5 月 28 日,"南京上海间首次拍发传真电报,那时候是王伯群长交部,拍来的就是他的手书一通,曾印于次日的上海报端,很引起读者的兴味"④。但与电报的普及相比,传输新闻照片并与新闻稿件同时刊登在报纸上的做法还不多见,胡道静也借用王启煦在《一个新闻记者的日记》中对这一现状所发出的感慨,表达了同样的期望:我国报纸刊载照片,最终必然会走上"电传写真"的道路。

4. 交通发展对新闻报纸发行范围的影响

我国的报纸运输是从依靠铁路、公路逐步扩展到通过航空的。1939 年,"交通部与美国航空发展公司合组中国航空公司,先办沪汉线,在是年十月十

---

① 胡道静.新闻与电讯交通[M]//新闻史上的新时代.上海:世界书局,1946:39.
② 胡道静.新闻史的先遣工作[M]//新闻史上的新时代.上海:世界书局,1946:24.
③ 胡道静.新闻与电讯交通[M]//新闻史上的新时代.上海:世界书局,1946:39.
④ 胡道静.电传写真与广播[M]//新闻史上的新时代.上海:世界书局,1946:41.

七日开航"①。随后欧亚航空公司和西南航空公司也相继成立,航空通信已成为极普遍的事情,之后邮航事业日渐发达,飞机送报也随之而起,"逶迤阻隔的远地的报纸,从此竟能当日看到"②。这种变化正如胡道静所说:"报纸里消息的迅速获得,与报纸发行的推广,均密切依赖于交通工具的进步和交通体系的建立。"③

第三节 胡道静新闻学研究的主要特征

从 1932 年至 1949 年,胡道静的新闻学研究历程长达 15 年之久。在这一阶段,他先是在上海通志馆从事有关上海新闻史的研究工作,抗战爆发后直至中华人民共和国成立前夕,他又以"爱国报人"的身份投身到追求民族独立和民主自由的新闻实践活动中去,但他的新闻学研究之路却始终没有中断,而且,他的研究范围也在不断扩展。史学家严谨的态度、宽阔的视野以及敏锐的眼光与在新闻实践中对现实新闻事业的观察紧密结合在一起,形成了胡道静新闻学研究的主要特征。

一、以成就一部"良好的新闻史"为研究目标和动力

胡道静的新闻史学研究工作,是以成就一部"良好的新闻史"为主要研究目标和动力的。他在《新闻史的先遣工作》一文中曾强调一部"良好的、完善的新闻史"对于新闻事业本身的重要性,而这样一部"杰作"则需要很多人的努力,特别是在"世局动荡、生活波折"的环境下,从事这项工作就更为不易。为了这部"杰作",胡道静认为"需要很多的同志有计划地做预备的工作",其中,"搜集和保存史料"就是一项重要而基础的预备工作。④ 由此可见,胡道静重视史料工作,其最终目标是成就一部"良好的、完善的新闻史",而这也是胡道

---

① 胡道静. 新闻与航空公路[M]// 新闻史上的新时代. 上海:世界书局,1946:44.
② 同上。
③ 胡道静. 新闻史的先遣工作[M]// 新闻史上的新时代. 上海:世界书局,1946:23.
④ 胡道静. 新闻史的先遣工作[M]// 新闻史上的新时代. 上海:世界书局,1946:11-12.

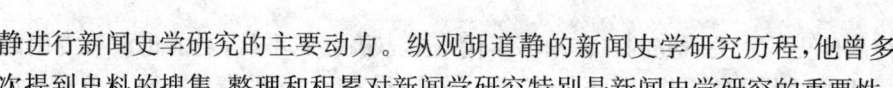

静进行新闻史学研究的主要动力。纵观胡道静的新闻史学研究历程,他曾多次提到史料的搜集、整理和积累对新闻学研究特别是新闻史学研究的重要性。

(一) 明确表示愿做学术上的"负版"

在 20 世纪 80 年代,胡道静曾写过一篇名为《负版的故事》①的文章,借此回顾自己在"资料积累事业"中所遭逢的三次重创,并表达了虽历经坎坷与磨难但搜集资料之举仍不改初衷的决心。"负版"原是唐代散文家柳宗元在《蝜蝂传》中所描述的一种小虫:"蝜蝂者,善负小虫也。行遇物,辄持取,卬其首负之。背愈重,虽困剧不止也。其背甚涩,物积因不散,卒踬仆不能起。人或怜之,为去其负。苟能行,又持取如故。又好上高,极其力不已,至坠地死。"②这种小虫总喜欢在爬行中把碰到的细碎的物体背负在身上,直到不堪重负而摔倒在地,甚至坠地而亡。柳宗元主要是借这个故事告诫那些"遇货不避""日思高其位、大其禄"的贪婪嗜取之人。

胡道静以独特的视角用"负版"来比喻那些在治学上勤勤恳恳终日不忘搜集资料的人——所谓学术上的"负版",他说:"假如柳宗元看到一种读书治学的人,孜孜不倦地搜集图书资料,长年积累,也越积越多:架柜之上,床铺之下,尽为书籍所占。那么,我想在他的脑海中也会浮现出一副负版的形象来。"③他又说:"做学问,特别是搞史学的人,总是要积聚资料的,资料也是会越来越多的。……在做学问的道路上,我也算是一只小负版,我心安理得,毫不自悔。"④胡道静以学术上的"负版"自喻,充分显示出他对于史料积累工作的重视。纵观他的新闻学研究道路,史料确实是他进行研究的前提和基础。明确史料意识的形成与早期新闻学者的研究条件和环境密切相关,这对于当时的新闻学研究起到了重要的作用。

(二) "负版"精神是胡道静新闻学研究成功之原动力

胡道静是以在上海通志馆从事上海市志的编撰工作为起点,继而开始上

---

① "负版"二字系胡道静原文如此,与下文所提及的柳宗元的《蝜蝂传》用字不同,但所指相同,笔者注。
② [唐]柳宗元.蝜蝂传[M]//柳宗元集.南京:凤凰出版社,2007:169.
③ 胡道静.负版的故事[M]//胡道静文集·序跋题记 学事杂忆.上海:上海人民出版社,2011:215.
④ 同上。

海新闻史的相关研究的。在动荡年代编撰志稿已属不易,之前也没有专门的机构做过类似的工作,因此,编撰者首先需要进行大量的资料搜集与整理。也正是在这个过程中,胡道静接触到了许多上海报刊的资料,并在此基础上,完成了《上海的定期刊物》《上海的日报》和《上海新闻事业之史的发展》三部著作。从中我们不难发现,许多第一手的报刊史料被胡道静整理、归纳之后成了研究的重要依据,例如,在《上海的日报》中,胡道静正是在掌握了近百种中文日报的相关资料之后,对上海报纸的版面编制情况进行了概括、比较与分析,并得出了较为客观的研究结论。如果说,胡道静在早期的研究中重视史料是受到了编撰志稿工作的影响,那么在他整个新闻学研究历程中一直对史料工作持有明确的态度则是源于他对于史料的重要价值的认识以及受到前辈学者治学之风的影响。

胡道静曾这样说过:"新闻记者所做的工作,从某一意义上说起来,他们本来是在做人类生活记录的工作。不过,说来也奇怪,他们勤于记述他人的事,而对于有关本身的事反多疏忽。这是因为新闻事业乃一太过辛劳的工作,从事于斯,精神与体力朝夕为了整个世界上每天发生的大小事件而疲于奔命,几难复顾及此。何况搜集史料的工作,繁琐而苛细,一大乱堆史料中,也许一项微小的资料,正是历史上最有意义事件的关键而不容我们忽略的。"①在这段话中,胡道静强调了两点:其一,新闻记者往往容易忽略对自身工作的记录,而这就很有可能造成相关研究资料的匮乏——史料搜集的必要性及其价值;其二,搜集史料的工作是苛细的,需要研究者付出艰辛的劳动——史料搜集的难度。而对于这两点,即胡道静对史料工作的重视与付出,我们从他的新闻学研究中便可以看出。

（三）实践中的学术"负版"结出累累硕果

在胡道静新闻学研究中,特别是新闻史学部分——无论是上海地方新闻史研究,还是其他新闻史学研究,都是建立在充分的史料搜集的基础之上的。这其中,对上海的报纸、广播、通讯社是以历史分析与现状透视为主,通过纵向梳理与横向考察,史料搜集的范围几乎涵盖了上海各主要的新闻媒介、机构的发展情况,特别是"个案研究"部分,其史料的全面性与丰富性更为突出。例如胡道静对《申报》66年发展史的研究;在其他新闻史学研究中,胡道静在"世界及中国报纸的起源""边疆报纸、华侨报纸及在华外报情况""世界各主要通讯

---

① 胡道静.新闻史的先遣工作[M]//新闻史上的新时代.上海:世界书局,1946:11.

社在中国的发展""中国报纸副刊的早期发展""人类传播技术的进步"等问题上无一不是以史料作为支撑观点的主要论据,而当新的史料出现并与原有结论相左时,胡道静便会及时订正,例如,对我国最早的报纸副刊——《消闲报》的考察,就经历了查阅新的史料之后而重新认定的过程。

(四)重视史料收集和运用是 20 世纪 30 年代新闻史学研究者的显著特点

胡道静重视史料的意识在他之前的新闻学者身上已有体现。1927 年,戈公振的《中国报学史》出版,这本近三十万字的报学巨著就是在他多年勤于搜集史料的基础上完成的,我们姑且不从这本巨著本身去论说,仅以戈公振在写作过程中的情况来说明。他的侄子戈宝权曾谈起过:"《中国报学史》这本专著,是我的叔父积累了多年收集的史料和研究才写的。据他告诉我,他为了写作这本书,常向私家藏书和图书馆借阅书籍,并经常到徐家汇天主教堂的藏书楼(现上海图书馆徐家汇藏书楼)去查问报刊资料。他还曾向不少人请教……""自从《中国报学史》出版以后,他还是在不断地搜集材料,甚至在国外访问时也没有忘记这一工作。他在巴黎访问过法国国家图书馆的东方藏书部;一九二七年底到了英国时,又专心在大英博物馆的东方图书室查阅藏书,终于见到了他在撰写《中国报学史》时曾经登广告征求过的几种外国人创办的中文报刊,……并写成了《英京读书记》一文,对《中国报学史》中的第三章《外报创始时期》作了补充。"[1]

戈公振写作《中国报学史》之时正是我国新闻史学研究刚刚起步的阶段,大部分的史料还处于原始状态,需要研究者一点一滴地去搜集、整理和积累。即便是写作完成,这种史料工作也没有停止,以期做好之后的补充和订正工作。这是早期新闻史研究者所必须面临和克服的资料匮乏的研究困境,并且直至 20 世纪 30 年代这种困境仍然存在。胡道静在研究中,一方面引用前人的研究成果,但另一方面也在订正前人出现的史料错误,如他对《申报》主要创办者信息的考证以及对中国最早的画报的考证等等。更重要的是,由于开拓新的研究领域,胡道静仍旧需要做大量"烦琐苛细"的史料工作。再加上受到战争因素的影响,在 20 世纪三四十年代资料的搜集与保存便更加困难,但这也从另一个方面凸显了早期新闻史研究者如戈公振、胡道静等人在史料上为

---

[1] 戈宝权.谈戈公振和他的《中国报学史》——写在《中国报学史》重印本的卷首[M]//戈公振.中国报学史.北京:中国新闻出版社,1985:6-8.

新闻学研究所做出的贡献。总之，受到前辈学者及客观研究条件的影响，胡道静具有非常明确的史料意识，对于史料的重视不仅是他开展研究的重要基础，这一特点也为特定环境下我国新闻学研究留下了珍贵的资料，而这项基础工作的最终目标则是为成就一部"良好的新闻史"做准备。

二、重视对上海地方新闻史的系统研究

胡道静的新闻学研究是从上海地方新闻史研究开始的，这部分内容在他整个新闻学研究中占据着重要的地位。围绕上海新闻事业，他不仅连续出版了三部研究专著，还发表了近三十篇研究论文，涉及上海的报业、广播事业、通讯社以及上海新闻学教育、研究组织等内容，在20世纪三四十年代形成了一个从历史到现实、从"全面研究"到"个案研究"的内容框架。与他之前或同时代的姚公鹤（著有《上海报纸小史》）、项士元（著有《浙江新闻史》）、李抱一（著有《长沙报纸史略》）、管雪斋（著有《武汉新闻事业》）、长白山人（著有《北京报纸小史》）和蔡寄鸥（著有《武汉新闻史》）等人的地方新闻史研究相比，胡道静对上海地方新闻史的研究涵盖面广，内容更为丰富，走在了其他地方新闻史研究的前面。在继姚公鹤之后，他把上海地方新闻史的研究水平推上了一个新的台阶。

（一）较早阐述地方新闻史研究的意义和作用

胡道静不仅是我国较早致力于地方新闻史研究的新闻学者之一，而且在《新闻史上的新时代》一书中，专门论及了进行地方新闻史研究的必要性。这种认识主要是源于为完成一部"良好的新闻史"所应做的准备工作。胡道静首先表明了对于新闻事业及新闻史著述重要性的认知，他阐述道："在最近一世纪的时间中，新闻事业对世界政治、经济、社会及文化所起的作用，可谓无物堪与伦比。……就人类的基本文明而论，除了教育事业而外，没有再比新闻事业更为伟大的了。因此，我们要了解文化，尤其是近代文化，非阅读新闻事业的历史不可。在新闻从业员方面，也应该随时搜集保留有关本身事业的史料，藉使一本完善的新闻史能够据以写成，一方面可以列为分类的文化史之一种，一方面也可以有所贡献于整个人类的生活史。"[①] 胡道静重视地方新闻史研究的目的是编写一部"良好的新闻史"。胡道静认为，"我们应有一本良好的新闻

---

① 胡道静. 新闻史的先遣工作[M]//新闻史上的新时代. 上海：世界书局，1946：11.

史,而要有这一本杰作,则需要先有很多的同志有计划地做预备的工作:(一)搜集和保存史料,(二)编撰"长编"①。而编撰"长编",其中一方面就是"需要作地方的新闻史,以及地方新闻纸的研究"②。由此可见,胡道静是把对地方新闻史的研究作为成就一部"杰作"的重要的准备工作,其最终的目的便是要完成这样一部"良好的新闻史"。

(二)地方新闻史应与当时社会环境联系起来研究的理念

对于地方新闻史的研究内容,胡道静认为研究者"必注意及提供当地环境对于报业发展的因素","因为报纸与其出刊的环境关系是特别密切的,环境具备的条件,足以决定新闻纸的发展,言论自由的限度,物质的供应,经济的支援等等"③。例如,胡道静提到我国第一种现代新闻纸《察世俗每月统记传》为何诞生在马六甲的问题,这主要与当时清廷对传教活动的禁止有关,而在马六甲当局并不禁止传教,当地华侨很多且距离中国大陆不远,因此,马里逊他们才会选择马六甲。在这里,胡道静主要强调的是不同的地域"环境"(广义上的)对新闻事业的影响也是不同的,而这是地方新闻史研究者需要特别注意的问题。

(三)地方新闻史不应该只研究大城市新闻史的观念

地方新闻史研究是我国新闻史研究工作的重要组成部分。我国幅员辽阔,新闻事业发展具有丰富性与复杂性特点,只有在对各地区新闻事业发展历程充分研究的基础上,我们才能对完整的"中国新闻史"的丰富性和多样性有全面的了解和展示,因此对各地方新闻史研究就显得非常重要。胡道静认为,不能只集中在新闻事业发达的大城市,对于边疆地区以及海外华侨新闻事业的发展地,都应纳入地方新闻史研究者的视野中。胡道静所写的《西藏新闻》《爪哇的华侨报纸》《夏威夷的华侨报纸》和《大洋洲的华侨报纸》等四篇文章即是他所做出的努力与开拓。对地方新闻史研究的"地域范围",胡道静从完成一部"大新闻史"的角度出发,在20世纪三四十年代就意识到了这个问题。他不仅在上海地方新闻史研究上取得了突破性的成果,还根据自己的研究经验对地方新闻史的研究内容提出了看法和建议,成为中华人民共和国成立前我

---

① 胡道静.新闻史的先遣工作[M]//新闻史上的新时代.上海:世界书局,1946:12.
② 胡道静.新闻史的先遣工作[M]//新闻史上的新时代.上海:世界书局,1946:14.
③ 同上.

国地方新闻史研究的代表人物之一。

三、精心设计并实施系列个案研究

个案研究是对某一对象进行深入细致研究的一种方法。相对于整体性、宏观性的研究,个案研究通过微观聚焦可以更深层次地探讨、分析某一个体,从而展现其性质和特点。在胡道静的新闻学研究中,较多地使用了个案研究方法,精心设计并实施了一系列的个案研究。据笔者查阅,胡道静"个案研究"的文章共约28篇,涉及了报纸、通讯社及新闻人物等,其中又以报纸为主,特别是产生了重要影响或在某一方面具有开创性意义的报纸。这一特征主要表现在以下几个方面。

(一) 对新闻史个案研究的理论意义有精辟的阐述

胡道静认为:"新闻史是要把此一事业的重要演进事实贯穿地作全面的写述,而新闻史的长编则应将此一事业的个体,分别作详细的研究。"①把新闻事业中"有成绩的、有历史的"个体作详细的研究,这样不仅可以知道"这一个体"的发展历程,还为以后作"综合记述"准备了资料,使之成为一部新闻史中基础但是重要的组成部分。

(二) 从亲身实践中总结个案研究经验并介绍之

1. 甄别材料的真伪和价值

胡道静指出:"每一个有历史的报纸或通讯社,常常在其纪念日有报告自身沿革的文字发表,但他们常有一共通的缺陷,就是空话说得太多。偶尔还有将视为遗憾的经历略去,甚至于故意歪曲史实,以图混蒙。历史的研究者对于这些必须加以追究的。故那一类的资料虽足采择——实际上也是主要的资料,但仍须加以考核,一方面要旁搜博访,用其他的材料来补充订正。"②胡道静希望这些能对新闻史工作者有所启发和帮助,进而"对全国各主要报纸及通讯社都有这样的一个记述"③。

---

① 胡道静.新闻史的先遣工作[M]//新闻史上的新时代.上海:世界书局,1946:12.
② 胡道静.新闻史的先遣工作[M]//新闻史上的新时代.上海:世界书局,1946:12-13.
③ 胡道静.新闻史的先遣工作[M]//新闻史上的新时代.上海:世界书局,1946:13.

2. 重视对新闻人物的个案研究

虽然胡道静的个案研究中有关于新闻人物的文章只有两篇——《美查兄弟》和《三个办报的上海道》,①但他对这部分内容还是非常重视的,曾提出要多留意诸如"报人的传记"方面的史料,因为"社会中的任何活动,人是主要的因素。虽然我们不相信个人主义和英雄主义,但是人的因素终是我们所不能忽略的"②,因此,"对于报坛的人物,自应有详尽之传记搜备。尤须注意的,是他们参加报业的经过,与在报业服务的经历与成就"③。胡道静还以美国罗丝女士所著的《女记者》(Ishbel Rose: Ladies of the press, the story of women in journalism by an inside)一书为例,认为我们的新闻史也应该做这样详细的记录。

3. 个案研究是整个新闻史研究的基础

20 世纪三四十年代,在继戈公振的《中国报学史》之后,我国新闻史学著作在通史、地方史、专门史、人物研究等方面都有所进展,但仍以宏观性研究为主,这也与新闻学科创建不久、新闻史还没有发展到深化研究阶段有关。胡道静能够较早地着眼于"新闻事业个体",把它们视为新闻史上一个重要的部分,通过资料搜集与梳理,较为完整地展现它们各自的发展历程及主要特色,这不仅对于那些作为个案研究具体对象的"新闻事业个体"有着特殊的意义——明确其在新闻史上的位置及贡献,对整个新闻史工作而言,也起到了保存史料、深化研究的作用。

四、注重科学技术对新闻事业发展的推动作用

注重新闻业发展过程中包含的"科技因素",并力图把科学技术所带来的传播媒介的改变以及由此推动新闻事业发展的历程清晰地呈现出来,是胡道静的新闻学研究的一个明显特点。本为新闻史学者的胡道静对于由科学技术的进步所带来的新闻传播活动的变化有着敏锐的洞察力和预见性,他准确地预测了人类新闻事业即将开启一个新的发展阶段——"电视新闻"时代。

---

① 这两篇文章被收录在上海通社所编的《上海研究资料》(续集)中,1937 年出版。
② 胡道静. 新闻史的先遣工作[M]//新闻史上的新时代. 上海:世界书局,1946:16.
③ 同上。

(一) 注重从科学技术进步推动新闻事业发展的角度看问题

胡道静认为:"职业的新闻工作者,日夜在想用什么方法可以迅速地获得新闻,又迅速地把新闻传达出去;不但传达得'快',而且要传达得'远',传达得'广'。嘴巴和双脚的本能限制了效率,于是一待'复述'和'交通'的工具有了任何的新发明,足以扩张口与足之效能者,立即会影响到新闻事业而使报坛发生一种革命运动。"①从文字的出现到印刷术的发明再到印刷机器的不断改进,"人类的一双写字的手的能力,增强到了非常神奇的地步,同时也把代替报告新闻的一只嘴巴的能力扩张到了可惊的程度了"②。"交通"工具的发展中,伴随着电报、电话、无线电广播的出现,"世界的新闻事业,由此进入了一个前所未有的阶段"③。随着传播技术的进步,这个过程表现为"从口头新闻到广播新闻,记者所报告给听者或读者的,一律是'叙述'的而非'形象'的;但是新闻的产生,当然是现象的。在最初的时候,新闻记者没有办法把他的天赋的摄影机(一双眼睛)摄下的活动影片'复印'出来送给定户。直到摄影术和照相铜版制法发明后,印刷新闻中才有'新闻照片',把'形象的新闻'供给读者。不过,'新闻照片'是呆照,而非活动的表现。及至'新闻电影'摄制放映以来,才完成形象新闻的供应"④。而"新闻电影"由于受到接收条件以及时效性上的限制,终不能开启一种全新的新闻传播时代,"不过,此种缺憾终因'无线电传电影'(或称'电视')的发明而完全获得弥补,且因'电视'之日趋进步与发展,将使新闻事业的里程碑射出一道新奇的光芒"⑤。

(二) 预测新闻事业将进入"电视新闻时代"是重要学术创见

胡道静认为:"'电视新闻'虽然远没有正式出现,但是我人必须要准备迎接这新闻史上的新时代来临了! 将来的新闻记者,必须是现在的新闻电影记者乃能优为之,他在出事地点所摄取的新闻电影,迅速送到'电视中心',或迳在出事地点用小型电传器将影片传达至'电视中心',立即由'电视中心'播送

---

① 胡道静. 新闻史上的新时代[M]//新闻史上的新时代. 上海:世界书局,1946:2.
② 胡道静. 新闻史上的新时代[M]//新闻史上的新时代. 上海:世界书局,1946:3.
③ 胡道静. 新闻史上的新时代[M]//新闻史上的新时代. 上海:世界书局,1946:4.
④ 胡道静. 新闻史上的新时代[M]//新闻史上的新时代. 上海:世界书局,1946:5-6.
⑤ 胡道静. 新闻史上的新时代[M]//新闻史上的新时代. 上海:世界书局,1946:7.

出去。于是全世界的人士,坐在家里的沙发椅上,旋开'受像机'正像他们在上一时代旋开'收音机'时,便可以用眼睛看到全世界新发生事件的形象,正像他们以往可以用耳朵听取全球新闻报告一般。"① 可以说,胡道静对"电视新闻"时代的新闻工作流程与方式做出了准确的预见。在20世纪40年代,当电视作为一种新生事物还不太被大众所知晓的时候,胡道静就敏锐地意识到它的出现将会推动新闻事业发展到一个崭新的阶段,并对新闻记者工作方式的转变做出了较为准确的预测,这种科学的判断也显示出了胡道静作为一名新闻史学者所具有的观察力和预见性,对于新兴媒介他更善于从历史的角度去考察、展望其价值和意义。虽然在当时,也有其他新闻学者对这一问题进行阐述,但明确提出"电视新闻"这一概念并准确预言"电视新闻"时代即将到来的,胡道静却是第一人。

---

① 胡道静.新闻史上的新时代[M]//新闻史上的新时代.上海:世界书局,1946:8.

第五章　新闻人胡道静的历史贡献及现代隐喻

胡道静的新闻实践与研究活动几乎跨越了20世纪30年代至40年代。这期间他虽历经战乱,但在炮火纷飞、动荡不安的年代中,他毅然投身抗战新闻界,同时其学术研究活动也始终没有中断。我们研究新闻人胡道静,不仅要看到他在新闻实践与研究活动中取得了哪些成绩,更重要的是,要探究这些成绩以及由此所折射出的学术精神对我们今天有何贡献与影响。

第一节　新闻人胡道静的历史贡献

新闻人胡道静在外敌入侵的社会环境下,义无反顾地投身抗日救亡的新闻实践中,这种精神和品质值得后人学习和赞赏。但客观地说,作为"民国新闻人"的胡道静,他的主要贡献还是在新闻学研究领域。在对胡道静的新闻学研究著述进行梳理与分析之后,笔者认为,其在新闻学研究领域的历史贡献主要表现在以下三个方面。

一、初步构建了上海地方新闻史研究的框架体系

胡道静是中华人民共和国成立前我国地方新闻史研究的代表人物之一,也是上海新闻史研究历程中具有"里程碑"式的重要意义的研究者。在20世纪三四十年代,胡道静在继姚公鹤之后,第一次把上海地方新闻史研究推到了一个前所未有的高度。相比较前人的研究成果,胡道静的研究在内容上更为全面和深入,在研究的系统性和专业性上也有很大提升,可以说是真正开启了上海地方新闻史学术意义上的研究之路。在丰富前人研究成果的同时,也初步构建了上海地方新闻史研究的框架体系。

(一) 拓展上海地方新闻史研究范围,构建起相对完整的研究内容体系

1949年以前的上海地方新闻史研究,以姚公鹤和胡道静为代表经历了两个发展阶段。姚公鹤的《上海报纸小史》(1917)是我国第一部地方新闻史的研究专著,也是上海新闻史研究中具有开创性意义的著作,其内容涵盖了上海报纸的印刷、经营及发展概况、报馆的机构及其职能、报人的社会地位等方面的内容,并从中反映出上海近代社会的历史变迁。《上海报纸小史》虽然篇幅不长,但对上海地方新闻史的研究而言,其开创性的地位与价值却不容忽视。胡道静对上海地方新闻史研究的推动作用首先体现在研究范围的拓展上,当然这也与上海新闻事业的不断发展有关。与姚公鹤仅仅关注上海报纸不同,胡道静的研究视野所涉及的不仅有上海的报业,还包括上海的广播事业、通讯社事业以及新闻学教育和研究组织的情况等,在研究内容上较之前人更为丰富。

1. 对上海报业的研究更加系统

对上海报业的研究是胡道静上海新闻事业研究中的重要组成部分,除了《上海的日报》(1935)和《上海新闻事业之史的发展》(1935)两部著作外,另有多篇有关于上海报纸的研究文章。这其中,《上海新闻事业之史的发展》是按照时间顺序,以1850年上海第一份报纸《北华捷报》的诞生为起点,直至1934年上海报业"最近的进展"结束,分九个阶段缕述了上海报业八十多年的发展历程;《上海的日报》则是以上海每日出版的报纸为研究对象,采取了横向的现实研究为主的方法,对139种中外文日报的创办情况、版面安排、业务革新、主要特色及影响等内容进行了介绍与分析。这两部著作在内容上各有侧重,前者偏重于历史的全面的研究,后者偏重于现实的个体的研究,两者互为结合与补充,大致勾勒出了上海报业的历史发展轨迹与现状。此外,胡道静还陆续发表了近20篇关于上海报纸的研究文章,既有对重要报纸的深入性研究,如《申报六十六年史》《戊戌政变五十年祭与中外日报》《新闻报四十年史(1893—1933)》等,也有对上海报纸在经营、印刷、交通、纸张、版面编排等方面具体而详细的考察,如《上海新闻纸的变迁》,而这些成果又从多个方面充实了胡道静对上海报业的研究内容。仅从这一点看,胡道静就在研究的篇幅、广度与深度上大大超越了前人,对上海报业的研究也从姚公鹤时期的相对简单的描述性研究进入了更为细致、全面与专业化的发展阶段。

2. 对上海广播电台的研究具有开创性

从20年代初期开始,随着我国第一座无线广播电台在上海的出现,广播

所特有的快速、便捷并且不受时空限制的传播优势被广泛应用,新闻领域中的广播事业也随即蓬勃发展起来,这其中,又以上海的广播事业发展最为迅速,据胡道静统计,截至1936年,全国89座广播电台中,上海就占了41座。① 胡道静敏感地意识到广播的产生将会给新闻事业的发展带来重大变化:"到了二十世纪的初年,因为科学上有了更进步的发明——广播无线电的完成,电影技术的增进,一用到新闻的传达工具方面来,就使纸面新闻感受到无上的威胁。因为无线电广播新闻有更速的传达力,新闻电影有更具体的表现力,是纸面新闻所及不来的……隐示了来日不可避免的新闻传播术的新趋向和竞争的路线。"②基于这种认识,胡道静自然而然地把上海广播事业纳入上海地方新闻史的研究范围,通过对历史进行回顾与梳理,展现了其从1923年至1936年的发展脉络与现状。

3. 对通讯社发展历史和现状研究的拓展

胡道静把上海通讯社的发展分为四个时期:外国通讯独占时代、本国通讯社发轫时代、外国通讯社竞争时代和本国通讯社进步时代,③并指出"我国没有大规模的国际通讯社,因此在国际宣传上万分吃亏,而本国报纸接受国际新闻也毫无防御,以致尽代别人宣传"④。从20世纪20年代开始,国人自办通讯社的数量开始逐渐增多,出现如国闻通讯社、申时电讯社等一批有影响的私营通讯社,打破了之前完全由外国通讯社所垄断的局面,同时国民党中央通讯社的势力也在不断扩大,在全国多个城市成立了分社,并陆续与路透社、哈瓦斯社签订了交换新闻的合约,从而在一定程度上提升了我国通讯社的国际地位及影响。

4. 对新闻教育和研究团体状况的研究

胡道静的研究中还对上海的新闻学教育和研究组织的情况进行了关注。从20世纪20年代起,上海的圣约翰大学、南方大学、光华大学、国民大学、复旦大学、沪江大学以及上海商学院等都相继设立了报学专业,民治新闻专科学校和申报新闻函授学校也先后成立,胡道静分别介绍了它们的创立时间、主要

---

① 胡道静. 上海与广播事业[N]. 大晚报,1936-10-05.
② 胡道静. 上海新闻事业之史的发展[M]. 上海:上海市通志馆,1935:88.
③ 胡道静. 上海新闻通信事业的发展[M]//上海通社. 上海研究资料(续集). 上海:上海书店,1984:706.
④ 胡道静. 上海新闻通信事业的发展[M]//上海通社. 上海研究资料(续集). 上海:上海书店,1984:711.

负责人、课程设置和招生情况等;在20世纪30年代,上海的新闻学研究组织主要有:上海报学社、密苏里大学新闻学院同学会上海分会、复旦大学新闻学会、中国新闻学会、记者座谈会、中国文化建设协会新闻事业委员会等,胡道静还列举了部分研究组织已出版的丛书及刊物,以便对这一时期上海新闻学研究的总体情况有所了解和把握。新闻学教育和新闻学研究组织的出现是上海新闻事业日益进步的一个表现,从长远看也必将推动新闻事业进入一个新的发展阶段,胡道静有意识地对这方面的内容加以梳理,也显示出他作为上海地方新闻史研究者拥有较为开阔的研究视野。

总而言之,胡道静突破了前人研究的范围,其研究涵盖了上海报业、广播事业、通讯社事业以及新闻学教育与研究组织等方面的内容,为上海地方新闻史研究构建了相对完整的内容框架。

(二)注重历史与现实结合,从时间与空间维度构建地方新闻史研究体系

胡道静的上海地方新闻史研究特别重视历史纵向考察与现实横向考察的结合。在研究过程中,他善于从时间与空间的双重视角审视、剖析上海新闻事业的发展,从而把构建的框架体系置于这一双向考察维度中。"历史与现实的结合"既是胡道静研究上海新闻事业史的视角,也是他研究的重要特点。最初在上海通志馆编撰志稿的工作培养了他对研究对象进行历史审视与思考的习惯与能力;身处上海新闻事业的现实发展之中,又使他经常把目光投向新闻事业的现状与最新进展。前者侧重于纵向的时间的梳理,后者侧重于横向的空间的关注,在历史与现实的不断交融之中使得上海地方新闻史的研究框架所包含的内容更为丰富。

1. 在宏观研究中践行"历史与现实结合"的观念

胡道静在对于某一新闻媒介的整体宏观研究中践行着"历史与现实结合"的观念。例如对于上海报业的研究,《上海新闻事业之史的发展》属于纵向的历史的研究成果,而《上海的定期刊物》和《上海的日报》则属于横向的现实的研究成果;考察上海的广播事业,胡道静在《上海广播无线电台的发展》一文中先是梳理了从1923年上海第一座广播电台的出现至20世纪30年代中期十余年间上海广播事业的发展历程,并在《上海与广播事业》一文中对截至1936年底上海存在的广播电台的现状(包括目前存在的问题、政府的管理举措、广播媒介的社会作用、上海广播事业发展的原因等)进行了分析与评述;对于上海通讯社事业的研究也是如此,胡道静一方面把上海通讯社的发展历史分为四个时期,另一方面又对20世纪30年代中期上海通讯社的发展现状及未来趋势做出评价与展望。

2. 在"个案研究"中践行"历史与现实结合"的观念

胡道静在"个案研究"中践行"历史与现实结合"的观念,力求把这一新闻个体的历史发展与当前现状相对完整地展现出来。例如,胡道静考察《申报》,其时间上自《申报》创办的1872年4月30日,下至1938年10月10日《申报》重新迁回上海出版,而《申报六十六年史》这篇文章的写作时间就是1939年初,基本上包括了在此之前《申报》全部的发展历史;研究上海的外文报纸,如《从"法文上海日报"回溯上海的法文报纸》《上海德文报纸小史》等,胡道静也是从"回溯历史"与"关注现实"的视角突出了研究的主要内容。再例如,对外国通讯社的研究,胡道静在《路透社在中国》《哈瓦斯社在中国》《美国合众社在中国》等几篇文章中也清晰地叙述了它们在中国的发展历程以及当前情况。

在中华人民共和国成立前的上海地方新闻史研究中,胡道静是当之无愧的代表人物,从历史到现实、从全面到个体,胡道静对上海新闻事业的发展进行了时间与空间维度上的、"点""面"研究相结合的、多角度的梳理与考察,无论是在研究内容的丰富性与深入性上,还是在研究视角的多样性与灵活性上,胡道静都大大超越了前人,在初步构建了上海地方新闻史研究的框架体系的同时,也使得上海地方新闻史的研究水平上了一个新的台阶,走在了全国地方新闻史研究的最前列。

二、第一个预言"电视新闻"时代即将到来

电视的产生,是20世纪初期人类无线电传播技术不断发展的结果,相比无线电广播而言,它的技术原理要更为复杂,经历了几代科学家们坚持不懈的努力;1884年,德国工程师保尔·尼普科夫发明了电视图像扫描圆盘,实现了图像信号由光信号转换成电信号;1925年,英国科学家贝尔德在实验室里首先完成了对活动图像的远距离传送,他也因此被誉为"电视之父";1936年11月,电视最终在英国诞生。

1946年,胡道静在《新闻史上的新时代》一书中曾论及新闻事业在第二次世界大战之后即将进入"电视新闻"的时代,并就"电视新闻"时代全新的新闻传播及接收方式做出了形象而准确的预测。笔者认为,为了更客观地评价胡道静的观点,需要先对在此之前学者们关于"电视"的阐述历史做回顾与梳理。

(一)胡道静之前的研究者对"电视"的阐述

20世纪二三十年代,当"电视"这一崭新概念逐渐传入中国的时候,绝大多数人还未曾"识得庐山真面目",因此早期的研究文章多停留在对"电视"本身包括其工作原理与技术的介绍上。1927年6月,《科学》杂志上发表了无署名、题为"电视之进步"的文章,全文约1 200字,主要涉及电视基本技术与原理,"这是目前为止发现的在中国最早介绍电视的文章"①。1928年,《科学》杂志第三期又发表了《参观电传话影机记实》一文,作者孔祥鹅"以第一人称为叙事主体,详细记录了参观时间、地点,描述了演示的内容、过程等,并多次使用'电视'一词,为早期目睹过电视及介绍电视者之一"②。20世纪30年代以后,随着人们对这种新的电子媒介关注程度的提高,国内的报纸杂志上出现了一批系统阐述电视技术的文章,如《中国无线电》杂志1933年第1卷第1至6期,连载六篇赵真觉的《电视学》,主要介绍了贝尔德的"发影机之构造与运用";《科学》杂志1934年第2至5期连载叶鹿详的《电视学浅说》,详细介绍了电视信号发射与接收的原理,并配有大量的图示;《电信杂志》1935年第3卷第1号刊载陈德生的《电视的原理》,说明了声音、形象是如何转换成信号,传播之后又如何通过仪器设备还原、接收的。③除了在技术层面上对"电视"进行介绍外,这一新兴事物的出现也引起了新闻学者的关注,虽然这时电视还尚未真正进入新闻传播领域,但敏感的新闻学者们对此已经从不同方面做出了展望。在胡道静之前,先后有杜绍文和任白涛对电视做过介绍性阐述。

1. 杂志主编杜绍文对电视的介绍性阐述

担任过《战时记者》④主编的杜绍文,在该刊第8期上发表了《敌乎?友乎?——新闻广播与电影传真果有害于报纸么?》一文,用比较的方法论述了"新闻广播"和"电影传真"⑤相比于报纸的优缺点,并指出了它们与报纸间既相互竞争又互为促动的关系。作者首先对电视的出现及其传播的方法做了一番介绍:"'电影传真'亦名电视或无线电传影,英文叫TELEVISION,它是

---

① 谢鼎新.民国时期国人对电视的认知[J].新闻与传播研究,2006(2):62.
② 谢鼎新.民国时期国人对电视的认知[J].新闻与传播研究,2006(2):64.
③ 王文利.中国广播电视新闻研究简史[M].长沙:湖南师范大学出版社,2008:96-98.
④ 《战时记者》1938年9月1日创刊,由浙江省战时新闻学会出版。
⑤ 这里提及的"电影传真"指的便是"电视",早期有多种不同翻译,笔者注。

RADIO的小弟弟,现在这个小弟弟,侵入无线电播音的国土了,此朵科学界新放的奇葩,它造就了天涯咫尺的奇观,真可谓音容宛在四海一家了。现在有三种电影传真法,第一种为播送底片,将已经洗就的底板播送开去,和普通的电影一般。第二种为间接传影,把当时要播送的景物摄就,然后将底片冲洗出来,装上播送机放送出去。第三种为直接传影,无须再用底版,将景物直接由播影机发送,这是最理想的传真法。用电影传真法播送新闻,现属于上述第二法;最后一法固属圆满,但有许多困难不易解决,所收到的景象,又为一条一条的粗线所组成,模糊多于明朗。"①

杜绍文认为电视传播技术的进步给传统新闻报道工作带来诸多便捷。"在英国,牛津剑桥两大学的划船竞赛,每一动作亦立现于银幕,报社方面,可不必等到访员回来报告,就可将竞赛经过胜负谁属,立刻发布详细的号外新闻。"②而对于受众,电视的出现也在一定程度上激发了他们的"求新欲","从前要求倾听外间的新闻音乐或演讲,现在认为耳闻不如目见,进一步要求晤对一室了"。③

杜绍文针对有些人担心电视会给广播和报纸带来冲击甚至会使它们走向灭亡的观点,指出这是"杞人之忧",因为"自电影传真的技术上,与电影传真器的价值上,证明它连普通的新闻片尚不能打倒,影响于报纸方面尤其渺小"④。杜绍文主要是从当时电视的传播技术还不尽如人意以及电视的价格太过于昂贵这两个方面考虑的,电视普及尚需时日,"用电影传真报告新闻,可以说仍在启蒙时期和草创时期,价廉量多的报纸,绝对不易被其消灭。未来演变虽不可知,但此时的电影传真,根本无害于报业,甚至较新闻广播尤不足畏"⑤。杜绍文的结论是:"新闻广播与电影传真,表面上是妨及报纸的,然在刺激人们的求新欲和求知欲方面,又是有利于报纸的。也许若干时期以后,经过科学家的改进及发明,文字报道的报纸,和言语报道的新闻广播,以及音容俱显的报道之电影传真,会三位一体化了;在眼前,报纸和新闻广播电影传真,一方是存着矛盾的竞争,一方又存着统一的进展。我们报人,不特不能仇视这两种科学的新

---

① 杜绍文.敌乎?友乎?——新闻广播与电影传真果有害于报纸么?[J].战时记者,1939(8):4.
② 同上.
③ 同上.
④ 同上.
⑤ 同上.

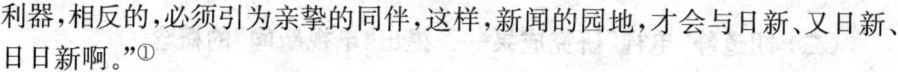

利器,相反的,必须引为亲挚的同伴,这样,新闻的园地,才会与日新、又日新、日日新啊。"①

2. 新闻学者任白涛对电视的研究

1941年商务印书馆出版了任白涛的《综合新闻学》。在该书第三卷"采访技术和通信方法"和第七章"现代的高速度通信机关及其作用"中,作者列举、论述了"电报电话""摄影电报""无线电广播""电视""飞机"等几种对新闻事业产生重大影响的传播媒介及交通工具。在第四部分"电视"中,包括了两个方面的内容:"电视之父——白阿德②"和"什么是电视"。在详细介绍英国科学家白阿德(John L. Baird)生平经历、图像传输试验过程以及对"电视"本身及其工作原理阐述后,任白涛介绍说:"电视,有如其原名,是看见远处活动景色的意思,比摄影电报更进了数步⋯⋯电视也可称做形声广播,是把人物的动态和声音,凭藉电视机械播送出去,再现于影幕上而直接用眼观看的。"③作者用了大量文字并辅以照片和图示阐述了电视传送、接收声音和图像的技术原理。最后,任白涛论及了电视与新闻事业的关系:"电视广播事业,目下同新闻事业的关系,似乎尚浅,但是今日的新闻业者和从事新闻学的研究者,都应用积极的目光,注视它的发展。因为电视的远程播送,一旦成功,在新闻事业上——特别是在采访上——定要发生很大的变化。即新闻社只须置备数种样式的电视收像机,则对于各地或各国的经常重要事件——比如某种国际团体开会——就可不必再行特派专员前去旁听,便能得到真确的纪录。"④

在"电视"这一新兴的传播媒介受到技术等因素的影响尚未普及,且它在新闻传播领域中的作用也未能得到真正发挥的时候,杜绍文和任白涛就根据它的传播特点对其将会带给新闻事业的影响与改变做出了预见性的阐述:杜绍文明确指出了将来用"电影传真"报告新闻的可能性,并且电视、广播与报纸应同为"新闻园地"中"既竞争又合作"的"同伴";任白涛呼吁新闻工作者"用积极的眼光"关注电视广播事业,它将给新闻工作特别是采访工作带来很大改变。两位新闻学者的观点在日后电视事业的不断发展之中都得到了证实。

---

① 杜绍文.敌乎?友乎?——新闻广播与电影传真果有害于报纸么?[J].战时记者,1939(8):4.
② 即贝尔德,笔者注。
③ 任白涛.综合新闻学[M].上海:商务印书馆,1941:704.
④ 任白涛.综合新闻学[M].上海:商务印书馆,1941:714-715.

(二) 胡道静"电视"研究成果——提出"电视新闻"的概念

胡道静对"电视"的论述是在1946年,世界书局出版了他的新闻学著作《新闻史上的新时代》,在收录其中的一篇同名文章中,胡道静回顾与展望了人类新闻事业发展的不同阶段,而较之之前的研究者,他对于"电视"的观点更为鲜明而直接。

1. 把电视放在新闻事业发展长河中定位它的独特位置

胡道静在文章一开始就指出:"一般谈新闻事业史的,都习熟于'口头新闻'、'手写新闻'和'印刷新闻'的三个进化阶段的说法。但自第一次世界大战以后,新闻事业已跃进到另一个新阶段,即入于'广播新闻'时代;而自第二次世界大战以后,又探向再一个新的世纪,要成为'电视新闻'的时代了。"①

2. 从媒介演变角度预测电视对新闻事业的影响

胡道静不同于之前的研究者论述"电视"多是从电视的传播技术与特点入手,他以新闻史学家的眼光,在从媒介演变的角度考察新闻事业发展历史脉络的基础上,审视与预测了"电视媒体"的产生及其对新闻事业未来发展的重大影响。这样就更为清楚地显示出"电视"作为一种传播媒介,在人类新闻事业发展史中的作用与价值,由此推断出"电视新闻"必将伴随着电视媒介自身的不断进步而出现在不久的新闻工作中,同"口头新闻""手写新闻""印刷新闻"和"广播新闻"一样,开创出人类新闻事业发展中的又一个崭新阶段。

3. 重视新兴媒介对新闻事业的推动作用

胡道静认为,新闻事业虽是一种"错综复杂的社会形象的结合体",但它最基本的结构或者说最基本的服务却是"搜集"和"放送",简单地说,新闻事业就是"搜集消息和传达消息的工作"。因此,当人类"搜集"和"放送"的工具由最基本的"天赋器官"得以不断提升与扩张的时候,也就是"一待'复述'和'交通'的工具有了任何的新发明,足以扩张口与足之效能者,立即会影响到新闻事业而使报坛发生一种革命运动"②。从"口头新闻"到"广播新闻",无一不是如此,胡道静把新闻事业的发展与媒介工具的进步相结合,所强调的就是后者对前者的推动作用。

---

① 胡道静.新闻史上的新时代[M]//新闻史上的新时代.上海:世界书局,1946:1.
② 胡道静.新闻史上的新时代[M]//新闻史上的新时代.上海:世界书局,1946:1-2.

4. 对电视产生动因和光辉未来的展望使人耳目一新

胡道静认为"电视"产生是源于新闻界对"形象的新闻内容"的需求,因为"从口头新闻到广播新闻,记者所报告给听者或读者的,一律是'叙述'的而非'形象'的",但实际上,新闻的产生却是"现象的",只是"在最初的时候,新闻记者没有办法把他的天赋的摄影机(一双眼睛)摄下的活动影片'复印'出来送给定户",直到"新闻照片"的出现,才把"形象的新闻"提供给读者,但照片毕竟是静止的"呆照",而"非活动的表现",及至"新闻电影"才完成真正的"形象新闻的供应",然而它在新闻的时效性上却存在缺憾,"新闻电影要经过摄制、冲洗、剪接、复印、发行等等手续,等到在电影院里映在观众眼前,新闻事实上已成了旧闻,不过是叫大家看看当时的动作表现而已"。① 这一切问题最终因"电视"的发明及其不断进步而得以解决,胡道静非常形象地称"人类史上的'天眼通',至此乃告实现"②,并且,这种声音、形象兼备的媒介传播工具还"将使新闻事业的里程碑射出一道新奇的光芒"③。

基于对电视媒介传播特点及新闻事业发展规律的把握,胡道静对"电视新闻"时代的新闻工作做出了准确而科学的预见。他认为,将来的新闻记者,需要先把在出事地点拍摄的"新闻电影"迅速送到"电视中心",或者通过小型电传器将影片传回至"电视中心",然后由"电视中心"播送出去。于是,全世界的人士,只需打开"受像机",便可以用眼睛看到全世界新发生事件的形象。因此,"电视新闻"虽还没有正式出现,我们也必须要准备迎接这新闻史上的新时代了。④

胡道静对"电视"的认知与阐述,一方面继承了前人的研究成果,另一方面也受到了"电视"本身不断进步的影响,因此,他的论述要比之前杜绍文和任白涛的论述更为全面而清晰。胡道静不仅是第一位明确提出"电视新闻"这一概念的新闻学者,同时,他也是第一位从媒介演变规律的视角准确预言了"电视新闻"时代即将到来的新闻学者。此外,他对于"电视新闻"时代新闻记者的工作方式也做出了非常细致的预见性描述,充分体现出他对新兴媒介所产生的时代价值与深远影响的洞察力和判断力。

---

① 胡道静. 新闻史上的新时代[M]//新闻史上的新时代. 上海:世界书局,1946:5-6.
② 胡道静. 新闻史上的新时代[M]//新闻史上的新时代. 上海:世界书局,1946:8.
③ 胡道静. 新闻史上的新时代[M]//新闻史上的新时代. 上海:世界书局,1946:7.
④ 同上.

三、为后人研究上海新闻史保存了珍贵的史料

胡道静是中华人民共和国成立前上海地方新闻史研究的代表人物,他对上海新闻史研究的推动与贡献不仅体现在对研究内容的丰富与拓展上,在研究过程中他有意识地对史料进行搜集、整理与保存也为后来的研究者提供了资料上的便利与帮助。

(一)胡道静上海新闻史研究的"史料工作"

胡道静在对上海新闻史的研究中进行了大量扎实的"史料工作",通过长期的积累,为后人留下了丰富的研究资料。

1. 对上海报业资料的保存

胡道静在《上海的日报》这部著作中,对上海报业做了大量的基础性史料的保存工作。在这本书的第二部分"上海日报目录"中,一共涵盖了 139 种中外文日报,其中中文日报 97 种,外文日报 42 种,胡道静分别介绍了它们的创刊时间、经理、主笔等基本情况;在第三部分"上海各报略史"中又挑选出 45 种有重要影响或标志性意义的报纸,如《申报》《新闻报》《时报》《时事新报》等做进一步较为详细的评述,涉及了报纸的发展历程、报纸的业务革新、报纸的主要特色及其影响等方面的内容;在第四部分"上海新闻纸的现状概观"中,胡道静考察了上海报纸版面的发展、现有情况及其特色等。

2. 对上海定期刊物资料的保存

在《上海的定期刊物》一书中,胡道静以列表的形式按照中、日、英、法、德、俄、意、葡、国际语的顺序,对截至 20 世纪 30 年代初期在上海出版中外文定期刊物情况进行了介绍,涉及的刊物共计 532 种,内容主要包括各刊的主编、刊期、创刊及停刊时间、社址、刊物的隶属以及资料的依据说明等。

3. 对上海广播事业资料的保存

在《上海与广播事业》和《上海广播无线电台的发展》两篇文章中,胡道静清晰地梳理了上海广播事业在 20 世纪 20 至 30 年代的发展脉络,其中对上海第一座无线广播电台的创立以及第一座国人自建的广播电台的情况均有详细的记载。此外,胡道静还以列表的形式对截至 1936 年上海出现的重要的广播电台的呼号、电力及波长进行了统计。

4. 对上海通讯社资料的保存

胡道静对上海通讯社的研究包括国人自办通讯社和在上海的外国通讯社的情况。在《上海新闻通信事业的发展》一文中,胡道静把上海通讯社的发展分为四个阶段,并对每一阶段进行具体阐述,从中展示出我国通讯社逐步发展的历程;同时,他还详细叙述了路透社、哈瓦斯社、合众社以及同盟通讯社在上海不断扩张新闻势力的情况。

5. 对上海新闻学教育和研究组织资料的保存

胡道静在《上海新闻事业之史的发展》一书中"最近的进展"部分,对上海的新闻学教育和研究组织情况进行了介绍。其中,开设新闻专业课程用以培养新闻人才的学校共9所,胡道静分别列举了它们的创立时间、课程开设、招生情况等;有影响的新闻学研究组织有6个,胡道静介绍了它们的成立宣言、研究活动、出版丛书等。

可以看出,胡道静通过整理与保存基础性史料,构筑了上海新闻史研究的基本框架与内容,这不仅是他进行深入研究的基础,同时,也为后来的研究者提供了重要的资料参考。

(二)胡道静的"史料工作"得到后人的肯定与赞赏

丁淦林教授曾经评价:"胡道静的著作记叙了《上海新报》、《申报》等报纸的历史,为个案研究提供了丰富的材料。"[①]马光仁教授在《上海新闻史(1850—1949)》中也对胡道静的著作给予了高度赞扬,"其史料之丰富翔实、全面系统,超过以前一切上海新闻史研究成果,特别他搜集整理了大量原始资料,为后人研究提供了珍贵史料"[②]。马光仁教授主编的《上海新闻史(1850—1949)》是新时期上海新闻事业研究的又一力作,在这部书中如此高地评价胡道静的上海新闻史研究成果,并对他"搜集整理的大量原始资料"的价值予以充分肯定。这表明胡道静的史料工作与成果确实对后人产生了深远的影响,而这也是这位前辈新闻学研究者做出的重要贡献。

---

① 丁淦林,方厚枢. 20世纪中国学术大典·新闻学传播学 出版学[M]. 福州:福建教育出版社,2005:14.

② 马光仁. 上海新闻史(1850—1949)[M]. 上海:复旦大学出版社,1996:803.

第二节　新闻人胡道静的现代隐喻

胡道静在特殊时代背景下从事的新闻实践与研究活动不仅有其重要的历史贡献，其新闻实践和新闻学研究的现代隐喻也给我们当代新闻工作者以启发和影响。这主要体现在以下几个方面。

一、新闻人必须具有忧国忧民、为民请命的社会责任心

在1948年9月1日记者节的前夕，胡道静分别在《报学杂志》和《大众新闻》上撰文，表达了自己对新闻事业前途的"新希望"，并提醒新闻记者们在"充满罗网与陷阱"的复杂形势中更须谨记与恪守职业品格。

胡道静的"新希望"是基于对"报人疲于应付政治"这一现状的不满。他说："新闻事业不能够完全脱离政治的影响，原是不必质疑的事；然而报人只是做报，并非是干政治，却是一般辨认得并不清楚而且也弄苦了报人的事。做了多年的报人，所用于本身事业的功力者少，耗脑筋于应付环境者多，同时在人家的眼光中，总以为你是爬在某一口政治染缸的边缘。在我们自己的节日的前夕，我于沉思中幻见着金边的光芒招手在远处：有一天新闻事业虽则是与政治保持着密切的接触，但是我们本身的工作是完全能够根据报学的原理放手去实施，我们真能够为读者做一张良心上毫无谴责的好报纸。"[①]

然而，新闻记者按照新闻活动规律为读者办一份"良心上毫无谴责的好报纸"却并非易事，因为"一千个罗网，一万只陷阱，在这天地之间为新闻记者们安排着。你，我，当新闻记者的，小心，小心，提防着一不留神，就得倒栽了进去。没有吃过这行饭的，或者正准备吃这行饭的，大抵以为当记者而欲无亏于职守，只须操守严正，志行纯洁，对事情的观察公正平允，不持偏见，便可告无罪。其实这并'不够'"[②]。

胡道静所说的"罗网与陷阱"指的是这样一群人：挺会扯谎、面面说得都圆的外交家，纵横捭阖、翻手为云覆手雨的政客们，唯利是图、寻求任何间隙以遂

---

① 胡道静. 九一记者节新希望[J]. 报学杂志, 1948, 1(1): 4.
② 胡道静. 巴克指称新闻记者此议会之第四势力[J]. 大众新闻, 1948, 1(7): 9.

其目的的投机商人，妙手空空、在宇宙间希冀捕捉一个巧妙机会的冒险家，他们看中新闻事业所蕴含的巨大的社会力量，不惜一切代价"窥伺着，盘算着"，寻找时机"通过新闻事业的力量而遂其欺骗蒙蔽大众的某种私欲"。① 由此产生的新闻事业的危机给记者的工作带来了不小的困难，除了要"敦品励行"外，还需多一份"警戒的精神"，否则一不小心就会陷入野心家们的"罗网与陷阱"。但同时胡道静也指出，新闻事业是以"正直"为表征的，它是以其"代表人民的舆论"和"为人民作耳目之服务"两大功能来取得群众的信仰的，②因此，他更加呼吁新闻记者即便"赴汤蹈火"也要维护这一事业的"正直性"："新闻记者从事这一职业的时候，必须要有一个信心，作为自己的誓词：我不能把这一神圣的事业污渎了，我不能够让人民丧失对于新闻事业的信仰，我不能让新闻事业'正直'的招牌给砍了！"③

以上两篇文章均写于1948年，此时胡道静从事新闻实践活动已有十年，历经了上海"孤岛"时期敌伪对爱国报人的威胁、恐吓甚至暗杀的"血腥恐怖"以及避难浙皖时在日军炮火的威逼下新闻工作和个人生活的艰难困苦、颠沛流离，而重返上海之后又被眼前民不聊生的社会黑暗、互相倾轧的政治腐败所困扰，并为处于危机重重下的新闻事业的前途而深深担忧。但透过胡道静这条充满着荆棘与波折的新闻实践道路，我们看到最多的还是他对新闻人职业品格与精神的铭记和坚守，他以"为读者做一张良心上毫无谴责的好报纸"为职业目标，把维护新闻事业的正直性以及人民对它的信仰作为从事新闻职业的"誓词"，这充分体现出一个新闻人强烈的社会责任心——时刻以国家和人民利益为重，用自己的行为捍卫新闻事业的神圣使命，做社会正义与良知的守望者。

在整个抗战时期，胡道静都是以"爱国新闻人"的身份奋斗在抗日宣传的阵线上，在关乎国家民族生死存亡的攸关时刻，他不惧个人安危以笔为戈、毅然投入抗战宣传的洪流中去，完成了由"潜心治学的文化学者"到"忧国忧民的新闻战士"的转变。在"孤岛"严酷的斗争环境下，胡道静上过敌伪的"黑名单"，收到过"恐吓信"，所在的中美日报馆也遭到过敌人的袭击而险些被破坏，在大中通讯社时还被敌人投掷过手榴弹，只因他恰好起身去接电话而幸免于难。"孤岛"陷落之后，胡道静先后撤离到浙江金华、安徽屯溪等地。在跟随

---

① 胡道静.巴克指称新闻记者此议会之第四势力[J].大众新闻,1948,1(7):9.
② 同上.
③ 同上.

《东南日报》转移时,他与母亲所乘坐的火车被日寇飞机跟踪轰炸,伤亡惨重,以致很长一段时间大家都以为胡道静已经殉难;在屯溪工作期间,又面临着纸张、器材极度匮乏,交通受阻,新闻记者日常生活来源无着且人员不足等现实困难。① 但正如胡道静自己所说的,在这"艰难的路途,层层节节的磨难"中,勇于担当起社会责任的新闻工作者应"不顾一切的困难地奋斗上前,起来了再跌倒,跌倒了却又起来""他从没有为了困难的不断地试探,而忘记了自己的使命。他知道自己是支配在怎样的一个命运之下,但不抱怨,不悲伤,这一段炼狱的道路,他必须咬紧牙齿走过,使自己在磨练中茁壮起来",并最终迎来"中华民族自由、独立、光明日子"。②

抗战胜利后,胡道静出任上海《正言报》总编一职。三年多的时间里他目睹了国民党政府贪污腐败、搜刮民脂,并悍然发动内战以致百姓生活疾苦、民众怨声载道的社会现实,同情百姓、为民请命的社会责任心使得胡道静在报纸上频频呼吁政府应对人民负责,平抑物价以保障人民生活,严惩以权谋私、获取暴利的贪官和投机商,并指出政府经济政策失误、军费开支猛增是造成人民生计痛苦的主要原因。胡道静没有任何政党背景,也不满报人为应付政治而忽略了本身的事业,但这并不影响他出于新闻人的社会责任心而勇于揭露社会黑暗面的行为,在复杂的政治形势下最大限度地体现出了一位"民主斗志"朴素的社会良知,《正言报》也因此具有了更多"批评者"的色彩。

胡道静对新闻事业在整个社会中的重要作用以及新闻记者的角色和应当承担的社会责任有着清晰的认识,他也以自己的新闻实践活动对这一责任做出了最好的诠释,那就是不惧任何困难,心系国家和人民,坚守新闻人要维护社会正义、推动社会进步的职业品格,对国家、对人民真正做到"良心上毫无谴责"。胡道静所提倡与践履的这种职业精神对我们今天的新闻工作仍有较强的现实指导意义,它带给我们的启示与帮助更是老一辈新闻工作者在艰难岁月中传承下来的、充满光荣与责任的精神财富。

今天的新闻工作环境与20世纪三四十年代胡道静所处的环境相比已截然不同,新闻工作者们不会再因外敌的入侵而饱受战火、流离之苦,也不会因专制独裁的政治而动辄获罪,但是新闻工作又面临着新的挑战和问题,特别是目前我国正处于社会的转型时期,经济的快速增长、社会结构和机制的转变与

---

① 胡道静.战时东南报业遭遇的实际困难问题[M].//新闻史上的新时代.上海:世界书局,1946:34-37.

② 胡道静.中国新闻业的命运[N].中美日报,1939-10-10.

调整、社会利益的日益分化等因素都可能成为引发社会矛盾与冲突的潜在原因,人们的世界观与价值观也受到了前所未有的冲击与震荡。在新的时代背景下,新闻工作者要学会如何深切地关注和真实地记录社会历史变迁,多角度、多层次地揭示和反映社会矛盾、弊端和问题所在,真正以新闻的力量推动社会的进步,这不仅是当前新闻工作者的所要担负的职业责任,从本质上讲,它与胡道静等老一辈新闻工作者在内心深处萌发的对新闻事业的使命感、对国家人民的责任感以及作为新闻人对真理和事实的执着追求也是一脉相通的。此外,近年来新闻工作者职业道德下滑、职业规范缺失的现象也值得我们反思,如果从新闻人自身的角度去审视,社会责任感的淡化、职业精神与品格的丧失是主要的原因,而它所带来的后果又是极其严重的,不仅会影响到新闻事业的"正义性",对整个社会的进步亦有危害。因此,新闻工作者须对自己的职业行为所产生的社会作用和意义价值有明确的认知,把老一辈新闻人忧国忧民、为民请命的社会责任感切实融入自己的工作中去,有效发挥新闻媒体传播信息、反映现实、引导舆论的重要作用,为新时期我国社会的文明、民主、进步贡献力量。

二、新闻史学研究必须注重开拓选题及理论体系的创新

在 20 世纪三四十年代,胡道静在中国新闻史学研究方向及内容的选择上最大的贡献便是对上海地方新闻史的研究,虽然最初从事有关上海新闻事业的研究是源于他在上海通志馆负责编撰志稿的工作,具有一定的偶然性,但是围绕这一选题他展开了长期的、细致的研究工作,甚至在 1937 年上海通志馆被迫解散后,胡道静对上海新闻事业的研究仍在继续,直至 20 世纪 40 年代。更重要的是,围绕这一选题,胡道静在研究的内容、范围、方法、视角以及理论体系的构建上都进行了开拓,"超过以前一切上海新闻史研究成果"[①]。

(一)新闻史学研究必须注重开拓选题

在整个上海新闻史研究历程中胡道静都是一个重要的代表人物。他从成就一部"完善良好的新闻史杰作"的宏大目标出发,阐述了进行地方新闻史研究的重要性,进而从更高层面上界定了这一选题的地位与研究价值。胡道静也在中国新闻史的研究领域中发挥了自己优势与特长,为推动我国地方新闻

---

① 马光仁.上海新闻史(1850—1949)[M].上海:复旦大学出版社,1996:803.

史研究做出了特殊的贡献。由此,我们可以看出研究者开拓选题的重要性,它既可以是全新的研究领域,也可以是对已有研究领域的多方面的拓展与丰富,这对我们当代的新闻史研究而言,其意义与作用更为明显。

在20世纪80年代之后,我国新闻史研究进入到了一个繁荣发展的新局面,各类通史、断代史、专门史、地方史等方面的论著层出不穷,但同时,也逐渐暴露出一些"研究失衡"的问题,即存在有些内容重复研究而有些内容研究不够深入的现象,因此,注重开拓选题就显得非常重要,它不仅可以避免研究者的重复劳动,还能够切实有效地推进当代新闻史研究全面深入的发展。例如,吴廷俊教授对于"新记《大公报》"的研究,就是一个善于发现、开拓选题的事例。《大公报》是我国新闻史上屈指可数的有重要影响的报纸之一,曾经获得过美国密苏里大学新闻学院于1941年颁发的最佳新闻事业服务奖,其研究价值自然不言而喻,然而新中国成立以来在极"左"思想的干扰下,学术界对于《大公报》的研究成果不多,且不够深入,很多评价也一直存有偏颇。吴廷俊教授针对当时的研究现状、突破了某种政治束缚而选择了这个研究专题,用了"四年时间通读了新记公司时期的全部《大公报》,并作了数百万字的详细摘要",①其研究目的正是以事实为基础对《大公报》重新进行客观分析与评说。1994年,他的著作《新记大公报史稿》出版,受到了学界的广泛好评,"它标志着有关大公报历史的研究,已经达到了新的高度",而且"它将促进大公报史研究工作的开展,使中国新闻史研究的整体水平得到进一步的提高"②。

再例如,白润生教授选择研究少数民族新闻史,一开始是因为他在中央民族大学执教,认为"民族大学的新闻学专业应该有自己的特色",而且"学生大都来自民族地区,如果不了解民族新闻的历史、民族新闻理论、民族新闻的采写,将来是不容易做好民族新闻工作的"③。再加上当时这一领域的研究者很少,他的选题更具有了开创性意义和现实价值。经过多年的辛勤耕耘,白润生教授先后出版了《中国少数民族文字报刊史纲》《民族报刊研究文集》《中国少数民族新闻传播通史》《当代中国少数民族新闻事业调查报告》等多部著作,在我国少数民族新闻史研究方面做出了突出的贡献。

---

① 姚福申.《大公报》值得研究——《新记大公报史稿》读后[J]. 新闻大学,1995(2):68.
② 方汉奇. 值得认真研究的一家报纸[M]//方汉奇文集. 汕头:汕头大学出版社,2003:650.
③ 傅宁. 白润生:手持木铎的采风者[N/OL]. 人民网,2004-02-09[2016-10-24]. http://www.people.com.cn/GB/14677/22114/31734/31735/2327231.html.

（二）新闻史学研究必须注重理论体系的创新

胡道静不仅注重开拓选题，还注重构建与创新研究内容的理论体系。在上海地方新闻史研究中，胡道静在充分占有第一手资料的基础上，从时间与空间的双重视角对上海新闻事业进行了全面深入的考察与分析，在内容上涉及了上海报业、广播事业、通讯社事业以及新闻学教育与研究等多个方面，并充分关注历史研究与现实研究、全面研究与个体研究的相互结合与补充，从而初步构建了上海地方新闻史的研究框架与体系。例如，对上海新闻事业发展历史的考察，胡道静把自1850年上海第一份报纸《北华捷报》的诞生至1934年间的发展历史分为了九个阶段：报纸的始创(1850—1894)、宪政运动(1895—1911)、民族革命(1902—1912)、洪宪时期(1913—1916)、欧战时期(1913—1919)、五四运动(1919)、五卅惨案(1925)、国民革命(1927)和最近的进展(1934)，每个阶段都以重要的新闻界事件作为叙述的主线，再联系当时新闻事业发展的外部环境，较为完整地展现了上海新闻事业特别是上海报业80多年发展的基本情况。胡道静的划分方法在今天看来还很粗略，有些地方还值得商榷，但这却是第一次以一种纵向的研究视角去审视与分析上海新闻事业的发展，这种尝试性的研究体系所具有的创新性意义是不容忽视的。因此，新闻史研究需要注重理论体系的创新，它也在很大程度上突出了研究成果所产生的学术影响与价值。在此，笔者分别举例说明。

1927年11月，上海商务印书馆出版了戈公振的《中国报学史》一书，这部新闻史学著作自问世以来就受到了新闻学界的广泛赞誉与高度评价。戈公振在其绪论中曾说："所谓报学史者，乃用历史的眼光，研究关于报纸自身发达之经过，及其对于社会文化之影响之学问也。本书所讨论之范围，专述中国报纸之发达历史及其对于中国社会文化之关系，故定名曰《中国报学史》。"[①]对此，徐培汀教授认为："戈公振率先提出，要用历史的眼光去研究报纸自身的发展变化，明确地提出研究的范围，无疑是一个创举。"[②]这主要指的是戈公振在撰写这部著作时明确地把"报学史"当作一门科学进行研究的，而这一观点与认识也改变了长期以来我国新闻界"重经验、轻研究"的现象，并且，在这种研究思想的指引下，戈公振以我国报刊自身的发展脉络为主要依据，对中国新闻事

---

① 戈公振.中国报学史[M].北京：中国新闻出版社，1985：3.
② 徐培汀.20世纪中国新闻学与传播学·新闻史学史卷[M].上海：复旦大学出版社，2001：242.

业的历史进行了更为符合其发展规律与特点的阶段划分,因此,《中国报学史》也被评价为是"中国新闻史研究中第一次具有重大意义的突破"①。在这里,笔者并不是要探讨这部著作本身,而是强调它之所以被后人称为"创举""重大突破"的原因,其实也正是戈公振在中国新闻史研究中注重理论体系创新的表现——他没有遵循西方学者通常把新闻事业划分为"口头报纸""手写报纸""印刷报纸"等三个阶段的方法,而是结合中国报纸自身产生、发展与演变的特点,把中国新闻事业自汉唐以来至民国初期的发展分为四个时期:官报独占时期、外报创始时期、民报勃兴时期和报纸营业时期,虽然这种分期方法也存有不足之处,且有些学者对它的来源也提出了不同的看法,②但这并不影响《中国报学史》对这一分期方法带来的实际传播效果——它"为中国新闻史研究设计了第一个理论框架",标志着我国的新闻史"已走上整体的、系统的研究轨道"③。

再例如,卓南生教授关于中国近代报业史的研究著作——《中国近代报业发展史》(1815—1874)也堪称"创新"之作。作者在体例上没有采用一般报业史的研究与写作套路,避免按照历史时间顺序对报业的发展做全面铺陈式的介绍,而是着力于对代表性报刊做深入的研究,从"一个个点"中揭示出我国早期中文报纸产生、演变的曲折历程。此外,这部著作还纠正了一些长期以来存在于我国新闻史著述中关于早期报刊史实模糊不清甚至谬误的说法,从内容、观点到叙述体例上都使人耳目一新,"填补了中国新闻史学者在这一领域研究的空白"④。

在中国新闻史的宏观研究中也不乏运用创新思维尝试构建研究体系的著作,李彬教授的《中国新闻社会史》(1815—2005)就是其中的代表。在这部著作中,从1815年至2005年的中国新闻史发展历史被划分为四个部分:新闻传播发新枝(1815—1895)、清末民初涌高潮(1895—1919)、三家天地归一统(1919—1949)、民族国家谱新章(1919—2005),在研究视角与叙述方法上也体现了他所倡导的"新新闻史"的观点,即"立足当下,面向历史,以社会史的范式和叙事学的方法,综合考察并书写新闻传播的历史衍变与现实关联",其最终

---

① 丁淦林. 20 世纪中国新闻史研究[J]. 复旦学报(社会科学版),2000(6):135.
② 李开军. 戈公振《中国报学史》分期观点探源[J]. 国际新闻界,2010(2):123-128.
③ 丁淦林. 20 世纪中国新闻史研究[J]. 复旦学报(社会科学版),2000(6):134-135.
④ 方汉奇. 境外中国新闻史研究的新高峰[M]//方汉奇文集. 汕头:汕头大学出版社,2003:691.

目的是"激活或复活新闻史的生命力,让新闻史成为新闻传播领域一个生机勃勃的有机组成部分"①。社会史的范式结合叙事学的方法让这部著作打破了传统的新闻史研究与写作模式,突出了新闻与社会、历史与理论、新闻学与传播学的相互渗透与融合的特点。

总之,在新闻史研究道路上,无论是在中华人民共和国成立前如戈公振、胡道静等老一辈新闻史研究者所面临的条件匮乏的学术环境下,还是在今天新闻史研究处于成果丰硕、向着更高层面发展的阶段中,注重开拓选题及理论体系的创新都是非常必要的,在这方面所做出的努力与其研究成果所产生的价值也是成正比的。它有助于新闻史学者确立研究的方向与目标,在丰富与深化新闻史研究内容上各尽所能,进一步拓展"有新意、有深度"的新闻史学术园地。

三、新闻史学者必须具有科学的研究观念

作为20世纪三四十年代的新闻史学者,胡道静在长期的研究工作中结合中国新闻事业及新闻史研究的现实情况,逐渐形成了重视基础工作与内容开拓的新闻史研究观。笔者认为,这些观点的产生有着特殊的时代背景,不仅对当时的新闻史研究颇具实际的意义与价值,对我们今天的工作也多有影响与启发。

(一)重视基础工作的新闻史研究观

"史料的搜集与保存"是新闻史研究过程中最为基础的工作,胡道静对这项具体而琐细的工作的重要性有着充分的认识,那就是为成就一部"良好的新闻史"做准备。这部"良好的新闻史"不仅记录下了人类新闻事业的发展过程,更是我们了解人类文化特别是近代文化的重要窗口,尤其是"在最近一世纪的时间中,新闻事业对世界政治、经济、社会及文化所起的作用,可谓无物堪与伦比。它本是继承着我国古代'邸报'和欧洲罗马时代的'每日纪事报'的传统而为人类启蒙辟圉的忠实服务者,同时它也受了近代精神与物质文明的洗礼,而完成为指引时代前进的灯塔"②。如果说新闻事业犹如指引社会前进的"灯塔",那么记录新闻事业发展以"贡献于整个人类文化史与生活史"的新闻史著

---

① 李彬."新新闻史":关于新闻史研究的一点设想[J].新闻大学,2007(1):41-43.
② 胡道静.新闻史的先遣工作[M]//新闻史上的新时代.上海:世界书局,1946:11.

作就显得更为重要了。然而,这项工作也面临着诸多困难:一是因为它是"研究的""比较的"且"偏于静的工作",与"新闻工作的活动性"恰好相反,所以"勤于记述他人的事"的新闻记者对这项工作"反多疏忽";二是"此种工作需要很多人的努力,它绝不是少数人能够做得完备的",需要有一个"研究性的组织"。①

胡道静提到的上述困难也是源于他自己在研究过程中的实际经历与体会,他深感"个人能力的薄弱",所能获得的成就也就有限,而"多年以来世局动荡得厉害",个人生活受到极大影响,以至"辛勤的搜集,什九抛散"。② 这确实道出了在动荡不安的年代学者们从事研究工作的不易,特别是对于依赖史料的新闻史研究而言,就更加困难,但胡道静却始终抱有"我们应有一本良好的新闻史"的强烈愿望,因此在极其艰难的条件下他都没有放弃,而这也正是知识分子"坚持"这一学术精神的最好体现。并且,基于对现实的研究情况的考虑,胡道静提出"要有这一本杰作,则需要先有很多的同志有计划地做预备的工作:(一)搜集和保存史料,(二)编撰'长编'"③。而具体又要注意以下几方面的内容。

1. "需要作地方的新闻史以及地方新闻纸的研究"④

胡道静在这一点上特别强调"环境"与"地域"两个因素,他指出,报纸与其所处环境的关系极为密切,"环境具备的条件,足以决定新闻纸的发展,言论自由的限度,物质的供应,经济的支援等等",所以,研究者要注意提供"当地环境对于报业发展的因素",⑤例如,上海新闻事业的发达与其"地理的背景"是分不开的,研究上海新闻史自然不能忽略这个重要的原因。胡道静所指的"地域"因素则是提醒研究者不能只关注大城市的新闻事业,还"应注重边疆新闻与海外华侨社会的新闻事业",并且这部分内容又极易"为一般所疏忽,亟待弥补"。⑥

---

① 胡道静. 新闻史的先遣工作[M]//新闻史上的新时代. 上海:世界书局,1946:11.
② 胡道静. 新闻史的先遣工作[M]//新闻史上的新时代. 上海:世界书局,1946:11-12.
③ 胡道静. 新闻史的先遣工作[M]//新闻史上的新时代. 上海:世界书局,1946:11.
④ 胡道静. 新闻史的先遣工作[M]//新闻史上的新时代. 上海:世界书局,1946:14.
⑤ 同上.
⑥ 胡道静. 新闻史的先遣工作[M]//新闻史上的新时代. 上海:世界书局,1946:15.

2. 加强"个体的研究"

新闻事业的"个体"既包括"报馆和通讯机构",也包括新闻活动的主体——"报坛的人物"。新闻史研究者应将"有历史的、有成绩的"新闻机构"分别撰述沿革",以此展现"每一个体是怎样长成起来的,怎样跌倒的,怎样经过挫折而又奋斗复兴的;它又会怎样以对环境的斗争,和别出心裁的革新,而影响及领导同业"①。而对于"报坛的人物",则重在搜集"他们参加报业的经过,与在报业服务的经历与成就"②。

3. 注重对"新闻纸内容的比较研究"

"历史主要的意义,是告诉我人以进步的历程",新闻史研究也是如此,而"一切的进步,皆由于竞争,新闻纸的内容尤为显著",因此,新闻史研究者"必须对各报的内容作比较的研究"。③ 报纸的内容,可以分为新闻、言论和其他资料三大类,每一类别又有多种形式,"作比较研究者,须将每一门类,就各报比较其特点",如此,"可以明了某报在读者群中特占优势的原因,也可以明了某报在编、访,及言论方面所作的特殊努力,并且可以知道某报的某种革新对于同业所起的影响——此即其对新闻事业之贡献"。④ 胡道静举例说,上海报纸上的短评为《时报》所创,经济新闻及教育新闻被辟为专版则始于《新闻报》,这些都是经过比较研究之后得出的结论。

4. 重视"零片"的资料

胡道静认为,"搜集史料,要不遗断简零片。通常人家搜集学术资料,以书本为主;但史料工作者,对于小册子,报章杂志的剪片,零星的字片,都要注意保存"⑤。胡道静谈及自己在1941年之前所搜集的新闻学资料,大致包括报学书籍期刊、有关报学的简报贴本、有纪念意义的报纸以及一些小册子和零星文件等,这些资料是进行研究工作的重要基础,但经历了战争的炮火之后,很大一部分都已不能再得,这对于新闻史研究无疑是一个无法弥补的损失。

---

① 胡道静. 新闻史的先遣工作[M]//新闻史上的新时代. 上海:世界书局,1946:12.
② 同上。
③ 胡道静. 新闻史的先遣工作[M]//新闻史上的新时代. 上海:世界书局,1946:16-17.
④ 胡道静. 新闻史的先遣工作[M]//新闻史上的新时代. 上海:世界书局,1946:17.
⑤ 胡道静. 新闻史的先遣工作[M]//新闻史上的新时代. 上海:世界书局,1946:24.

（二）重视内容开拓的新闻史研究观

在强调"史料的搜集与保存"这一新闻史研究的基础工作的同时，胡道静还注意开拓新闻史研究的内容。他的新闻史研究的内容范围不光在当时，就是在当代也是属于非常宽广的。胡道静认为新闻史研究领域应当拓展的内容主要有以下几个部分。

1. 对"广告与报纸"间关系的研究

胡道静指出，"在报纸的内容里面，广告也占着一份很重要的位置：它对报纸的本身和社会，也都起着非常重要的影响"①。因此，关于"广告与报纸"也是新闻史研究者不能忽略的一个内容，胡道静还具体谈到这方面的研究主题——"报纸招揽广告的技巧，广告图文拟制的技巧，广告对于报社经济的影响，对于版面和编辑政策的影响，对于社会和商业所发生的影响，都是大可研究的事。"②

2. 对"印刷、交通和报业"的研究

印刷技术、交通工具是新闻事业发展中重要的物质条件与手段，它们的进步也推动着新闻事业前进的步伐。胡道静强调说"新闻事业依赖于印刷技术、电讯交通者至为密切，所以我们研究新闻史的，对于印刷技术的发展，电讯交通的进步史迹，都需要留意搜集资料，或利用各该部门的专门史，以资参考研究"③；同样，"如果我们对于交通发展的沿革，有相当的研究，那么对于新闻事业进步的探讨必有甚大的帮助。因为报纸里消息的迅速获得，与报纸发行的推广，均密切依赖于交通工具的进步和交通体系的建立"④。因此，胡道静呼吁研究者随时注意印刷技术、交通工具的发明、更新及其在新闻事业中运用的事实。

3. 对"电视"等新兴媒体的研究

胡道静提倡新闻史学者应加强对新兴媒体的关注和研究，它们的出现与发展有赖于人类科学技术的进步，其不同于传统媒体的特点及其传播优势又使得它们必将在人类新闻事业的发展历史中占据一席之地并最终改变传播格

---

① 胡道静. 新闻史的先遣工作[M]//新闻史上的新时代. 上海：世界书局，1946：17.
② 胡道静. 新闻史的先遣工作[M]//新闻史上的新时代. 上海：世界书局，1946：18.
③ 胡道静. 新闻史的先遣工作[M]//新闻史上的新时代. 上海：世界书局，1946：20.
④ 胡道静. 新闻史的先遣工作[M]//新闻史上的新时代. 上海：世界书局，1946：23.

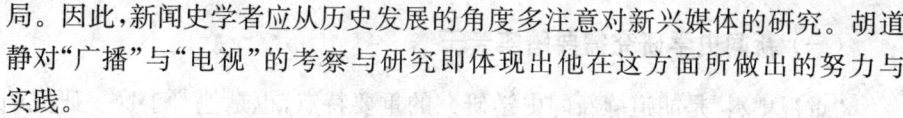

局。因此,新闻史学者应从历史发展的角度多注意对新兴媒体的研究。胡道静对"广播"与"电视"的考察与研究即体现出他在这方面所做出的努力与实践。

4. 对"边疆报纸和华侨报纸"的研究

处于边远地区和海外地区的"边疆报纸和华侨报纸"因为受到经济、交通及社会环境等因素的影响发展相对滞后,很少受到研究者的关注,但胡道静却认为这部分被疏忽的内容是我们急需了解的,因此"尤应注重边疆新闻与海外华侨社会的新闻事业",它在客观上也能起到"促进民族的团结联合、增进边远同胞感情"的作用。① 同时,这也是基于拓展新闻史研究领域以形成更为全面的研究内容所做出的考虑,更是一部"良好的新闻史"应该涵盖的研究专题。

胡道静新闻史研究观的形成,一方面是受到了恶劣动荡的外在研究环境的影响,另一方面也是基于 20 世纪三四十年代我国新闻史学研究还处于初步发展阶段的考虑,虽然在戈公振《中国报学史》之后也有一批新闻史专著出版,但如果成就一部胡道静所言的"完善的、良好的"新闻史"杰作",大量的基础性工作仍是必不可少的,这符合当时新闻史研究的实际需要,也确实为战争环境下新闻史资料的保存以及之后的进一步研究做出了贡献;胡道静涉及的开拓新闻史研究内容的几个方面,是当时的研究者刚刚开始触及的一些领域,而在今天已经成为我们研究中的重要专题,这也显示出他对于新闻史研究方向的把握能力。总之,科学的研究观念帮助胡道静在特殊的环境下在新闻史研究领域取得了突出的成就,这确实是我们当代研究者应当秉承和铭记的。

四、新闻史学研究既需要踏实苦干又需要广开眼界

新闻史是一门历史的学科,它以新闻事业产生、发展的历史及其演变规律为主要研究对象。在整个新闻学领域中,相比新闻理论和新闻业务而言,新闻史更注重对"史料"的搜集和把握,这也可以说是进行新闻史学研究的必要前提和基础,而这项工作又需要长期的坚持与付出,踏实苦干的学术态度与精神是必不可少的。同时,新闻史学研究又不能仅仅局限于历史资料中,它需要研究者具备更为开阔的研究视野。关于这些,我们从胡道静的研究道路可以清晰地看到。

---

① 胡道静.新闻史的先遣工作[M]//新闻史上的新时代.上海:世界书局,1946:15.

（一）新闻史学研究需要踏实苦干

"重视史料"是胡道静新闻史学研究的重要特点，也是他对于这一研究的必要条件的正确认识。最初在上海通志馆工作时，胡道静为了编撰志稿必须首先进行史料的搜集与整理，上海的图书馆、旧书店以及许多家报馆都是胡道静寻找资料的重要场所，而正是在史料不断积累的过程中，他开始陆续写出有关上海报纸的研究文章，例如，在徐家汇的天主堂藏书楼里翻阅、抄录了近一年的旧报纸，就为他日后写作《申报六十六年史》《新闻报四十年史（1893—1933）》等文章打下了重要的史料基础。抗日战争爆发之后，胡道静的个人生活经常处于动荡不安之中，然而在这种艰难的条件下，史学家的责任感促使他依然没有忘记史料的搜集工作，"点点滴滴，不厌其烦，就象蚂蚁一样孜孜不倦地忙碌着"①。在上海"孤岛"时期，胡道静曾买来许多空的肥皂箱用来保存资料，而在他撤离时这些资料竟多达百余箱，他被迫把其中一些不易保存又无法带走的资料送给了二房东当柴烧，结果"一连省了二房东家7天的柴火钱"②。在金华与屯溪也是如此，胡道静在工作之余，"大量收集各地出版的形形色色的报纸，无论是大报、小报、号外，还是铅印、石印、油印，他统统搜集，多多益善。在金华收集的报纸已被战火吞噬了，到了屯溪又重新收集，毫不气馁，乐此不疲"③。后来，胡道静还把收集的报纸运回上海，在1947年的8月至9月间与杜绍文一起举办了一个报展，《正言报》和《东南日报》对此事都进行了报道。

由此我们可以看出，胡道静非常重视新闻史研究中史料的价值与作用，具有明确的史料意识，他曾以柳宗元笔下的"负版"自喻，表明要做一只在学术上不断搜集资料的、"毫不自悔"的"负版"，而胡道静的新闻史学研究成果也正是建立在这一扎实的史料工作的基础之上，这些无一不体现出他严谨求实的治学态度。

然而，史料工作又是异常艰苦和烦琐的，"一大乱堆史料中，也许一项微小的资料，正是历史上最有意义事件的关键而不容我们忽略"，④并且这绝非一朝一夕可以完成，作为一项长期的基础性工作，它常常需要研究者付出更多的

---

① 胡道静，袁燮铭.上海孤岛生活的回忆[J].史林，2002(4)：112.
② 胡道静，袁燮铭.上海孤岛生活的回忆[J].史林，2002(4)：117.
③ 姚福申.胡道静先生的报人生涯[J].新闻研究资料，1991(3)：199.
④ 胡道静.新闻史的先遣工作[M].新闻史上的新时代.上海：世界书局，1946：11.

时间、精力和心血,例如,胡道静写作《申报六十六年史》,先是用了半年左右时间把六十年间的《申报》通读了一遍,继而又花费了5年做进一步的史料搜集、梳理、比较与考证工作——"旁搜博访,参考旧典,究同异,正舛误,既五载矣"①,最后,又借助举办上海文献展览会的机会把《申报》馆送来的56件文献史料一一过目,就这样,在经过近6年的史料准备工作后,1939年初胡道静才开始动笔写下了这篇文章。在战争年代,史料的搜集与保存就更为不易,胡道静在抗战胜利重返上海之后,曾感叹:"自己十年间的收藏,经此大动乱,仍能有一部分幸存,是返沪后一件最欣慰的事。然而想起那许多烧毁了的,有很多是不能再得,即能再得而欲重新聚集也是非常困难,就不免喟然了。"②这段话中饱含了胡道静对动荡年代失去资料的痛惜与无奈之情,而在如此艰难的条件下他对史料工作的执着与坚持也充分反映出一位史学研究者孜孜以求、踏实苦干的学术探索精神,这种精神是推动我国新闻史研究不断前进的内在动力,值得我们当代的研究者们学习与铭记。

(二)新闻史学研究需要广开眼界

我们注意到,胡道静在新闻史研究中,在扎扎实实做好基础工作的同时,并没有把自己的研究视野局限于历史资料上,相反,他特别重视新闻事业的发展现状,作为新闻史学家他也更善于从"回顾历史""关注现在"以及"展望未来"的大角度去更好地探寻与把握新闻事业的发展规律,显示出了较为开阔的研究视野。例如,在《新闻史上的新时代》一文中,胡道静就是通过"回顾历史"——口头新闻、手写新闻和印刷新闻,"关注现在"——广播新闻,"展望未来"——电视新闻的研究视角审视了人类新闻事业发展的五个阶段,为我们清晰地展现了传播媒介的演进历程及其对新闻事业的推动作用。这一宏观的研究视角不仅有助于研究者探求新闻事业的发展规律,在"回顾历史"与"关注现在"的基础上对未来的展望也具有了更多的科学依据与理性思考。

此外,史学家敏锐的眼光使得胡道静对于新兴媒介的出现也表现出了足够的重视,并能对其在未来的发展及其带给新闻事业的影响做出科学的预测与判断。例如,在他对上海新闻史的研究中,就已经自觉地把广播事业纳入了进来——从1923年第一座无线广播电台的设立到20世纪30年代中期上海广播事业初具规模,胡道静对上海广播事业的发展历程、外在原因、特殊意义、

---

① 胡道静.申报六十六年史[M].新闻史上的新时代.上海:世界书局,1946:82.
② 胡道静.新闻史的先遣工作[M].新闻史上的新时代.上海:世界书局,1946:26.

管理政策及其社会作用都进行了分析与评述,并指出"无线电广播新闻有更速的传达力",这是纸面新闻所没有的竞争优势,"隐示了来日不可避免的新闻传播术的新趋向和竞争的路线"①。

如果说,胡道静对于广播事业的研究是在其已经出现并初步发展之后,那么他对于电视媒介的关注则是在其还未被我国普通民众所知晓、更没有真正进入新闻传播领域的时候——他从媒介演变规律的视角对"电视新闻"时代的到来及其带给新闻工作的变化做出了准确的预测,显示出了胡道静较为宽广的研究视野以及作为新闻史学家善于从新闻事业纵向发展的历史脉络中审视新兴媒介的能力。不仅如此,胡道静还建议新闻史学者要留意人类在科学技术、物质手段等方面的资料,因为科技的进步直接关系新闻事业的发展,这部分内容应该被列入新闻史的专门章节中以备参考和进一步研究。

新闻史学研究既需要踏实苦干又需要广开眼界,这是胡道静的研究活动留给我们的又一个重要启示。在今天我们的新闻史研究工作中,这两点缺一不可,"踏实苦干"是指我们对待基础的史料工作的态度,而这也直接决定了研究者能否实现研究目标。正如方汉奇教授指出的:"没有'史料',还搞什么历史?没有对'史料'的充分掌握和过细研究,没有对重要的关键的'史料'的考订和甄别,是不可能对历史事实作出正确的分析和论断的。一切从概念出发、先入为主、脱离实际、游谈无根的作法,都是历史研究工作者的大忌,也是新闻史研究工作者的大忌。"②而要做到"对史料的充分掌握和过细研究",就需要有勤勤恳恳、踏实苦干的学术精神。

"广开眼界"指的是新闻史研究者要具有开阔的、综合的研究视野,正所谓"站得高才能看得远",特别是不要过分局限在"单纯的历史研究中",要多关注与联系新闻事业最新的进展,真正做到历史与现实的融会贯通,从而更好地实现历史研究指导现实、服务现实的最终目的。

---

① 胡道静.上海新闻事业之史的发展[M].上海:上海市通志馆,1935:88.
② 方汉奇.新闻史是历史的科学[M]//方汉奇文集.汕头:汕头大学出版社,2003:4.

结　语

　　通过本书的研究,"民国新闻人胡道静"的人物形象在我们的视野中逐渐清晰了起来。从20世纪三十年代开始,受到外在战争因素的影响,胡道静原来的"学者之路"的人生轨迹不得不发生变化——不但他的研究领域由文化史转为新闻史,他的社会角色也由文化学者转变为爱国新闻人,这段新闻领域的历程持续了15年之久,直至中华人民共和国成立前夕结束。今天,我们回顾胡道静的这段经历,发现他在新闻实践活动和新闻学研究两方面,都留下了独特而又浓重的时代印迹。

　　胡道静是中华人民共和国成立前我国新闻学研究的代表人物之一,在新闻史学研究特别是上海地方新闻史研究上做出了突出的成绩与贡献。首先,胡道静进一步丰富与拓展了上海新闻史的研究内容与范围,第一个构建起了包括新闻报业、杂志业、新闻广播业、新闻通讯业、新闻教育业及新闻研究业等各部分内容的上海新闻史研究的完整体系,继姚公鹤之后把上海新闻史研究推到了一个前所未有的高度,并为后来的研究者保存了珍贵的史料。其次,胡道静的新闻史学研究注重历史与现实的相互结合,这使得他在梳理新闻事业发展的历史脉络的同时,对新兴媒体的出现也给予了极大的关注。作为新闻史学者,他更善于把握新闻事业发展的内在规律,并能够从历史的角度考察、展望新兴媒体出现的价值和意义,由此对"电视新闻时代"的到来做出了准确的判断和预见。再次,胡道静的新闻史学研究注重宏观与微观的结合,宏观研究是从整体审视新闻事业的发展,而微观研究则更强调对"新闻事业个体"的关注,两者的相互结合和补充形成了一个从整体到局部、点面结合的研究框架,在一定程度上推进了当时的新闻史研究工作。最后,胡道静提倡并践行唯物和科学的新闻史研究观,重视"基础工作"与"研究内容的开拓",为完成一部"良好的、完善的新闻史"的远大目标进行了不懈的努力。胡道静在极其艰难的条件下坚持新闻学研究工作,彰显出知识分子的学术责任与坚守精神,这对于我们当代研究者多有启发与影响。

　　胡道静是20世纪三四十年代追求"民族独立"和"民主自由"的进步、爱国新闻人。面对日寇的入侵，胡道静由文化学者转变为新闻战士，在"孤岛"时期及避难浙皖时期，他以满腔的爱国热情积极投身于抗日救亡新闻宣传活动，日伪的"白色恐怖"、流离生活的困顿颠簸等都没有改变他用"新闻之笔"为中华民族最终到达"自由独立的光明日子"而"不顾一切困难地奋斗上前"的信念与决心。胡道静任《正言报》总编辑时期正值国共两党内战，国民党在军事战场上节节败退，在国统区的统治也岌岌可危。目睹国民党政府的腐败专制和人民艰难生活的社会现状，没有政党背景的胡道静秉承着新闻人忧国忧民、为民请命的社会责任，以"为读者做一张良心上毫无谴责的好报纸"为职业目标，在复杂的政治局势中始终谨记新闻事业的"正直性"和新闻人的社会良心，使得当时的《正言报》在"国民党党报"的镣铐里，最大限度地反映了社会民众的合理诉求，体现了一位"民主斗志"朴实的社会良知，《正言报》也因具有更多"批评者"色彩而被蒋介石亲自颁下手令以"违反戡乱，为匪张目"的罪名予以查封。

无论是在抗日救亡还是国共内战的社会环境下，的确有一大批知识分子如范长江、恽逸群等人加入革命队伍，成为"红色的""革命的"新闻战士。胡道静始终都是一名没有参加任何政党的知识分子，他是出于爱国之心之情，主动积极投身于抗日救亡新闻宣传活动；出于新闻人的社会良知与责任，投身于揭露国民党政府和官僚资本腐败祸民的舆论抗争，是一位正直的、爱国的、进步的新闻人。在当时那个鱼龙混杂的战乱时代，胡道静不顾自身安危为国家和民族呐喊、为民众呼号，这是非常难能可贵的。

从胡道静的家学渊源和人生轨迹分析，他的个人兴趣似乎更倾向于成为一位致力于学术研究的文化学者。只是因为社会环境的剧烈变化——日本侵略者的炮火打断了他的学者之路，抗日战争的社会环境使得他难以进行学术研究而转向新闻救国；同样也是抗战胜利后的社会环境使他一时难以回归学者道路，所以才有了在《正言报》的这段人生经历。但他个人的兴趣关注点仍然是在大学时代就开始的学术研究和学者目标——只要社会环境能为他创造必要的条件。中华人民共和国建立后，社会趋于稳定，为学术研究创造了战争年代不可能具有的良好环境，在这种条件下，胡道静根据自己的夙愿和专业兴趣重新回到了他所熟悉的古代科技史与古籍整理研究的学术道路上。我们既不能苛求历史人物在特定社会环境下对自己人生道路的选择，也不能在缺乏文献史料的条件下对其选择进行任何主观推测，更不应该因此影响对他的新闻实践及新闻学研究成果的客观评价——这既是马克思主义哲学中的历史唯物主义和辩证唯物主义的基本立场和观点，也是我们当今时代研究历史人物应当采取的正确态度。

附录　胡道静新闻实践和新闻学研究大事记（1932—1949年）

1932 年

7月15日,上海通志馆成立,跟随父亲胡怀琛进入通志馆编辑部工作,负责编撰有关上海新闻史、图书馆史、博物馆史等方面的志稿,由此开始了对相关史料的搜集工作。

1933 年

10月10日,完成第一篇新闻学研究论文《一九三三年的上海杂志界》,后收入由上海通社编写的《上海研究资料》（正集）中（中华书局1936年5月出版发行）。

冬天,开始在徐汇书楼翻阅、通读《申报》六十年来的报纸,为以后写作《申报六十六年史》打下了史料基础。

1934 年

2月,上海通社成立,这是一个由上海通志馆编辑部同仁共同组织的民间学术团体,其目的是更长久地研究上海历史。

2月5日,在《大晚报·上海通》上发表《晚报在上海之黄金时代》。

2月12日,在《大晚报·上海通》上发表《时事新报家谱》。

3月5日,在《大晚报·上海通》上发表《文汇早报之发现》。

6月11日,在《大晚报·上海通》上发表《新闻用白话文》。

8月27日,在《大晚报·上海通》上发表《渔光曲的广告术》和《曙光期之播音台》。

9月17日,在《大晚报·上海通》上发表《日本与上海的英文报纸》。

10月1日,在《大晚报·上海通》上发表《时事新报和舆论时事报》和《上海最早的小报》。

冬天,参加了由恽逸群发起的"记者座谈"活动,就此结识了上海多家报纸的编辑和记者。

11月30日,在《大美晚报·记者座谈》上发表《从"法文上海日报"回溯上海的法文报纸》。

12月7日,在《大美晚报·记者座谈》上发表《晚报之成功者——开乐凯及其"水星"》。

12月21日,在《大美晚报·记者座谈》上发表《上海新闻纸的变迁(上)》。

12月28日,在《大美晚报·记者座谈》上发表《上海新闻纸的变迁(中)》。

1935 年

上海通志馆连续出版了《上海的定期刊物》、《上海的日报》和《上海新闻事业之史的发展》等三部著作。

8月5日,在《大晚报·上海通》上发表《上海通社的历史记录》。

12月9日,在《大晚报·上海通》上发表《老上海的展览会记录》。

1936 年

3月16日、23日、30日,在《大晚报·上海通》上连续发表《上海新闻纸的变迁(下)》。

5月,上海通社编写的《上海研究资料》(正集)由中华书局出版发行,其中收录胡道静文章共39篇,与新闻事业相关的文章有12篇,除了在报纸上发表的之外,还有《从黄埔滩说到字林报》、《国际新闻的故事》、《上海世界报纸展览会参观报告》、《狮子吼"破迷报馆案"索引》(陈天华原著、胡道静考证)、《新闻影片》等5篇文章。

6月22日、29日,在《大晚报·上海通》上连续发表《上海电影院的发展》。

8月3日,在《大晚报·上海通》上发表《有声电影在上海最初两次的试映》。

10月5日,在《大晚报·上海通》上发表《上海与广播事业》。

1937 年

5月，上海通社编写的《上海研究资料》(续集)由中华书局出版发行，其中收录胡道静文章共25篇，与新闻事业相关的文章有11篇，除了在报纸上发表的之外，还有《美查兄弟》《上海德文报纸小史》《上海报学社》《六十年前的白话报》《三个办报的上海道》《最早的画报》《上海新闻通信事业的发展》《上海广播无线电台的发展》8篇文章。

11月，日军占领上海。为避免被日寇接管，上海通志馆宣布解散，一千多万字的《上海通志》原稿连同一部分珍贵的资料就暂时存放于柳亚子的寓所中，以免落入敌军之手。此时，通志馆的成员们已无法继续从事原来的研究工作了，上海通社亦宣告解散。

1938 年

4月11日，上海通志馆的几位同仁在"孤岛"内创办了抗日爱国报纸《通报》，推举胡道静为报纸主编。一个多月以后，《通报》停刊。

9月，开始在恽逸群负责创办的上海法政学院新闻专修科讲授新闻史课程，每周一次，至1939年7月，学校由于"孤岛"形势的恶化而被迫停办。该校的创办主要是为抗日宣传培养新闻干部。

9月至10月，在"大中通讯社"从事新闻编译工作，几个月之后，"大中通讯社"就因为敌伪的破坏而暂时停办。

11月6日，在《中美日报·集纳版》上发表《采访讲话》。

11月9日，在《中美日报·集纳版》上发表《新闻与文艺底合流》。

11月10日，在《中美日报·集纳版》上发表《文艺的本质是宣传》。

11月14日，在《中美日报·集纳版》上发表《新闻的路线》。

11月16日，在《中美日报·集纳版》上发表《报学论文索引》。

11月30日，在《中美日报·集纳版》上发表《报业管理概论》。

12月7日，在《中美日报·集纳版》上发表《论副刊》。

12月21日，在《中美日报·集纳版》上发表《在华的日文报纸》。

12月28日，在《中美日报·集纳版》上发表《在华日本人办的中文报纸》。

1939 年

年初,离开"大中通讯社"之后,到《中美日报》和《大晚报》工作,坚持抗日宣传直至1941年12月8日太平洋战争爆发后撤离上海。

1月4日,在《中美日报·集纳版》上发表《最早的新闻纸》。

1月11日,在《中美日报·集纳版》上发表《上海最早的报纸》。

1月18日,在《中美日报·集纳版》上发表《上海新报的十二年——上海最早的报纸之始末》。

1月25日,在《中美日报·集纳版》上发表《通讯社的起源与其功能》。

2月1日,在《中美日报·集纳版》上发表《中国的代表通讯社》。

2月8日,在《中美日报·集纳版》上发表《千万篇》。

2月15日,在《中美日报·集纳版》上发表《同盟通讯社的来历》。

2月22日,在《中美日报·集纳版》上发表《电通同盟合并的内幕》。

3月,在《战时记者》第1卷第7期上发表《世界最早的新闻纸》。

3月1日,在《中美日报·集纳版》上发表《发动报纸航运版议》。

3月8日,在《中美日报·集纳版》上发表《哈瓦斯社在中国》。

3月15日,在《中美日报·集纳版》上发表《路透社在中国》。

3月22日,在《中美日报·集纳版》上发表《新闻纸的展览会》。

3月29日,在《中美日报·集纳版》上发表《在展览会里的中国报纸》。

4月,在《战时记者》第1卷第8期上发表《普建地方报要求之再喊出》。

4月12日,在《中美日报·集纳版》上发表《察世俗的内容和主张》。

4月19日,在《中美日报·集纳版》上发表《史密斯的晋南通讯》。

4月26日,在《中美日报·集纳版》上发表《爪哇的华侨报纸》。

5月3日,在《中美日报·集纳版》上发表《大洋洲的华侨报纸》。

5月10日,在《中美日报·集纳版》上发表《夏威夷的华侨报纸》。

5月16日、17日,《中美日报》因为登载蒋介石在全国生产会议上的演讲文字而被租界当局吊销了执照,迫令从5月18日起停刊两周。

5月17日,在《中美日报·集纳版》上发表《关于京报》。

6月7日,在《中美日报·集纳版》上发表《第五战区通讯》。

6月15日,在《中美日报·集纳版》上发表《南洋的日本报纸》。

6月21日,在《中美日报·集纳版》上发表《华南的英文报纸》。

6月28日,在《中美日报·集纳版》上发表《再谈华南英文报》。

7月,在《战时记者》第1卷第11期上发表《中国第一种现代报纸》。

7月5日,在《中美日报·集纳版》上发表《华北的英文报纸》。

7月19日,在《中美日报·集纳版》上发表《新闻与电讯交通》。

7月22日晚,《中美日报》遭到汪伪"七十六号特工总部"派遣的暴徒的袭击。几天之后,编辑部的人员又收到"特工总部"的恐吓信。

7月26日,在《中美日报·集纳版》上发表《电传写真与广播》。

8月,《中美日报》刊登了一篇题为《上海教育界总清算》的文章,将附逆的学校及其负责人姓名全部登于报端,又被上海工部局勒令停刊一周。

8月2日,在《中美日报·集纳版》上发表《新闻与航空公路》。

8月9日,在《中美日报·集纳版》上发表《早期的美国报业》。

8月16日,在《中美日报·集纳版》上发表《美联社在中国》。

8月23日,在《中美日报·集纳版》上发表《西藏新闻》。

9月,在《战时记者》第2卷第1期上发表《新闻与歌谣》。

10月10日,在《中美日报·集纳版》上发表《中国新闻业的命运》。

12月,在《战时记者》第2卷第4期上发表《报纸之今昔观》。

1940年

1月,《中美日报》根据中央通讯社的电讯内容,以本报香港特派员的名义将日、汪密约的影印本图影制成锌版在报上连载,被勒令停刊三周。

7月1日,汪伪政府在《中华日报》等"汉奸报纸"卜公布了一份83人的通缉名单,其中报界人士43人。《中美日报》社长吴任沧和胡道静等人均被列入通缉名单之中,为防不测,《中美日报》的工作人员就住在了报馆内。

9月,《报坛逸话》由世界书局出版,内收入新闻学研究论文38篇,均为1938年至1939年在《中美日报·集纳版》和《战时记者》上发表的文章。

1941年

12月8日,太平洋战争爆发,日军占领"孤岛",大批新闻机构和爱国报人被迫撤离上海,转移到后方阵地。

12月底,胡道静带着母亲,一路艰辛辗转来到浙江金华。在《东南日报》社长胡健中的邀请下,同时也考虑到自己的实际情况,胡道静选择留在《东南日报》从事编辑工作,时间至1942年5月金华沦陷为止。

1942 年

1月23日,在《东南日报》上发表《到达自由地》一文。

5月,日军大举南犯,金华、永康形势危急。20日,《东南日报》被迫停刊,全部工作人员再度撤离。胡道静带着母亲跟随社长胡健中先撤赴江山,再往南平转移。途中所乘火车遭日军飞机轰炸,胡道静母子幸未伤亡,但与报社其他人员走散,失去联系。

7月18日,《中央日报》(屯溪版)创刊,胡道静就任编辑一职,直至1945年10月30日。

8月6日,在桂林《大公晚报》上刊载一则消息:东南日报由金华西迁江山衢州之时,中途全车被炸,损失惨重,该报编辑胡道静氏且有不幸消息。

11月4日,柳亚子迟迟得不到胡道静的音讯,写下《怀念胡道静兄》一文,后发表在12月号的《野草》杂志上。

1943 年

7月,在《从奋斗到胜利》(安徽中央日报创刊周年纪念刊)上与他人共同撰写文章《四年间上海新闻界奋斗经过》。

1944 年

10月,在《前线日报》上发表通讯文章《战时东南报业遭遇的实际困难问题》。

1945 年

8月23日,《正言报》在上海复刊。这是抗战胜利后在上海复刊的第一家报纸,社长吴绍澍随即聘请胡道静担任报纸的总编辑。

8月30日,《中央日报》(屯溪版)迁至上海出版,由社长冯有真负责。但在接到国民党中宣部的正式批复前,屯溪的工作还不能结束,于是就委托胡道静继续维持报纸正常出版。

10月30日,《中央日报》(屯溪版)工作结束,随后胡道静重返上海。

11月,出任上海《正言报》总编辑。

1946 年

上半年，《正言报》社长吴绍澍在国民党内部的派系斗争中逐渐失利，基本上已处于在野的地位，胡道静便利用手中仅有的力量进行反击，《正言报》批评时政的文章也开始增多。

11 月，上海世界书局出版《新闻史上的新时代》一书。

12 月 1 日，《正言报》新增设了两个副刊——《七日画刊》和《大众》，两者配合报纸的社论，更突显了《正言报》"批评者"的立场和姿态。仅两个多月，《七日画刊》就被迫停刊，《大众》则坚持出版到最后。

1947 年

2 月 23 日，《正言报》发表评论文章《那个样子的宋子文也来不得》，对物价狂涨的经济现状与前景表示批评与担忧。

5 月 9 日，《正言报》发表评论文章《米蛀虫的天下》。

8 月至 9 月，在上海历史博物馆陈列室与杜绍文一起合办了一个报展，所展出的报纸多为胡道静在金华与屯溪收集。《正言报》和《东南日报》都对此事进行了报道。

11 月 7 日，《正言报》发表评论文章《民主国家不可无反对党——有感于民盟之解散》。

11 月 12 日，《正言报》发表评论文章《还政于民乎？还政于党乎？》，批评国民党政府的"假民主姿态"。

1948 年

7 月 13 日，上海新闻界、文化界、法学界的部分人士共 24 人在《大公报》上发表了联名抗议书《反对政府违宪摧残新闻自由并为南京新民报被停刊抗议》，胡道静也积极参加了这一行动。

7 月 15 至 16 日，《正言报》在副刊《大众》上接连发表两篇评论文章《新民报事件与新闻自由》和《不照宪法行事就是违宪》，向当局重申了"支持新民报、反对摧残新闻自由"的立场，并再次批评政府"违宪"。

8 月至 10 月，《正言报》连续报道"打虎行动"及"扬子公司囤积案"，矛头直指国民党高层和豪门权贵。

9月,在《大众新闻》(半月刊)第1卷第7期上发表《巴克指称新闻记者此议会之第四势力》。

9月,在《报学杂志》(半月刊)第1卷第1期上发表《九一记者节新希望》和《中国报纸中的边疆新闻》。

9月,在《报学杂志》第1卷第2期上发表《新闻报四十年史(1893—1933)》。

10月1日,《正言报》发表社评《不要再制造王孝和了!》。

10月12日,《正言报》被国民党政府停刊,罪名是"违反戡乱,为匪张目"。在国民党的专制统治下,胡道静的新闻实践活动被迫结束。

10月,在《报学杂志》第1卷第3期上发表《民初的上海政党报纸与〈大共和报〉》。

10月,在《报学杂志》第1卷第4期上发表《二次大战盟国殉职报人录》。

11月,在《报学杂志》第1卷第5期上发表《情报·新闻·历史》。

11月,在《报学杂志》第1卷第6期上发表《中国报纸副刊的起源和发展》。

12月,在《报学杂志》第1卷第8期上发表《戊戌政变五十年祭与中外日报(上)》。

1949年

1月,在《报学杂志》第1卷第9期上发表《戊戌政变五十年祭与中外日报(中)》。

1月,在《报学杂志》第1卷第10期上发表《戊戌政变五十年祭与中外日报(下)》。

5月,上海解放,社会环境趋于稳定,这为胡道静安心做学问提供了外在条件。根据他本人的夙愿和专长,重新回到了古籍整理和古代科技史的研究领域中。

参考文献

一、报刊资料

1. 《正言报》(1945—1948),上海图书馆缩微胶卷。
2. 《东南日报》(金华版)(1941—1942),上海图书馆缩微胶卷。
3. 《中央日报》(南京版)(1947—1948),南京师范大学图书馆影印本。
4. 《中美日报》(1939—1941),上海图书馆缩微胶卷。
5. 《大晚报》(1934—1941),上海图书馆缩微胶卷。

二、胡道静著述

1. 胡道静.上海的定期刊物[M].上海:上海通志馆,1935.
2. 胡道静.上海的日报[M].上海:上海通志馆,1935.
3. 胡道静.上海新闻事业之史的发展[M].上海:上海通志馆,1935.
4. 胡道静.报坛逸话[M].上海:世界书局,1940.
5. 胡道静.新闻史上的新时代[M].上海:世界书局,1946.
6. 胡道静.胡道静文集[M].上海:上海人民出版社,2011.
7. 胡道静.世界最早的新闻纸[J].战时记者,1939,1(7).
8. 胡道静.普建地方报要求之再喊出[J].战时记者,1939,1(8).
9. 胡道静.千万篇[J].战时记者,1939,1(9).
10. 胡道静.中国第一种现代报纸[J].战时记者,1939,1(11).
11. 胡道静.新闻与歌谣[J].战时记者,1939,2(1).
12. 胡道静.报纸之今昔观[J].战时记者,1939,2(4).
13. 胡道静.南洋的日本报纸[J].战时记者,1940,2(6,7,8).
14. 胡道静.巴克指称新闻记者此议会之第四势力[J].大众新闻,1948,1(7).

15. 胡道静. 九一记者节新希望[J]. 报学杂志,1948,1(1).
16. 胡道静. 中国报纸中的边疆新闻[J]. 报学杂志,1948,1(1).
17. 胡道静. 新闻报四十年史(1893—1933)[J]. 报学杂志,1948,1(2).
18. 胡道静. 民初的上海政党报纸与《大共和报》[J]. 报学杂志,1948,1(3).
19. 胡道静. 二次大战盟国殉职报人录[J]. 报学杂志,1948,1(4).
20. 胡道静. 情报·新闻·历史[J]. 报学杂志,1948,1(5).
21. 胡道静. 中国报纸副刊的起源和发展[J]. 报学杂志,1948,1(6).
22. 胡道静. 戊戌政变五十年祭与中外日报[J]. 报学杂志,1948,1(8,9,10).
23. 胡道静. 关于《通报》的一点说明[N]. 文汇报,1983-09-12.
24. 胡道静. 上海通社纪事本末[J]. 档案与历史,1989(3,4).
25. 胡道静,袁燮铭. 关于上海通志馆的回忆[J]. 史林,2001(4).
26. 胡道静,袁燮铭. 上海孤岛生活的回忆[J]. 史林,2002(4).
27. 胡道静,袁燮铭. 回忆我的学生时代[J]. 史林,2004(增刊).

三、其他著作

1. 白润生. 白润生新闻研究文集[M]. 北京:中国文史出版社,2004.
2. 蔡铭泽. 中国国民党党报历史研究(1927—1949)[M]. 北京:团结出版社,1998.
3. 陈保平. 新民春秋:新民报·新民晚报八十年[M]. 上海:文汇出版社,2009.
4. 陈建云. 大变局中的民间报人与报刊[M]. 福州:福建教育出版社,2008.
5. 陈丽凤,毛黎娟. 上海抗日救亡运动[M]. 上海:上海人民出版社,2000.
6. 陈玉申. 晚清报业史[M]. 济南:山东画报出版社,2003.
7. [加]戴维·克劳利,保罗·海尔. 传播的历史:技术、文化和社会(第五版)[M]. 董璐,何道宽,王树国,译. 北京:北京大学出版社,2011.
8. 丁淦林,方厚枢. 20世纪中国学术大典·新闻学传播学 出版学[M]. 福州:福建教育出版社,2005.
9. 丁淦林,商娜红. 聚焦与扫描:20世纪中国新闻学与传播学研究[M].

北京:新华出版社,2005.

  10. 丁淦林.中国新闻事业史[M].北京:高等教育出版社,2002.

  11. 方汉奇.中国新闻事业通史(3卷本)[M].北京:中国人民大学出版社,1992－1999.

  12. 方汉奇.中国新闻事业编年(3卷本)[M].福州:福建人民出版社,2000.

  13. 方汉奇.新闻史的奇情壮彩[M].北京:华文出版社,2000.

  14. 方汉奇.方汉奇文集[M].汕头:汕头大学出版社,2003.

  15. 冯并.中国文艺副刊史[M].北京:华文出版社,2001.

  16. 复旦大学新闻系新闻史教研室.中国新闻史文集[M].上海:上海人民出版社,1987.

  17. 傅国涌.追寻失去的传统[M].长沙:湖南文艺出版社,2004.

  18. 傅国涌.笔底波澜:百年中国言论史的一种读法[M].桂林:广西师范大学出版社,2006.

  19. 戈公振.中国报学史[M].北京:中国新闻出版社,1985.

  20. 顾执中.战斗的新闻记者[M].北京:新华出版社,1985.

  21. 郭强.现代知识社会学[M].北京:中国社会出版社,2000.

  22. 顾雪雍.奇才奇闻奇案:恽逸群传[M].上海:上海人民出版社,1996.

  23. 黄天鹏.中国新闻事业[M].上海:上海联合书店,1930.

  24. 胡太春.中国近代新闻思想史[M].太原:山西人民出版社,1987.

  25. 胡正强.中国现代媒介批评研究[M].北京:中国传媒大学出版社,2009.

  26. 蒋国珍.中国新闻发达史[M].上海:世界书局,1927.

  27. 金冲及.转折年代——中国的1947年[M].北京:生活·读书·新知三联书店,2002.

  28. 李彬.中国新闻社会史[M].上海:上海交通大学出版社,2007.

  29. 李磊.《述报》研究[M].兰州:兰州大学出版社,2002.

  30. 李磊.外国新闻史教程[M].北京:中国传媒大学出版社,2008.

  31. 李剑鸣.历史学家的修养和技艺[M].上海:上海三联书店,2007.

  32. 李金铨.文人论政:知识分子与报刊[M].桂林:广西师范大学出版社,2008.

  33. 李日.大时代的旁观者:章士钊新闻理论与实践研究[M].长沙:国防科技大学出版社,2009.

34. 李新,李宗一.中华民国史[M].北京:中华书局,1987.
35. 李秀云.中国新闻学术史(1834—1949)[M].北京:新华出版社,2004.
36. 李秀云.中国现代新闻思想史[M].北京:中国社会科学出版社,2007.
37. 李瞻.中国新闻史[M].台北:台湾学生书局,1979.
38. [美]林文刚.媒介环境学:思想沿革与多维视野[M].何道宽,译.北京:北京大学出版社,2007.
39. 梁西延,潘湛钧.上海文史资料选辑(第五十二辑)[M].上海:上海人民出版社,1986.
40. 林语堂.中国新闻舆论史[M].刘小磊,译.上海:上海人民出版社,2008.
41. 刘惠吾.上海近代史(下)[M].上海:华东师范大学出版社,1987.
42. 刘家林.中国新闻通史(修订版)[M].武汉:武汉大学出版社,2005.
43. 刘统.中国的1948年:两种命运的决战[M].北京:生活·读书·新知三联书店,2006.
44. 刘泱育.治学与治己:方汉奇学术之路研究[M].北京:中国书籍出版社,2013.
45. 柳亚子.怀旧集[M].上海:耕耘出版社,1981.
46. [唐]柳宗元.柳宗元集[M].南京:凤凰出版社,2007.
47. [美]罗伯特·默顿.社会理论和社会结构[M].唐少杰,齐心,等译.南京:译林出版社,2006.
48. 马光仁.上海新闻史(1850—1949)[M].上海:复旦大学出版社,1996.
49. 马光仁.上海当代新闻史[M].上海:复旦大学出版社,2001.
50. 倪延年.知识传播学[M].南京:南京师范大学出版社,1999.
51. 倪延年.中国报刊法制发展史(古代卷·现代卷·当代卷·史料卷)[M].南京:南京师范大学出版社,2006.
52. 倪延年.中国报刊法制发展史(台港澳卷)(上、下)[M].南京:南京师范大学出版社,2010.
53. 秦绍德.上海近代报刊史论[M].上海:复旦大学出版社,1993.
54. 任白涛.综合新闻学[M].北京:商务印书馆,1941.
55. 单波.20世纪中国新闻学与传播学·应用新闻学卷[M].上海:复旦大学出版社,2001.

56. 上海通社.上海研究资料(正集)[M].北京:中华书局,1936.
57. 上海通社.上海研究资料(续集)[M].北京:中华书局,1937.
58. 上海社会科学院.上海新闻志[M].上海:上海社会科学院出版社,2000.
59. 邵飘萍.邵飘萍新闻学论集[M].北京:北京大学出版社,2008.
60. 唐海江.清末政论报刊与民众动员——一种政治文化的视角[M].北京:清华大学出版社,2007.
61. 唐培吉.上海抗日战争史通论[M].上海:上海人民出版社,2001.
62. 汤志钧.近代上海大事记[M].上海:上海辞书出版社,1989.
63. 陶菊隐.孤岛见闻——抗战时期的上海[M].上海:上海人民出版社,1979.
64. 陶菊隐.大上海的孤岛岁月[M].北京:中华书局,2005.
65. 童兵,林涵.20世纪中国新闻学与传播学·理论新闻学卷[M].上海:复旦大学出版社,2001.
66. 王润泽.中国新闻媒介史.1949年前[M].北京:北京大学出版社,2011.
67. 王润泽.北洋政府时期的新闻事业及其现代化[M].北京:中国人民大学出版社,2010.
68. 王文利.中国广播电视新闻研究简史[M].长沙:湖南师范大学出版社,2008.
69. 吴麟.常识与洞见:胡适言论自由思想研究[M].北京:中国传媒大学出版社,2010.
70. 吴廷俊.新记大公报史稿[M].武汉:武汉出版社,1994.
71. 吴廷俊.中国新闻史新修[M].上海:复旦大学出版社,2008.
72. 吴廷俊.中国新闻传播史(1978-2008)[M].上海:复旦大学出版社,2011.
73. 项士元.浙江新闻史[M].杭州:杭州之江日报社,1930.
74. 谢鼎新.中国当代新闻学研究的演变:学术环境与思路的考察[M].北京:中国传媒大学出版社,2007.
75. 谢庆立.中国早期报纸副刊编辑形态的演变[M].北京:学苑出版社,2008.
76. 徐宝璜.新闻学[M].北京:中国人民大学出版社,1994.
77. 徐宝璜.徐宝璜新闻学论集[M].北京:北京大学出版社,2008.

78. 徐培汀. 20世纪中国新闻学与传播学·新闻史学史卷[M]. 上海:复旦大学出版社,2001.

79. 徐培汀. 中国传播思想史(近代卷)[M]. 上海:上海交通大学出版社,2005.

80. 徐铸成. 报海旧闻[M]. 上海:上海人民出版社,1981.

81. 许莹. 办报干政的另一种探索:汪康年报刊思想与实践研究[M]. 北京:中国书籍出版社,2011.

82. 薛理勇. 旧上海租界史话[M]. 上海:上海社会科学院出版社,2002.

83. 杨光辉,熊尚厚. 中国近代报刊发展概况[M]. 北京:新华出版社,1986.

84. 杨念群. 新史学:多学科对话的图景[M]. 北京:中国人民大学出版社,2003.

85. 姚公鹤. 上海闲话[M]. 上海:上海古籍出版社,1989.

86. 余英时. 中国知识人之史的考察[M]. 桂林:广西师范大学出版社,2004.

87. 张功臣. 民国报人:新闻史上的隐秘一页[M]. 济南:山东画报出版社,2010.

88. 张静庐. 中国的新闻记者与新闻纸[M]. 上海:光华书局,1930.

89. 张同新,何仲山. 从南京到台北[M]. 武汉:武汉出版社,2011.

90. 张宪文. 中华民国史纲[M]. 郑州:河南人民出版社,1985.

91. 赵君豪. 中国近代之报业[M]. 上海:申报馆出版,1938.

92. 赵凯,丁法章,黄芝晓. 二十世纪中国社会科学·新闻学卷[M]. 上海:上海人民出版社,2005.

93. 郑保卫. 中国共产党领导人新闻实践与新闻思想研究[M]. 北京:中国人民大学出版社,2011.

94. 中国社科院新闻研究所. 抗日战争时期的中国新闻界[M]. 重庆:重庆出版社,1987.

95. [新加坡]卓南生. 中国近代报业发展史(1815-1874)[M]. 北京:中国社会科学出版社,2002.

四、期刊论文

1. 蔡德邻. 抗战时期《东南日报》、《浙江日报》南迁片段[J]. 浙江方志,

1990(4):47-53.

2. 蔡斐. 世界的眼光 中国的问题——重读戈公振先生《新闻学》[J]. 国际新闻界,2010(8).

3. 蔡铭泽. 论中国国民党地方党报的建立和发展[J]. 广州师院学报(社会科学版),1995(1):75-82.

4. 曹爱民. 姚公鹤《上海报纸小史》新解[J]. 新闻知识,2012(4):81-83.

5. 陈华. 关于我国最早的通讯社[J]. 新闻战线,1982(12):48.

6. 陈江,李治家. 三十年代的"杂志年"——中国近现代期刊史札记之四[J]. 编辑之友,1991(3):77-79.

7. 陈力丹. 五四时期的中国新闻学[J]. 新闻战线,1989(6):37-46.

8. 陈力丹. 论中国新闻学的启蒙和创立[J]. 现代传播,1996(3):25-29.

9. 陈理源. 南京《新民报》"永久停刊"始末[J]. 新闻研究资料,1986(2):180-192.

10. 陈文华. 我所认识的胡道静教授[J]. 农业考古,1992(3):310-312.

11. 丁淦林. 20世纪中国新闻史研究[J]. 复旦学报(社会科学版),2000(6):133-140.

12. 杜绍文. 敌乎? 友乎?——新闻广播与电影传真果有害于报纸么?[J]. 战时记者,1939(8).

13. 范文通. 钩沉辑轶历沧桑——记古籍整理、科技史专家胡道静先生[J]. 社会科学战线,1985(1):305-311.

14. 封宝魁. 王孝和事件与《正言报》[J]. 上海滩,1991(4):48.

15. 傅国涌. 南京《新民报》被封杀之后[J]. 江淮文史,2011(6):114-123.

16. 傅宁. 胡道静与新闻史[J]. 新闻爱好者,2004(1):42-43.

17. 顾执中. 光荣的中国新闻记者[J]. 新闻记者,1983(7):2.

18. 郭静洲. 援登科学第一峰——记当代著名科技史专家胡道静[J]. 文史春秋,2007(1).

19. 哈艳秋. 简论旧中国对广播的研究[J]. 现代传播,1993(3):143-150.

20. 贺碧霄,彭卫民. 观念何以进入历史——评曼海姆《意识形态与乌托邦》[J]. 新闻爱好者,2010(4):1003-1286.

21. 何扬鸣. 试述抗战时期的《东南日报》[J]. 抗日战争研究,2003(2):147-160.

22. 胡传杙,汪欣. 胡朴安家族与新闻界[J]. 南讯,2002(16):147-160.

23. 胡正强.《新闻史上的新时代》不是中国最早论述电视新闻的著

207

作[J].新闻知识,2009(10):45-47.

24. 黄旦.五四前后新闻思想的再认识[J].浙江大学学报(人文社会科学版),2000(4):5-13.

25. 黄旦.报刊的历史和历史的报刊[J].新闻大学,2007(1):51-56.

26. 黄瑚.上海"孤岛"时期的抗日报刊述评[J].新闻研究资料,1987(3):95-130.

27. 江沛.南京政府时期舆论管理评析[J].近代史研究,1995(3):92-111.

28. 孔正毅.铁肩担道义 妙手著文章——皖籍学者胡道静的报人经历[J].江淮文史,2001(2):57-75.

29. 李彬."新新闻史":关于新闻史研究的一点设想[J].新闻大学,2007(1):182.

30. 李红祥.胡道静:"媒介是人体扩张"的最早提出者[J].编辑之友,2015(9):100-103.

31. 李金铨.新闻史研究:"问题"与"理论"[J].国际新闻界,2009(4):5-8.

32. 李开军.戈公振《中国报学史》分期观点探源[J].国际新闻界,2010(2):123-128.

33. 李良玉.我对新闻史研究的理解[J].史学月刊,2011(2):20-23.

34. 林溪声.口述史:新闻史研究的一种新路径[J].国际新闻界,2006(7):73.

35. 闵大洪.曾虚白与上海《大晚报》[J].新闻记者,1987(9):47.

36. 倪延年.中国新闻事业发展阶段新论[J].新闻研究资料,2010(1):4-11.

37. 倪延年.论民国新闻史研究的意义、体系和实施[J].安徽大学学报(哲学社会科学版),2011(1):41-46.

38. 倪延年.论孙中山先生的新闻民主和法制思想[J].现代传播,2011(9):32-38.

39. 倪延年.论民国时期的新闻史研究成果叙述体系[J].暨南学报(哲学社会科学版),2015(1):121-131.

40. 宁树藩.撩开中国近代报史的面纱——喜读卓南生的《中国近代报业发展史》(1815—1874)[J].新闻大学,1999(1):49-51.

41. 宁树藩.关于中国新闻史研究中强化"本体意识"的历史回顾[J].新闻大学,2007(4):1006-1460.

42. 潘湛钧.皖南胡氏与新闻界[J].文史苑,1987(1).

43. 清秋.上海正言报停刊事件[J].报学杂志,1948,1(4):1-11.

44. 单波.论二十世纪中国新闻业和中国新闻观念的发展[J].现代传播,2001(4):24-30.

45. 邵宝辉.中国新闻史暨地方新闻史研究创新刍议[J].河北经贸大学学报(综合版),2009(3):1573-1673.

46. 施宣圆."两脚书橱"胡道静[J].中国编辑,2004(3):52-55.

47. 王建辉.知识分子群体与近代报刊[J].华中师范大学学报(人文社会科学版),1999(5):76-83.

48. 王建辉.新旧之间的胡怀琛[J].出版广角,2002(2):64.

49. 王润泽.专业化:新闻史研究的方法和路径的思考[J].国际新闻界,2008(4):19-23.

50. 小静.胡道静与李约瑟[J].时代与思潮,1989(1):127-143.

51. 谢鼎新.民国时期国人对电视的认知[J].新闻研究资料,2006(2):61-65+96.

52. 谢国明.最早的通讯社[J].新闻研究资料,1988(3):116.

53. 徐载平.上海孤岛时期的大中通讯社[J].新闻记者,1984(10):37+8.

54. 薛璇.吴绍澍主持《正言报》反蒋内幕[J].上海滩,1994(8):23-26.

55. 阳海洪.自由民族主义:张季鸾新闻思想的另一种解读路径[J].国际新闻界,2011(7):82-87.

56. 杨幼生.上海"孤岛"时期的洋商华文报[J].新闻记者,1985(8):28-29.

57. 姚福申.胡道静先生的报人生涯[J].新闻研究资料,1991(3):190-203.

58. 姚福申.《大公报》值得研究——《新记大公报史稿》读后[J].新闻大学,1995(2):1006-1460.

59. 野吟.一篇社论做了导火索:正言报停刊的真相[J].大众新闻,1948,1(11).

60. 以勤.报人胡道静[Z].文史苑,1992(9).

61. 虞信棠.胡道静先生传略[J].农业考古,2004(1):272-281+299.

62. 以勤.上海《中央日报》始末[J].新闻研究资料,1985(1):141.

63. 以勤.四十年代后期上海报纸一瞥[J].新闻研究资料,1987(2):169-186.

64. 以勤.《中美日报》始末[J].新闻研究资料,1989(3):151-157.

65. 张根福.抗战时期《东南日报》的南迁及其出版活动[J].浙江师范大学学报(社会科学版),2005(5):59-62.

66. 朱晓进.论三十年代文学杂志[J].南京师范大学学报(社会科学版),1999(3):102-108.

五、学位论文

1. 陈建新.《大公报》与抗战宣传[D].杭州:浙江大学,2006.
2. 陈志强.胡政之新闻职业观及其实践研究[D].武汉:华中科技大学,2010.
3. 姜红.现代中国新闻学科建构与学术思想中的科学主义(1918—1949)[D].上海:复旦大学,2006.
4. 李占领.职业认同视角下胡道静新闻活动研究[D].合肥:安徽大学,2014.
5. 刘继忠.新闻与训政:国统区的新闻事业研究(1927—1937)[M].北京:中国人民大学,2010.
6. 刘祥平.谢六逸新闻思想研究[D].武汉:华中科技大学,2010.
7. 刘泱育.方汉奇60年新闻史学道路研究[M].南京:南京师范大学,2011.
8. 潘祥辉.中国媒介制度变迁的演化机制研究——一种历史制度主义的视角[D].杭州:浙江大学,2008.
9. 向芬.国民党新闻传播制度研究[D].北京:中国社会科学院研究生院,2009.
10. 周立华."孤岛"时期的《文汇报》研究[D].厦门:厦门大学,2007.
11. 周婷婷.中国新闻教育的初曙[D].上海:复旦大学,2008.

后 记

本书是在我的博士论文《论胡道静的新闻实践和新闻学研究》的基础上修改完成的。2010年9月,我考入南京师范大学新闻与传播学院,师从倪延年教授攻读博士学位,专业方向即是中国新闻史。在此之前,我虽然已经在大学的讲台上讲授了五六年的新闻史课程,也发表过几篇关于中国新闻史方面的研究论文,但终究还是对这一领域懵懵懂懂,特别是上升到选择具体的研究方向和问题时,内心更是比较茫然。

我的导师倪延年教授非常注重对博士研究生的培养工作,我记得在没有正式开学的暑假中,他就通过电子邮件给我布置了一些学习任务,其中就包括对胡道静相关资料的搜集和熟悉。经过几个月的认真思考,基本上就是在博士学习阶段的第一个学期结束之前,我就确定下来要以"新闻领域的胡道静"作为博士论文选题的研究对象。但随之而来的研究过程并非一帆风顺,其中首先遇到的一个问题就是资料的搜集、整理和消化。由于学术界此前对胡道静在新闻领域的实践经历及其研究成果关注度不够,导致很多资料还处于原始状态。从2011年至2012年,我就多次前往上海图书馆进行相关资料的查阅工作,比如,胡道静在1945年至1948年期间所供职的《正言报》,就是通过缩微胶片在图书馆的机器上阅读的;而胡道静在20世纪三四十年代发表过的一些研究文章也是从《中美日报》《大美晚报》《大晚报》《战时记者》及《报学杂志》等报纸和期刊上搜集的。资料搜集工作基本完成之后,便是对论文整体架构及内在逻辑关系的思考。我一直认为,我们面对的不仅仅是一位新闻界的前辈,更是一个具有独特生命印记的鲜活个体,因此,对他的研究工作也不限于勾勒、还原其新闻实践经历及其学术成果,而是要探讨他在特定时空下所展现的职业品格和学术精神,以及对我们当下有何影响,力求在此基础上较为真实、完整、立体地再现"民国新闻人胡道静"。

在论文写作及顺利通过外审、答辩的过程中,我的导师倪延年教授都倾注了大量的心血。每当我感到困惑、一筹莫展之时,倪老师总能给予我最大的帮助和最温暖的鼓励。在他眼里,这些可能都被视为指导学生的"分内工作",但对于我而言却是促使我不断前行的巨大动力。在2013年寒假开学之际,南京的雪下得很大,而我正面临着论文的外审,对结果的迷茫曾一度让我失眠,巨大的精神压力也让我不知道该如何对论文做最后的修改。当时坐在倪老师的办公室里,他只对我说了两句话,一是"千万不要有这么大的压力",二是"论文外审必须要通过"。就是这看似简单的话语,不仅缓解了我的紧张情绪,更是给了我坚定的信心。在整个博士学习阶段,这样的例子还有很多很多,导师对待学术的严谨认真、对待生活的从容乐观和对待学生的关心提携都将永远铭记在我的内心。此外,来自同门师兄、师弟和师妹们的热情帮助也一直伴我左右,大家经常相互交流、探讨和鼓励,身处于这个大家庭也让我备感轻松和快乐。

在博士论文写作期间,我还联系到了上海人民出版社的虞信棠老师,虞老师是胡道静的学生,当时担任出版社专题编辑室主任,并负责《胡道静文集》的出版工作。在虞老师的帮助下,我参加了2012年3月在上海举行的"纪念胡道静先生百年诞辰暨《胡道静文集》出版座谈会",在会上结识了胡道静的长女胡亚楣女士,他们不仅对论文工作表示支持,还尽其所能地为我搜集相关资料,在此我一并对虞信棠老师和胡亚楣女士表示衷心的感谢。

本书的出版也得到了南京师范大学出版社的大力支持,出版社的领导和编辑老师们为此倾注了很多的精力和心血。特别是本书的责任编辑李思思老师,多次就书稿中的很多细节问题与我沟通、商讨,她这种对待工作一丝不苟、追求完美的态度着实让人钦佩和感动。可以说,本书能够顺利的编辑出版离不开他们的辛劳付出。

在毕业之后的三年多时间里,我的生活又回归到了学校和家庭的"两点模式",论文的修改也一度进展缓慢,但倪老师却一直在关注这项工作。在2014、2015和2016年,我都有幸参加了由中国新闻史学会和南京师范大学新闻与传播学院主办的第一、第二和第三届"民国新闻史高层学术论坛",并就"胡道静研究"中的相关问题听取了部分专家学者的意见。在倪老师主持的国家社科基金重大项目"中华民国新闻史"中,也专门以"中华民国新闻人物研究"为子课题,计划出版一套系列丛书,而本书的出版正是得益于这一良好的学术契机。在高兴之余,我也诚恳地希望本书能够得到更多专家学者的批评和指正。

关 梅

2017年12月28日